CANGNAN

江苍南
宋状元群体现象研究

张宏敏　赖纯阳　王孝稽◎主编

苍南县社会科学界联合会
中共苍南县委宣传部
浙江省社会科学院 ◎编

浙江工商大学 出版社
ZHEJIANG GONGSHANG UNIVERSITY PRESS
·杭州·

图书在版编目(CIP)数据

浙江苍南南宋状元群体现象研究 / 张宏敏，赖纯阳，
王孝稽主编．—杭州：浙江工商大学出版社，2024.4
ISBN 978-7-5178-5919-2

Ⅰ．①浙… Ⅱ．①张… ②赖… ③王… Ⅲ．①状元—
研究—苍南县—南宋 Ⅳ．①D691.46

中国国家版本馆 CIP 数据核字(2024)第 005136 号

浙江苍南南宋状元群体现象研究
ZHEJIANG CANGNAN NANSONG ZHUANGYUAN QUNTI XIANXIANG YANJIU

张宏敏　　赖纯阳　　王孝稽 主编

策划编辑	张晶晶
责任编辑	张晶晶
责任校对	李远东
封面设计	胡　晨
责任印制	包建辉
出版发行	浙江工商大学出版社
	（杭州市教工路 198 号　邮政编码 310012）
	（E-mail:zjgsupress@163.com）
	（网址:http://www.zjgsupress.com）
	电话:0571-88904980,88831806(传真)
排　　版	杭州朝曦图文设计有限公司
印　　刷	杭州高腾印务有限公司
开　　本	710mm×1000mm　1/16
印　　张	16
字　　数	231 千
版 印 次	2024 年 4 月第 1 版　2024 年 4 月第 1 次印刷
书　　号	ISBN 978-7-5178-5919-2
定　　价	89.00 元

"梦飞塘河·登科市集"开市

"2023 浙江（苍南）宋韵文化论坛"与会嘉宾学者合影

中共苍南县委常委、宣传部部长邱智强在"2023 浙江（苍南）宋韵文化论坛"上致辞

温州市社会科学界联合会副主席张京在"2023 浙江（苍南）宋韵文化论坛"上讲话

浙江省社会科学院党委委员、办公室主任、结对帮扶苍南县小组组长华忠林在"2023 浙江（苍南）宋韵文化论坛"上讲话

"梦飞塘河·登科市集"开市

"2023 浙江（苍南）宋韵文化论坛"学术研讨现场

"2023 浙江（苍南）宋韵文化论坛"学术研讨现场

"梦飞塘河·登科市集"活动现场

"梦飞塘河·登科市集"活动现场

"梦飞塘河·登科市集"活动现场

"梦飞塘河·登科市集"活动现场

"梦飞塘河·登科市集"活动现场

本书编辑指导委员会

※本书由中共苍南县委宣传部资助出版

※本书系浙江省哲学社会科学领军人才(青年英才)培育专项课题"浙学的创造性转化和创新性发展研究"(编号:21QNYC02ZD)阶段性成果;浙江省级社科之家(苍南书城)学术交流成果

前　　言

　　"千年宋韵,瓯风绵长。"位于浙江省温州市的苍南县,其宋韵文化资源丰富而独特。苍南县是 1981 年从平阳县析出的新置县,今日的苍南县域在历史上文化最辉煌的时期当数南宋,苍南历史上的 8 位文武状元,都出自南宋。这是"宋韵文化在苍南"的最大亮点。而以状元文化为主题,解读浙江苍南南宋状元群体现象,进而探究苍南南宋状元文化的当代价值,是浙江省哲学社会科学界,尤其是温州文史学界亟须完成的一个课题。

　　2023 年 5 月 19 日,由浙江省社会科学院与浙江省社会科学界联合会提供学术指导,温州市社会科学界联合会、中共苍南县委宣传部、苍南县社会科学界联合会主办,中共苍南县灵溪镇委员会、苍南县灵溪镇人民政府承办的,以解读浙江苍南南宋状元群体现象为主题的"2023浙江(苍南)宋韵文化论坛",作为 2023 年浙江省温州市哲学社会科学普及周系列活动之一,在苍南县灵溪镇的状元公园召开。来自中共浙江省委党校、浙江省社会科学院、浙江工商大学、温州大学、温州市社会科学院、温州市文史研究馆、台州市社会科学院、浙江工贸职业技术学院、浙江安防职业技术学院等机构的专家学者,以及来自浙江省社会科学界联合会、杭州市社会科学界联合会、温州市社会科学界联合会、台州市社会科学界联合会、丽水市社会科学界联合会、余姚市社会科学界联合会的科研及管理人员,共计 50 余人与会。与会的专家学者,围绕浙江宋韵文化传世工程尤其是南宋科举文化、苍南南宋状元群体现象以及温州文史,以致辞讲话、主旨发言、学术研讨、实地考察等多种形式,为苍南宋韵文化、科举文化、状元现象等富有苍南特色的历史文化在新时代的传承与发展,出谋划策、明确方向。

受"2023浙江（苍南）宋韵文化论坛"组委会的委托，我们对与会领导嘉宾的致辞讲话、与会学者的主旨发言和学术研讨成果，予以整理汇编。学术成果按照学术研讨的议题分为三组。

第一组是"宋韵文化研究"专题，收录三篇文章。中共浙江省委党校教授葛亮的《宋韵文化的内涵特质与时代价值》一文认为，总结提炼宋韵文化的内涵特质，是继承和弘扬中华优秀传统文化的切实之举。"寻找时代的共通性、发挥文化的有效性、展现文化的现代性"应当作为科学原则贯穿其中。当代中国与南宋时期的中国有共通的文化前提。因此，有必要基于南宋时期的历史条件，从各种实践形态中抽取具有跨时代意义的由共同思想、共同理念、共同价值构成的精神内核，即宋韵文化的内涵特质，并使其充分蕴含当代效用。探寻宋韵文化的时代价值，首先要从"两个大局"出发，明辨时代对文化功能提出的新要求，进而探寻传统文化之于当代民族、政党、国家的功能调适。具体而言，要用宋韵文化构建适应于民族国家发展的共同心理基础、积聚自强不息和奋力创新的共同精神力量、构建世界各国共同的文化记忆。

浙江省社会科学院哲学所研究员张宏敏的《"宋韵"与"宋韵文化"溯源》一文指出，在当下的浙江宣传舆论界，具有中国气派和浙江辨识度的重要文化标识"宋韵文化"，绝对是一个热门词汇。除了浙江宣传舆论所倡言的"宋韵文化"，学术界又是如何理解"宋韵"的呢？这就需要对"宋韵"的概念予以溯源。从学术或学科视角，以公开出版的以"宋韵"命名的学术著作、以"宋韵"为主题的学术期刊论文作为切入点，来探究"宋韵"或"宋韵文化"的学科属性，也是一个有意义的话题。

温州市社会科学界联合会原副主席、温州市文史研究馆馆员、苍南县籍著名文史学者洪振宁的《宋型温州文化的基本特点》一文认为，温州区域的文化性格与地域性传统，在宋代生成，后来得以延续，可称为宋型温州文化。以温州学人及其著述为例，可以概述出宋型温州文化的基本特征：一是讲求经世致用；二是具有创新精神；三是众多布衣是推进文化创造的主体力量；四是做事的方法是合群运作。由此而形成了这个地区有别于其他地方的"思想气候"与"文化土壤"。

第二组是"苍南南宋状元群体现象研究"专题，共收录十三篇文章。

第一篇是浙江省看云楼科举文化博物馆馆长褚纳新特地为本次论坛撰写的论文《浅述中国科举制度的历史演变与社会价值》。通读这篇文章，我们可以对中国古代科举制度包括状元文化的起源，有一个宏观的了解。该文指出，科举制度是中国历史上以考试选拔人才的一种基本制度。中国的科举制度创始于隋，规范于唐，完善于宋朝，倒退于元，复兴、发展于明、清，终结于清末。自隋朝开科以来，科举制度在皇朝的更替中不断发展演变，留下了显著的时代印迹，其社会价值与历史反响深受关注。

第二至第五篇文章则围绕本次论坛研讨的核心议题"苍南南宋状元群体现象"展开。

浙江工商大学公共管理学院教授白效咏的《浙江苍南状元文化在当代的意义》一文，对苍南状元文化的形成、苍南县状元文化的当今意义进行集中论述，认为宋室南迁带给苍南最大的影响是减轻了该地科举的竞争压力。南宋丢掉的中原地区，自古以来就是中华文化的中心，中原文化自汉唐以来就是中华文化的主流。苍南地区本来属于瓯越，自唐代开科取士以来，科举并不占优势。南宋定都临安（今杭州），苍南地区最大的变化是由荒远下邑变成畿辅重地，一方面少了与中原人才的竞争，另一方面又大大增加了科举名额，所谓"南宋地属畿辅，登进既易，故野无留良"。这也是宋室南迁带给苍南的最大红利。同时指出，苍南县状元文化，不仅蕴含着以自强不息回应艰难时代的精神，更蕴含着一种家国情怀。弘扬苍南状元文化，当务之急是把苍南状元文化作为一种宝贵的文化资源进行挖掘，并在此基础上打造文化产品。

浙江安防职业技术学院高职教育研究所所长、研究员伍红军长期关注温州状元研究，尤其是"苍南南宋状元群体现象"，他为本次论坛提供的最新研究成果是《"隐身的状元"——浙江苍南武状元群像及其状元文化开发策略》。这篇文章指出，仅南宋一朝，苍南即积聚了七位武状元。然而这一武状元群聚奇观却在历史和现实中处于"隐身"状态，史料阙如、方志错漏、遗迹不存，在当前如火如荼的地方文化发展大潮中也集体失声。究其原因，无外乎南宋离今久远以致难觅其踪，历来崇文抑武导致武状元不显于历史。当然，苍南武状元整体官阶不高、功勋不著,缺乏代表人物、典型事件也是因由所在。尽管武状元文化开发面临巧妇难为无米之炊的困境,但讲求策略也能让苍南武状元群体逐渐"现身"。如正史、方志、宗谱三线齐下,学术界与民间齐发力,丰富武状元文旅资源的史料积累;择一代表人物,如项桂发,以其为中心,带动苍南武状元群体的次第开发;加强武状元遗址遗迹保护,强化武状元文化的二次开发;加快现有武状元遗存的开发步伐,使各散点连缀成片,推动苍南武状元文旅资源的系统开发;等等。以上,可为苍南打造武状元文化金名片提供参考。

浙江工贸职业技术学院现代管理学院研究员邱旭光为本次论坛撰写的文章是《浙江苍南状元文化赋能文旅融合与社会治理的思考》,文章指出,状元文化是苍南历史文化中辉煌的一页,是"宋韵文化"的重要组成部分。苍南县提出打造"南宋状元第一县"文化品牌,社会科学界展开了较为全面的史迹和史料研究,成果丰厚。文章着重从苍南状元文化资源富集的特征入手,在分析其特殊性与多元性的基础上,从文化符号的设计与打造、文旅赋能的系统性设计、文旅项目的建设与创新,以及赋能乡村文化治理等视角,统合文旅资源,探索苍南状元文化赋能文旅融合与社会治理的实践路径,以促进乡村振兴和共同富裕。

中共苍南县委办公室人员林加潘在行政工作之余长期坚持温州文史研究,他为本次论坛精心撰写了长文《宋代武状元县域分布研究——以〈宋代登科总录〉为中心》。文章指出,宋代武状元的分布受政治、经济、文化等因素的影响,武状元数排名前三的州府——温州、福州和婺州,属于文举解额紧张、竞争激烈的州。排名前三的县——温州平阳(现苍南7人、平阳5人)、婺州东阳(5人)、福州长溪(3人),皆为所属州里的偏远县,经济紧张,尚武成风。武状元在县域分布上存在浙集中、闽分散的特征,尤其高度集中于闽浙交界,这折射出宋代文举解额制度对温州、福州等地的约束,举子们退一步改考武举,从而造就了武举在这些区域的繁荣。

第六至第十一篇文章,也是紧紧围绕本次论坛的核心议题"苍南南宋状元群体现象"而展开的关于苍南县域历史上的文武状元的个案研究,分别是苍南县教师发展中心姜春雷的《徐俨夫——苍南历史上唯一的文状元》,杭州外国语学校徐启门的《春风容我共鹏抟——状元徐俨夫的人格魅力解读》,苍南县林灵真文化研究院陈剑秋的《南宋状元徐俨夫家族简述》,苍南县民间文艺家协会林子周的《林时中——南宋咸淳七年武状元》《章梦飞——南宋淳祐七年武状元》,苍南县总工会黄正瑞的《黄裒然——南宋淳熙十四年武状元》。

另外,收录两篇关于余姚科举文化的文章,作为"他山之石"以观照苍南县域历史上的科举与状元文化。这两篇文章,分别是浙江省慈溪市地方志办公室王孙荣的《〈余姚进士录〉前言》,余姚市社会科学界联合会谢建龙的《余姚——明代科举第一县》。

第三组是"温州文史研究"专题,共有三篇文章。

温州大学马克思主义学院教授宫凌海和他的硕士研究生刘岩合作撰写的《明清沿海卫所道教宫观运作与地方互动——以温州金乡卫为例》一文指出,卫所的宗教信仰一直处于动态的变化中,在明清国家与地方的互动中,受到国家典章、人群流动、地方治乱等因素的影响,从而呈现出复杂而多元的特点。沿海卫所道教宫观的日常运作往往由本地道士负责,统属于府县道纪司、道会司等,由它们进行监督和管理。随着海防压力的陡增和卫所军力的衰颓,地方道士逐渐掌握了宫观的控制权。进入清代,在新的制度背景下,这些道教宫观的"卫所"色彩已经褪去,与城外府县的宫观并无二致,完全融入地方道教的传承系统之中。

温州大学马克思主义学院副院长、教授孙邦金和他的硕士研究生周如意合作撰写的《儒家仁爱思想与晚清温州士绅的动物保护观念》一文指出,近代温州著名学者刘绍宽,在其日记中将近代西方人的动物保护举动片面地理解为以动物保护之名行贸易保护之实。时隔多年,刘绍宽才肯定了西方文明在动物保护方面做出的贡献。结合同一时期宋恕的"兼爱异类"的动物保护思想,可以管窥近代温州学人乃至整个中国在动物福利方面的进步与缺失。回顾这段历史,对于破除人道主义思想中偏狭的人类中心主义成见,彰显儒学"亲亲而仁民,仁民而爱物"的仁爱精神,不无借古讽今的启示意义。

浙江建设职业技术学院邓伟峰撰写了一篇书评性质的文章《周梦

江先生〈叶适与永嘉学派〉述评》。已故的温州大学教授周梦江先生是当代研究南宋永嘉学派的先驱,他的学术成名之作《叶适与永嘉学派》也是今人研究永嘉学派的必备参考书。在温州市域层面研究的"宋韵文化"的重心无疑是南宋永嘉学派,集中解读《叶适与永嘉学派》一书的精华与学术贡献,无疑也非常契合"2023浙江(苍南)宋韵文化论坛"的研讨主题。

本论文集的最后,附苍南县文化和广电旅游体育局林用的《这一篇状元文章要怎么作》一文,该文为如何挖掘"苍南南宋状元群体现象"的当代价值提供了思路,耐人寻味。

总之,与会的专家学者在"2023浙江(苍南)宋韵文化论坛"上紧紧围绕"宋韵文化的特质""苍南南宋状元群体现象与当代价值"等展开学术研讨,为打造苍南县域的"宋韵文化"品牌贡献了社科智慧。

最后要说的是,苍南县是浙江省社会科学院"结对帮扶"的联系对象,长期以来,作为理论研究机构,浙江省社会科学院努力践行"善作善成"理念,尽最大努力为苍南的文化建设提供助力。2022年7月,浙江省社会科学院与温州市委宣传部、温州市社会科学界联合会在苍南县莒溪镇合作举办了"浙江·苍南刘基文化论坛暨2022年苍南县社会科学普及周活动";同年11月份,又与温州市社会科学界联合会合作举办了"景熙故里·共富苍南:2022浙江(苍南)宋韵文化高峰论坛";2023年5月,指导举办了本次"2023浙江(苍南)宋韵文化论坛"。总之,温州市社会科学界、苍南宣传战线的同行有开展哲学社会科学研究的需求,作为苍南县"结对帮扶"的共建联系单位,浙江省社会科学院有义务有责任,为其提供力所能及的帮助与指导。这本学术论文集——《浙江苍南南宋状元群体现象研究》,就是浙江省社会科学院与中共苍南县委宣传部、苍南县社会科学界联合会三方通力合作的最新成果。

编　者
2023年11月

目　录

引　言

宋韵文化研究

苍南南宋状元群体现象研究

温州文史研究

附　录

引言

CANGNAN

在"2023 浙江（苍南）宋韵文化论坛"上的致辞

中共苍南县委常委、宣传部部长　邱智强

各位来宾：

　　大家下午好！今天是第十三个"中国旅游日"，我们在景色绮丽的苍南状元公园隆重举行"2023 浙江（苍南）宋韵文化论坛"。这是苍南落实省委"宋韵文化传世工程"的重要抓手，是以文旅赋能助力共同富裕的实践探索，是苍南宣传思想文化战线的一件大事盛事。在此，我谨代表苍南县委，向莅临现场的各位领导、各位专家学者、各位来宾表示热烈的欢迎！向对本次活动给予指导支持的省市单位，以及为活动付出辛勤劳动的全体工作人员表示衷心的感谢！

　　苍南位于浙江最南端，素有"浙江南大门"之称。山清水秀、人杰地灵是苍南的底色，朝气蓬勃、生机盎然是苍南的标志。苍南建县于 1981年，虽是一个年轻的县城，但县域人文历史悠久，主要有以下 3 个特点。

　　一是文化多样繁荣。以金乡卫城、蒲壮所城为代表的抗倭海防文明、以世界矾都国家矿山公园为代表的工业文明、以碗窑古村落为代表的农耕文明等"3 个 600 年"文化积淀在此交融碰撞。2020 年，苍南县获得"中国童谣文化之乡"的称号，2023 年又努力创建"中国海防文化之乡"金名片。

　　二是历史人文荟萃。苍南历代人才辈出，尤其两宋时期，孕育了文武状元 8 人，榜眼 3 人，探花 4 人，进士 400 余人。其中著名诗人陈昉、林景熙、陈高的文集载入《四库全书》。近现代,涌现了黄庆澄、朱维之、苏渊雷、吴襄、李锐夫等知名学人。当代更走出了谢作伟、叶志镇、李献华3位中国科学院院士。

三是改革敢为人先。苍南是全国首批沿海对外开放县、"温州模式"主要发祥地之一,"苍海纳百川,敢为天下先"的苍南精神代代相传。建县以来,苍南开创了10余个全国改革第一,如率先实行银行浮动利率,开办新中国第一家私人钱庄,创办第一家农民包机公司,等等。

党的二十大工作报告指出:"健全现代文化产业体系和市场体系,实施重大文化产业项目带动战略。""坚持以文塑旅、以旅彰文,推进文化和旅游深度融合发展。"此次"梦飞塘河·登科市集"作为2023年浙江省温州市哲学社会科学普及周系列活动之一,是苍南人文、历史、旅游的一次浪漫邂逅,也是一次文旅深度融合。这场活动吸取苍南历史人物元素,精心设计了桃渚、云翔、香塘、景熙4个市集,将全景展现苍南的人文历史与城市魅力,必将对打造苍南IP,促进文旅产业发展,弘扬苍南宋韵文化等方面产生良好影响。

"浙南看一看,苍南第一站",今后也欢迎各位领导、来宾多来苍南,特别是到刚刚提升打造的苍南168黄金海岸线游玩,多来开展文化交流,多给苍南传经送宝。

最后,祝本次活动圆满成功!祝大家身体健康,万事如意,合家幸福!谢谢!

在"2023 浙江（苍南）
宋韵文化论坛"上的讲话

温州市社会科学界联合会副主席　张京

各位嘉宾：

宋韵如水，浸润千年。今天，我们在山清水秀的苍南县灵溪镇隆重举办"2023 浙江（苍南）宋韵文化论坛"，首先我谨代表温州市社科联，向莅临本次活动的各位嘉宾、专家朋友表示热烈的欢迎！向辛苦筹备本次活动的社科联同志们致以由衷的感谢！

我们在苍南举行"梦飞塘河·登科市集"活动，正当其时。宋韵文化是中华优秀传统文化的重要组成部分，承载着中国传统文化的精华，具有更丰富的内涵，代表着中国传统文化、古典精神的高峰。传承宋韵文化，实际上就意味着传承和发扬中国最精华、最优秀的文化遗产。

2002 年以来，浙江省常态化开展社科普及周活动至今已 22 年，今年是《浙江省哲学社会科学工作促进条例》实施以来第一个科普周，温州抢抓机遇，开展市、县两级联动开展社科普周活动，承办了全省社科基地讲解员大赛，与省社科联共同主办了"宋韵戏源　九山书会"社科普及周主题活动。社科普及周活动的举办，为哲学社会科学知识进一步走出书斋、走出象牙塔，来到群众身边搭建了重要平台。

今天，在苍南以市集的形式开展科普活动，打造集逛、展、赏、玩为一体的社科市集，有新意，有创意，有想法。借此机会，我也简单说几句。

一是强化政治引领，彰显社科担当。2023 年意义非同寻常，既是全面贯彻党的二十大精神开局之年,也是我省"八八战略"实施 20 周年,同时还是贯彻《浙江省哲学社会科学工作促进条例》的第一年,社科工作要把握好这些重要节点和重大机遇,强化政治担当和使命担当,用好用活温州丰富的社科资源,结合党的二十大精神、"八八战略"在温州的生动实践,弘扬主旋律,传递正能量,加强对社科条例的宣传和普及,实现群众人文素养和法治素养双提升。

二是紧扣活动主题,加强组织保障。"八八战略"是习近平总书记留给浙江取之不尽、用之不竭的宝贵财富。这座"富矿",我们要挖深、吃透、用足。社科普及需要各地、各部门联动和全社会的共同参与,各单位要善于借力,进一步深化与各级媒体平台的合作,扩大科普声势。另外,也要着力加强科普阵地的建设,将社科基地作为意识形态工作的重要阵地来培育,发挥好阵地紧密联系群众的优势,持续深化"四进校园""社科进社区""社科赋能助共富"等活动,让社科走出课堂书斋,飞入寻常百姓家。

三是聚焦守正创新,激发科普活力。去年,朔门古港重大考古发现和央视戏曲春晚落地温州,打响了千年商港、戏曲故里等极具地域文化质感的品牌。各单位要牢牢把握社科普及新风向,趁热打铁,主动拥抱互联网,构建自媒体、公众号、短视频等全方位的社科普及网络,打造指尖科普、数字科普。还要树立创新思维,学习借鉴"大唐不夜城"等成功案例,让宋韵文化、瓯越文化真正深入人心,尝试将古装秀、脱口秀、真人秀、名家秀、梦想秀这"五大秀"与社科普及进行深度融合,打造"破圈"精品,让更多科普内容"引爆"手机屏、"刷爆"朋友圈,持续助力温州历史文化金名片焕发光彩。

最后,预祝本次活动取得圆满成功!

在"2023 浙江(苍南)宋韵文化论坛"上的讲话

浙江省社会科学院党委委员、办公室主任、
结对帮扶苍南县小组组长　华忠林

各位嘉宾、各位同人：

在深入开展学习贯彻习近平新时代中国特色社会主义思想主题教育的大背景下,在全省上下全面推进"三个一号工程"的关键时刻,我们相聚诗意优雅而又充满活力的苍南,共同举办"2023 浙江(苍南)宋韵文化论坛",这是苍南的盛事和喜事,也是浙江省社会科学院助力苍南发展的一件大事。首先,我代表浙江省社会科学院,对活动的成功举办,对各位领导、各位嘉宾的到来,表示热烈的祝贺和衷心的感谢!

这次"2023 浙江(苍南)宋韵文化论坛"的举办,占尽天时、地利、人和,时机恰当,意义重大。习近平总书记对文化工作高度重视,浙江省委对文化工作做出一系列重要部署,这是我们开展文化工作、以文化创新促进发展创新的底气、使命和职责。苍南底蕴深厚、人杰地灵,是革命根据地,又是"状元之乡",有山的大气、水的灵气、海的胆气,可谓允文允武、文修武备,是弘扬宋韵文化、传承江南文脉的重要阵地、风水宝地。长期以来,苍南深入挖掘文化资源,大力弘扬传统文化,努力构建新时代创新文化,取得了醒目的成绩,产生了良好的社会反响。"浙南看一看,苍南第一站。"从杭州到温州,一路上都能感受到赏心悦目的新苍南印象。在省委宣传部主办的"浙江宣传"公众号上,《黄金海岸线何止是风景》,获得了网友的广泛赞誉;在中央电视台,苍南黄金海岸线得到报道。苍南频频"出圈",大家都很想来"浙南看一看",学习一下苍南宣传同行"出圈"的经验与做法,同时又为苍南下一步工作献计出力。今天与会的各位嘉宾、各位专家,都是浙江省研究宋韵文化、科举制度以及苍南历史文化的资深专家。大家共聚一堂,探讨文化传世工程、文化高地打造工作,为深入实施"八八战略"、奋力推进"两个先行"出谋划策,表明了各位专家、各位社科工作者的使命担当,这对浙江文化建设具有重大意义,对传承发展宋韵文化具有重大意义,对苍南以及温州的经济社会发展也具有重大意义。

借此机会,我想表达几个想法,与大家共勉。

第一,要深入学习贯彻习近平总书记关于文化工作的重要论述。党的二十大对"文化"的重视是前所未有的,报告中 58 次出现"文化"二字,习总书记专门强调,要"坚持和发展马克思主义,必须同中华优秀传统文化相结合",要"推进文化自信自强,铸就社会主义文化新辉煌",要"传承中华优秀传统文化","坚持创造性转化、创新性发展"。文化是一个国家、一个民族的灵魂。文化兴,国运兴,文化强,民族强。我们一定要牢记习总书记的谆谆教诲,自觉地用文化引领风尚、教育人民、服务社会、推动发展。要始终高扬思想旗帜,强化价值引领,激发奋斗精神,建设中华民族共有的精神家园,增强全民族的凝聚力、向心力、创造力。要强化文化赋能,充分发挥文化在激活发展动能、提升发展品质、促进经济结构优化升级中的作用,从而确保文化是推动高质量发展的重要支点。

第二,要深入贯彻落实省委关于创新文化和文化创新的工作部署。2023 年省委新春第一会提出,要以非凡力度激发全省域文化创新活力,推动文化自信自强,取得新的重大进展,厚植优秀创新文化,激活文化创新机制,推进文化创新繁荣,形成创新文化和文化创新双向促进的生动局面,加快建设具有全球影响力的科创高地、创新策源地和国际重要产业创新中心。省委十五届二次全会明确提出,要"全面实施宋韵文化传世工程,办好'宋韵文化高峰论坛'"。我们要深刻理解省委关于文化创新的部署要求,系统研究浙江当代发展和浙江历史文化,挖掘浙江文化底蕴,研究浙江现象,总结浙江经验,弘扬与时俱进的浙江精神,全面提升浙江文化软实力,推进文化强省建设,打造新时代文化高地。

第三,要围绕苍南乃至温州经济社会发展献计出力。苍南是温州的重镇,浙闽交界,山海交汇,耕读交融,具有丰富而且独特的文化资源。从宋韵文化角度看,苍南在宋代文运雄发,历史上的 8 位文、武状元出自南宋年间,这是"宋韵文化在苍南"的最大亮点。本次论坛以状元文化为主题,解读"苍南南宋状元群体现象",探究"苍南状元文化"的当代价值,可以说抓得很准,很有地域特色。我们要以宋韵文化为切入点,着眼浙江文化、山海文化、农商文化,聚焦苍南地域文化、红色革命文化、爱国奋斗文化,进一步挖掘苍南文化资源,突出苍南文化特色,提炼苍南文化动力,以苍南文化丰富温州文化、浙江文化和中国文化。要对焦"三个一号工程",深入思考如何以新时代创新文化促进经济新飞跃,如何推进地方文化创造性转化和创新性发展,如何传承红色革命文化,如何发展文化产业、文旅产业,如何增进新时代"浙学"和浙江文化的传播力、影响力,为苍南、为温州、为浙江乃至为全国的经济社会发展做出文化学者的独特贡献。

苍南是浙江省社会科学院"结对帮扶"的联系对象。长期以来,作为理论研究机构,我们努力践行"善作善成"理念,尽最大努力为苍南提供助力。2022 年 7 月,我们与温州市委宣传部、温州市社科联在苍南县莒溪镇合作举办了"浙江 • 苍南刘基文化论坛暨 2022 年苍南县社会科学普及周启动仪式";2022 年 11 月,又与温州市社科联合作举办"景熙故里 • 共富苍南:2022 浙江(苍南)宋韵文化高峰论坛";之后,又指导举办了这次的"2023 浙江(苍南)宋韵文化论坛"。还有,浙江省社会科学院还将与温州市社科联、苍南县委宣传部合作举办"浙江(苍南)海防文化论坛"。总之,温州社科联、苍南宣传战线的同行们有开展哲学社会科学研究的需求,作为苍南"结对帮扶"的共建联系单位,浙江省社会科学院有义务有责任,提供力所能及的帮助与指导。

下一步,浙江省社会科学院愿意与温州市社科联,苍南县委宣传部、苍南县社科联,就"海防文化""宋韵文化研究""共同富裕先行""新时代文化高地建设"等课题以"院地合作"模式,深入开展相关专题研究。请温州和苍南方面对我们多提建议、多提要求,也对我们的理论研究以及其他方面的工作提供信息和资源。同时,也请今天与会的各位领导、各位嘉宾,在方便的时候,到浙江省社会科学院来指导工作。

最后,预祝本次论坛圆满成功!祝各位专家、学者身体健康、工作顺利!

谢谢大家!

宋韵文化研究

Research on Song Rhyme Culture

CANGNAN

宋韵文化的内涵特质与时代价值

中共浙江省委党校　葛　亮

20 世纪 50 年代末,钱穆先生精辟地指出:"民族的国家,应该就是文化的国家。"①这句话的意思是,民族国家之所以成立并相互区别,根本上依赖其独特的文化力量,而非军事、主权等其他因素。当今世界,对于任何一个民族国家而言,传统文化都是其文化力量的重要来源。早在中共十八届中央政治局第十八次集体学习时,习近平同志就明确指出:"要重视中华传统文化研究,继承和发扬中华优秀传统文化。"②宋韵文化是中华优秀传统文化的重要组成部分。继承和弘扬宋韵文化,要在遵循科学原则的基础上,总结提炼其内涵特质,并充分挖掘当代价值,使之成为实现中华民族伟大复兴中国梦的文化力量。

一、继承和弘扬中华优秀传统文化的科学原则

习近平同志指出:"我们要对传统文化进行科学分析,对有益的东西、好的东西予以继承和发扬,对负面的、不好的东西加以抵御和克服,取其精华、去其糟粕,而不能采取全盘接受或者全盘抛弃的绝对主义态度。"③

---

① 钱穆:《民族与文化》,贵州人民出版社 2019 年版,第 8 页。
② 习近平:《论党的宣传思想工作》,中央文献出版社 2020 年版,第 89 页。
③ 习近平:《论党的宣传思想工作》,中央文献出版社 2020 年版,第 89—90 页。

总结提炼宋韵文化的内涵特质是继承和弘扬中华优秀传统文化的切实之举,科学原则应当贯穿其中,进而确保宋韵文化的内涵是唯物的而非唯心的、有用的而非无用的、有益的而非有害的。探讨科学原则,也是尝试明晰继承和弘扬中华优秀传统文化的普遍性方法。

(一)寻找时代的共通性

继承和弘扬中华优秀传统文化要寻找历史和现时的时代共通性。也就是要深刻阐明传统文化形成所基于的社会发展的历史条件、社会主体的历史使命、社会阶段的历史成就,并在此基础上,刨除历史特殊性后寻求历史和现时的一般性链接,即共通的文化前提。因为,所有的文化都形成于特定时代,所有的文化都被镌刻于特殊的历史,所有的文化都服务时代之所需。如果局限于特定时代,就有可能降低对传统文化价值的敏感度,甚至失去对传统文化价值的识别能力,至多只能把握传统文化的特殊价值。如此,传统文化就会成为僵化的文化,也是意义消退甚至没有意义的文化。只有从一般性层面发掘历史和现时的共通性,明晰共通的文化前提,传统文化才有可能重现生命力并展现当代价值。

(二)发挥文化的有效性

继承和弘扬中华优秀传统文化要寻找历史文化的当代效用。也就是在精准把握当代经济社会发展身处的总体境遇和历史节点基础上,再到本民族和本地区传统中寻找文化阐释和文化动力,即文化力量。不是所有的传统文化都是有价值的,也不是所有的传统文化都值得溯源。固然要有意识地摒弃传统文化中的腐朽糟粕,更要有选择地搁置附庸风雅的传统文化。当今世界,越来越多的学者关注"文化上的价值观和态度在促进或阻碍进步方面所起的作用"[①]。文化开始成为解释民族、政党、国家发展或者发展滞后的重要变量。因此,要站在民族、政

---

① 塞缪尔·亨廷顿、劳伦斯·哈里森:《文化的重要作用:价值观如何影响人类进步》,程克雄译,新华出版社 2018 年版,第 14 页。

党、国家发展的角度主动探寻文化的具体效用。更具体地说,要特别注意从漫长的中华文明中寻找中国新型政党制度的历史基因、民族国家发展的精神动力、跨民族交融和跨文化交流的优良传统。

(三)展现文化的现代性

继承和弘扬中华优秀传统文化要适时推动历史文化的创造性转化和创新性发展。也就是基于当代社会物质发展条件,主动发挥精英人物的能动性,塑造历史文化的当代内涵,使历史文化呈现当代形态,最终激活传统文化的当代生命力。要尊重文化的物质性,所有具体的文化都基于具体的物质条件。也要深刻认识到文化的阐释性,不能否认精英人物发挥的建构作用是当代文化最终形成的催化剂。也就是说,文化的母体固然是特定历史下的物质发展条件,但文化的再现却是基于当前物质发展条件下精英人物的现时选择。它不是文化的全盘复现,而是文化局部要素的重现,并寻找强有力的现时载体。这就是展现文化的现代性。因此,作为执政党的中国共产党有充分的历史责任在中华优秀传统文化和当代文化间建立创造性转化和创新性发展的桥梁和途径。

二、宋韵文化的内涵特质

南宋政权始于 1127 年,宋高宗赵构在应天府(今河南商丘)即位,1279 年,崖山海战失利后,陆秀夫背负宋怀宗赵昺跳海身亡,南宋前后共计 153 年。两宋固然前后相继、同根同种,但身处迥然不同的历史环境和地理环境,并由此形成差异性的文化特质。把宋韵文化打造成浙江历史文化金名片,即着重基于南宋历史寻求其当代创新性发展与转化。因此,本文所指宋韵文化,主要是指从南宋思想、制度、经济、社会、百姓生活、文学艺术、建筑、宗教等多种历史实践形态中提炼而来的当代精神内核。文化寄存于特定的实践形态,特定的实践形态必然基于特定的历史条件。总结提炼宋韵文化内涵特质,就是要基于特定的历史条件,从各种实践形态中抽取具有跨时代意义的共同思想、共同理念、共同价值,使其充分蕴含当代效用。

(一)忠于国家、无畏担当

中华民族身处世界百年未有之大变局,固然拥有前所未有的发展机遇,但也面临不同于以往的显著外部风险。南宋政权延展153年,遭金元两朝接替侵扰。古今对比,有共通的文化前提。因此,总结提炼宋韵文化的内涵特质,首先应当关注国之大义与个人行动之取向。

宋韵文化的一个突出特点是忠于国家、无畏担当,在维护国家需要之时奋勇向前,在国家危难之时挺身而出,在维护国家利益面前绝不退缩。从抗金到抗元,从明州保卫战(1129)到崖山海战(1279),从"中兴四将"(张俊、岳飞、韩世忠、刘光世)到"宋末三杰"(张世杰、陆秀夫、文天祥),南宋时期国之栋梁充分展现秉持国家大义、不畏牺牲的博大情怀。

自靖康二年(1127)金兵攻破北宋都城东京,掳走徽、钦二帝,赵宋政权被迫一路南迁,直至端平元年(1234)宋、蒙军队攻破金朝前的100余年中,抗金始终是南宋政权的主要任务。此间,涌现了岳飞等一批抗金名将。南宋初期,因部分皇家成员被金兵挟为人质,南宋政坛求和派和主战派围绕国家主权和皇家利益展开长久博弈,在战与和之间来回游弋。然而,这些抗金名将视国之安危为己之重任,在纷繁复杂的政治环境中坚定自己的爱国情怀,正确处理忠君与爱国、个人与国家关系,在维护国家利益面前不计个人利益得失,甚至不畏个人牺牲。例如,岳飞在《满江红》中用"三十功名尘与土,八千里路云和月。莫等闲、白了少年头,空悲切。靖康耻,犹未雪。臣子恨,何时灭。驾长车,踏破贺兰山缺。壮志饥餐胡虏肉,笑谈渴饮匈奴血。待从头、收拾旧山河,朝天阙",鲜明地表达了其对重拾河山、恢复国土的急切渴望,展现了国之大将忘我的使命感和责任感。

基于宋金长久的对峙关系,南宋政坛始终存在一批志在国家统一使命的官员。这些官员一方面坚定渴望恢复国土,另一方面又因现实而无助。这种爱国情怀在诸多南宋诗词中得到充分展现,例如陆游和辛弃疾的作品。陆游生于 1125 年,正值南北两宋过渡时期,亲身经历了南宋初年的抗金历程。宋孝宗淳熙十三年(1186),陆游已然 61 岁,在山阴(今绍兴)写下了《书愤》。"早岁那知世事艰,中原北望气如山"表明其自入仕起就对收复北宋河山的强烈愿望;"塞上长城空自许,镜中衰鬓已先斑"则是通过自诩长城和斑白两鬓的比较,显露其壮志未酬的哀叹。辛弃疾生于 1140 年,在《破阵子》中以"马作的卢飞快,弓如霹雳弦惊。了却君王天下事,赢得生前身后名。可怜白发生"描绘了和陆游相似的心境,即收复河山的愿望和壮志未酬的现实间的矛盾,以颇具张力的笔法,强化突出了内心的爱国情怀。

自端平元年(1234)宋、蒙军队攻破金朝至 1279 年崖山海战,抗击蒙军成为南宋政权的主要任务。此间,涌现了余玠等一批抗蒙名将。特别是在 1276 年蒙军攻陷都城临安以后,南宋将领展现了忠于国家、不畏牺牲的壮烈。例如,作为南宋末年的抗元将领,文天祥被元朝拘禁,直至 1282 年慷慨就义,始终未曾屈服。他一生留下诗词千余首,大部分诗词彰显爱国情怀和责任担当。1278 年,文天祥抗击元军战败被俘,路过零丁洋,留下了千古名篇《过零丁洋》,以"人生自古谁无死,留取丹心照汗青"这样流传百世的名句反映了忠于国家、无惧牺牲的壮烈情怀。1279 年崖山海战,南宋将领张世杰在崖山附近海域将千余艘战船用锁链连接起来,形成战船阵与蒙军殊死一搏。同期,陆秀夫负责护卫南宋末代皇帝赵昺。战船阵被攻破后,陆秀夫携赵昺跳海自杀殉国。这无不是国家情怀在个人行动上的体现。

(二)自强不息、奋力创新

中华民族历经站起来、富起来,当前正从富起来迈向强起来,新征程尚在起步,伟大复兴中国梦尚未完全实现,还需要全民族勠力同心、奋斗拼搏。赵宋政权自东京南迁至临安定都,国家和人民在各领域面临建设和发展的重任。两相比较,同样存在共通的文化前提。因此,总结提炼宋韵文化的内涵特质,也要关注民族国家的精神导向和精神力量。

宋韵文化的一个突出特点是自强不息、奋力创新。国家在发展中富庶,民族在创新中进步,国家成为当时世界上的一个重要大国,赵宋政权南迁后,国家亟须重整,边患亟须消除。在此持续困境中,12—13世纪,在城市发展、商品交易、手工业、科技发明、航海技术等诸多领域,南宋不仅较之前朝历代有显著发展,而且在全世界都处于领先地位。在古代,人口规模是衡量一个时期兴衰的重要指标。自绍兴二十九年(1159)至嘉定十六年(1223),南宋全国人口从 16842401 增至 28320085[①],这一数据充分反映出其由困境至兴盛的过程。法国汉学家谢和耐曾评说南宋在世界的地位:"毋庸置疑,11—13 世纪的两大文明是中国文明和伊斯兰文明。"[②]

南宋在科技领域成就斐然。南宋时期不仅在医药、农业、数学、水利、纺织等领域有诸多发明创造,而且四大发明有 3 个出现于南宋时期,并且深刻影响了世界。例如,把指南针应用于船舶航行是南宋对世界的贡献。南宋赵汝适所写《诸蕃志》大约成书于 1225 年。在这部书中,他写道:"渺茫无际,天水一色,舟舶来往,惟以指南针为则。昼夜守视惟谨,毫厘之差,生死系矣。"也就是说,早在 1225 年之前,人们已经在海上航行中使用指南针。后来,指南针经由阿拉伯人传至欧洲,显著提升了全球范围内的航海水平。

南宋在手工制造业领域成就显著。在陶瓷、纺织、印刷、造船等行业,南宋时期的手工业制品已在世界范围内获得认同。例如,陶瓷品锻造在当时已具有相当的影响力。南宋时期,不仅传统的瓷器制造重镇江西景德镇、浙江龙泉持续繁荣,而且在都城临安新建成并使用了修内司和郊坛下官窑。以瓷器为代表的手工业制品成为南宋海外贸易的重要商品。西方学者指出:"作为中国的荣耀之一的瓷器制造术,在 12 世纪时达到了尽善尽美的程度。"[③]

南宋在社会制度层面也开启了创新之路。传统意义上,中国自古重农抑商,士农工商四业有高低贵贱之分,但在南宋政权和人民群

---

① 方健:《南宋农业史》,人民出版社 2010 年版,第 236—237 页。
② 谢和耐:《中国社会史》,耿昇译,江苏人民出版社 1995 年版,第 302 页。
③ 谢和耐:《中国社会史》,耿昇译,江苏人民出版社 1995 年版,第 278 页。

众的共同努力下,商业开始展现出不同于以往的崭新面貌。基于拓展税收的考虑,南宋政权打破传统束缚开始尝试商业税制,辅以纸币(会子)的推广使用,商业经济开始兴盛。商业的发展也在一定意义上改变了传统上以血缘为纽带的组织方式。在南宋都城临安,各种以业缘为纽带的行业团体开始出现,例如珠宝业、刀剪业、蟹行、青果行、糖蜜行等。[①] 南宋在商业领域的社会制度创新改变了中国社会。甚至有学者认为:"从宋代到明末和 18 世纪,中国的主要财富均出自商业和手工业。"[②]

(三)开放包容、胸怀世界

当今,中华民族正处深度国际交融的时代,交通、信息等科学技术的发展使得各领域内的国际交往前所未有地增强。赵宋政权南迁之后,中国与世界各国的交往更为密切,科技的发展、增税的需求、宗教的魅力、手工业的繁盛使得南宋比前朝有更好的国际交往条件。对照可见,具有鲜明的共通文化前提。因此,总结提炼宋韵文化的内涵特质,应当怀揣全球视野和国际眼光。

宋韵文化的一个突出特点就是开放包容、胸怀世界,于各种形式的中外交流中,在世界范围内传播中华文明,使世界各国接受中华民族。南宋时期,中国与东亚的日本和朝鲜、东南亚的越南和柬埔寨等国,与阿拉伯国家、非洲东海岸国家都有着经常性的国际交往。这其中,佛教、贸易是最主要的中外交流形式。

南宋年间,中国与东亚的日本和朝鲜以佛教为载体开展广泛交流。当时,明州港(今宁波)与泉州港、广州港一同成为东南沿海三大港口。同时,南宋政权自 1130 年起暂居绍兴并于 1138 年起定都临安。这时的杭州、宁波不仅在中外交流中拥有得天独厚的交通地理优势,而且是南宋政权政治中心之所在。相应的,两地的宗教寺院也成为海外僧人来华求法的重镇。杭州的灵隐寺、净慈寺、径山寺以及宁波天童寺、阿

---

① 谢和耐:《蒙元入侵前夜的中国日常生活》,刘东译,北京大学版社 2020 年版,第 100 页。
② 谢和耐:《中国社会史》,耿昇译,江苏人民出版社 1995 年版,第 281 页。

育王寺都曾是日本和朝鲜僧人来华求学禅法的目的地。例如:高丽国坦然国师曾于1131年抵达明州(今宁波)阿育王寺求法;日本僧人荣西于1168年来到阿育王寺求法,回国时不仅带走禅法,而且将饮茶风气引入日本,成为日本禅宗创始人;荣西的弟子道元于1223年来到天童寺求法,3年后回到日本创办了永平寺,道元的弟子寒岩义尹、彻通义介后来又相继来华求法;日本僧人觉阿及其法弟金庆于1171年抵达灵隐寺,拜慧远禅师为师,回国后,觉阿被高仓天皇召入宫内讲解禅宗;日本僧人圆尔辨圆于1235—1241年在径山寺求法,回国后不仅将佛教禅宗教义带回,而且在日本传播了茶道礼仪,正所谓禅茶一味。南宋年间大量海外僧人频繁往来于中国和其他东亚国家之间,一方面将佛教教法带回各自国家,使其被各自国家皇室以及普通百姓广泛认同,另一方面将茶叶、瓷器、书画、建筑风格等带回各自国家,在东亚国家间普及共同的生活习惯和风俗民情,为东亚国家持续巩固相互间文化认同做出巨大贡献。

南宋年间,中国通过"海上丝绸之路"与其他东亚国家、东南亚和南亚国家、阿拉伯国家甚至是非洲国家建立稳定贸易交往。海外贸易的兴盛主要由几个方面原因共同形成。其一,随着造船技术以及罗盘、航海技术的发展,海外贸易在南宋年间取得了技术上的重大突破。其二,赵宋政权南迁之后亟须通过增加税收支撑国家机器日常运行。北宋末年泉州市舶司和明州市舶司的创建,使得泉州港和明州港在广州港之后成为南宋海外贸易的重要地理节点,也反映了国家政权愈加重视通过海外贸易增加国家税收的倾向。其三,南宋农业和民间手工业的发展使得茶叶、丝绸、瓷器等农产品和手工业产品生产制造水平大幅提升,农业和手工业产品的质量被各个国家所认可和接受。基于此,南宋期间大致形成2条海外贸易的海上线路。一条是由明州港和温州港出海向北行驶至日本和朝鲜,另一条是由温州港、泉州港、广州港出海向南至东南亚、南亚、阿拉伯和东非国家。在海外贸易中,南宋的主要输出商品是茶叶、丝绸、瓷器等。例如,龙泉青瓷(处瓷、处州瓷)、景德镇青白瓷、福建陶瓷等都是当时颇受各国欢迎的手工业制品。回程时,航船则带回香料、象牙等商品。有学者甚至认为,宋元时期应该是以中国为主导的海洋社会经济圈,即东亚贸易网络初步形成的时期。[①]

三、宋韵文化的时代价值

上文尝试从南宋时期多种实践形态中挖掘宋韵文化的精神内核。总结提炼宋韵文化的内涵特质,最终是为了使其在中华民族伟大复兴战略全局和世界百年未有之大变局中发挥文化力量。基于此,有必要首先明辨时代对文化提出的新要求,进而明晰文化之于民族、政党、国家的功能调适,即中华优秀传统文化的时代价值。研究宋韵文化的时代价值同样应当遵循这一思路。

(一)构建适应于民族国家发展的共同心理基础

当代中国身处世界百年未有之大变局。特别是历经 40 多年改革开放和社会主义现代化建设,中国的经济总量已经跃居世界第二,实现了人民生活从温饱不足到总体小康、全面小康的历史性跨越。当前,全面建设社会主义国家新征程已经开启。进一步推动中华民族从富起来到强起来,需要构建适应于民族国家发展的共同心理基础。简言之,需要在最广大民众中构建大国心态。

这个大国心态包括正反两面。一方面,应当就中国自改革开放以来的发展成就在最广大民众中建立普遍共识。中国的发展,是一个后发国家在短期内迅速崛起的东方传奇,对于世界上很多渴望崛起的发展中国家具有示范意义。中国从改革开放初期的一贫如洗到取得今天的成绩,绝不能仅仅理解为经济、科技或某一局部领域的成就,而是基于道路、理论、制度所取得的根本性成就。取得共识不仅是党委政府或思想理论界的任务,更需要在中国最广大民众中达成一致。另一方面,应打破在最广大民众中普遍存在的"西方神话"。改革开放之后的很长

---

① 刘森、胡舒扬:《沉船、瓷器与海上丝绸之路》,社会科学文献出版社 2016 年版,第 107 页。

一段时间内,由于受经济、科技等多领域发展水平的影响,在中国最广大民众中存在对以美国为代表的西方国家的普遍心理认同,或表现为思想意识形态领域"西方月亮比中国的圆",或表现为器物层面"洋货比国货好",或是日常生活中的"想象中的西方"。需要注意的是,特朗普政府于 2017 年 12 月发布的《美利坚合众国国家安全战略》明确强调,过去 20 年美国将中国等国家纳入国际组织和全球商业体系的政策是错误的。未来,中国将会被美国定义为竞争对手。具体而言,美国会在贸易、科技、能源、人才等国际交往诸多领域主动进行干预,并且与盟国和伙伴国联手限制中国的发展。这个重大的政策转向意味着,过去很长一段时间内中美两国民间交往频繁的领域很可能会被美国附加政治因素,政治安全波及广大普通群众。打破民众心中存在的"西方神话",就是为应对美国外交政策根本性转变构建扎实的群众基础。

宋韵文化有助于构建适应于全面建设社会主义国家新征程的共同心理基础。南宋是一个以守护国家安全为重要主题的时代。赵宋政权南迁之后,始终面临外患之苦。金、蒙古相继成为南宋政权的困扰,正所谓"时势造英雄",南宋时期涌现了一批又一批的爱国英雄。从南宋初期的岳飞到后期的文天祥,都是国家使命坚定的拥护者,为了国家利益甘愿牺牲个人。这种国家情怀也渗透进南宋诗词当中,抒发爱国热情或表达英雄报国无门之苦成为南宋诗词的重要主旨之一。宋韵文化不是"琴棋诗画",而是饱含责任担当的国家大义。

当前弘扬宋韵文化,就是要以宋韵文化为载体,在最广大民众中构建共同心理基础。这种共同心理基础既包括对民族强盛之道的科学认知,也包括对国家安全风险的危机意识。只有构建起共同心理基础,才能形成民族国家发展的群众基础。特别是当民族国家逐渐站上世界舞台中心之后,它所面临的全球责任和风险挑战是过去不曾有的,这也要求在群众中构建共同心理基础,就是要经由宋韵文化在最广大民众中进一步巩固民族国家意识,具体包括:运用科学理论辨明中华民族的发展成就和发展道路,特别是在"一球两制""东升西降"背景下清晰把握道路、理论、制度立场和优势;时刻保持警觉,能够清晰认识日常生活各领域所存在的风险挑战、安全危机以及拿出正确的应对态度。

(二)积聚自强不息、奋力创新的共同精神力量

在《中共中央关于党的百年奋斗重大成就和历史经验的决议》中,强调围绕实现第二个百年奋斗目标,全党要以咬定青山不放松的执着奋力实现既定目标,以行百里者半九十的清醒不懈推进中华民族伟大复兴。这就是说,中国特色社会主义建设已经取得重大成就,但尚未到达终点,全党全国各族人民不能躺在功劳簿上自鸣得意,更不能被"躺平"等错误、消极思想左右。这就需要在全社会中形成共同精神力量。

自20世纪90年代中后期开始,当代文化研究重新把文化作为民族国家经济社会发展的自变量加以重视,复兴了自韦伯以来文化助推经济社会发展的研究路径。除却约瑟夫·奈提出文化软实力的概念,以哈里森、亨廷顿为首的一批学者更是倡导用文化来解释世界各国发展或欠发展的分析范式。诚然,这些西方学者旨在尝试把西方价值观和态度输入第三世界国家,我们也需要时刻辨明西方研究潜在具有的意识形态指向,但是,这一范式本身对于刚刚踏上新征程的中华民族仍具有重要意义:坚持从中华优秀传统文化中探寻共同精神力量。习近平总书记指出:"中华文化源远流长,积淀着中华民族最深层的精神追求,代表着中华民族独特的精神标识,为中华民族生生不息、发展壮大提供了丰厚滋养。"[1]共同精神力量,来源于中华民族的历史实践、优良传统、珍贵习俗,归根结底来源于中华优秀传统文化。

宋韵文化有助于构建实现中华民族伟大复兴中国梦的共同精神力量。南宋政权面临重振国家的重任,南宋也是一个持续奋斗和创新的时代。南迁之后,无论是南宋政权还是南宋民众都秉持自强不息、奋力创新的精神。在手工业、科技、农业、社会制度等诸多领域,南宋所取得的成就不仅显著超越于前朝,而且在当时世界上也获得广泛认可。这些成就彰显了南宋政权对于创新所持的开放态度,也反映了当时南宋民众勤于创新的普遍氛围。针对商业行为,南宋政权和南宋民众都给

---

① 习近平:《论党的宣传思想工作》,中央文献出版社2020版,第55页。

予了极大的认可并付出巨大努力。传统意义上位居士农工商四业之末的商业行为在南宋时期有了很大的发展。南宋政权通过发行"便钱会子"的方式鼓励商业行为,南宋民众通过实际行动在都城临安开辟了各具特色的商业中心。商业的兴盛反映了南宋政权和南宋民众务实奋斗的态度。

当前弘扬宋韵文化,就是要以宋韵文化为载体,在全社会积聚起自强不息、奋力创新的共同精神力量。这种共同精神力量是中华民族伟大复兴中国梦实现的文化动力。在全社会形成共同精神力量,就是在广大民众中就行为方向和行为方式达成共识。以自强不息、奋力创新构建共同精神力量,就是凝聚广大民众干事创业的决心、攻坚克难的恒心,摒弃"躺平""内卷"的不正之风。因此,要特别注重提倡南宋政权克服万难鼓励创新的态度,也要特别崇尚南宋民众不畏艰辛持续奋斗的风气,更要宣扬南宋时期奋斗和创新取得的杰出成就。

(三)构建与世界各国的共同文化记忆

在《中共中央关于党的百年奋斗重大成就和历史经验的决议》中,中国共产党适时提出"为人类谋进步、为世界谋大同"的主张。这就是说:一方面,中国应积极推动构建人类命运共同体,向世界各国——特别是那些既希望加快发展又希望保持自身独立性的国家和民族——展现中国智慧、中国方案、中国力量的杰出成就和独特魅力;另一方面,中国应主动应对美国等西方国家试图在印度洋—太平洋海域周边国家对中国构建的包围态势,为发展创造良好的周边国际环境。面对这一局势,中国更应当发挥传统文化符号优势,巩固与增强自古以来业已存在的跨国文化交流,重新发现并长久稳固一直存在的文化力量。也就是,发现文化认同以及由此产生的共同文化记忆。

文化记忆的概念对于理解文化在当代中华民族繁荣复兴中的作用至关重要。阿斯曼对于这一概念的阐释有两方面非常值得关注。一方面,文化记忆强调"局部的象征物"。阿斯曼指出:"文化记忆关注的是过去中的某些焦点。即使是在文化记忆中,过去也不能被依原样全盘保留,过去在这里通常是凝结成了一些可供回忆附着的象征物。"①也就是说,历史被传承下来的仅是部分内容,并且这部分内容也是通过一定形式的象征物传承的。阿斯曼在这里所说的象征物,其实就是人类记忆中的文化。另一方面,文化再生产推动民族的产生。阿斯曼用了"循环"②的概念对文化再生产的机理进行描述。也就是说,象征物一经产生,会在认同它的成员中重复制造共识,而共识一再强化,最终结果是人类从松散集体迈向具有凝聚力的民族。

宋韵文化有助于构建中华民族与世界各国的共同文化记忆。因为,作为一个文化符号,宋韵文化内涵的象征物在历史上一再地在中国和世界各国间建立文化认同,增强跨民族的心理链接。南宋是一个开放的时代。以贸易和宗教为媒介,当时的中国和世界业已建立共同文化认同。造船技术的改进和指南针的使用普及畅通了中国和东亚、东南亚、南亚、阿拉伯甚至非洲的多个国家文化交流的物理通道。基于扩大税源的考虑,南宋政权不仅不限制海外贸易,反而通过在沿海城市增设市舶司的方式,鼓励和倡导向外传播手工业制品、书画作品等。南宋佛教的兴盛吸引了高丽和日本僧人频繁来华取经。海外僧人往来于本国和中国之间,使得中国佛教教义及茶道文化深刻影响到东亚其他国家。在频繁的国际交往中,中华民族和世界各国建立了深厚的文化链接。通过展示当时中国在各领域的领先水平,中华文化深刻影响了世界多个国家。

当前弘扬宋韵文化,就是要以宋韵文化为象征物,重新唤起中国与世界各国的共同文化记忆。这种共同文化记忆是中国与世界各国交往独一无二的历史资源,也是增进中国和世界各国相互心理认同的得天独厚的条件。当代中国决不能忽视宝贵的共同文化记忆,或任由其自然消逝。例如,在谈及政治文化的核心特质时,亨廷顿论证并得出结

① 扬·阿斯曼:《文化记忆:早期高级文化中的文字、回忆和政治身份》,金寿福、黄晓晨译,北京大学出版社2015年版,第46页。
② 扬·阿斯曼:《文化记忆:早期高级文化中的文字、回忆和政治身份》,金寿福、黄晓晨译,北京大学出版社2015年版,第145页。

论:"中国社会和日本一样,'站在和美国社会对立的另一极上'。"①弘扬宋韵文化就是主动作为的有益尝试。要特别注重通过佛教文化、茶文化推进中国与韩国、日本、朝鲜的文化交往,深刻阐述佛教文化、茶文化与当代各国文化的内在联系,在东亚国家中树立同根同种的文化意识,增强中国与上述东亚国家间的文化链接。也要重现南宋时期海上丝绸之路的繁盛景观,唤起东南亚、南亚、阿拉伯甚至非洲国家的文化记忆,挖掘当地中外贸易的交往痕迹。

① 塞缪尔·亨廷顿:《美国政治:激荡于理想与现实之间》,先萌奇、景伟明译,新华出版社 2017 年版,第 92 页。

"宋韵"与"宋韵文化"溯源

浙江省社会科学院哲学所　张宏敏

　　毫无疑问,在当下的浙江社科理论界、宣传舆论界,具有中国气派和浙江辨识度的重要文化标识的"宋韵文化",绝对是一个热门词汇。

　　作为浙江历史文化标识与金名片的"宋韵文化"的出处,是时任浙江省委书记袁家军 2020 年 9 月 21 日在浙江文化研究工程实施十五周年座谈会暨省文化研究工程指导委员会会议上的讲话中的一句话:"要擦亮一批文化标识,大力推进宋韵文化传承发展中心建设,让南宋文化这张浙江文化金名片更加深入人心、走向世界。"①在 2021 年 8 月 31 日召开的浙江省委文化工作会议上,袁家军强调,"在打造以宋韵文化为代表的浙江历史文化金名片上不断取得新突破,抓研究、抓传播、抓转化、做足特色、放大优势,传承好浙江优秀传统文化的精神内核""'跳出南宋看南宋,跳出浙江看浙江',从思想、制度、经济、社会、百姓生活、文学艺术、建筑和宗教等方面全方位立体化系统性研究阐述宋韵文化,准确把握其文化精髓、历史意义和时代价值,组织提炼'宋韵'的核心特征"。②

　　对于"宋韵文化"作为浙江历史文化标识、"南宋文化"作为浙江文化金名片,可以溯源到习近平在浙江工作期间对杭州"南宋文化"的重

---

　　① 《"强省""树人"! 省委书记袁家军谈书写"重要窗口"文化新篇章》,转引自浙江社科网,2021 年 9 月 22 日。

　　② 袁家军:《加快打造新时代文化高地　为高质量发展建设共同富裕示范区注入强大文化力量》,浙江在线,2021 年 8 月 31 日。

视。2003 年 7 月 10 日,习近平在浙江省委十一届四次全会上做报告时指出:"南宋时,杭州成为全国的政治、经济、文化中心。"①2004 年 9 月 29 日,习近平在听取杭州市有关工作汇报时的讲话中强调:"杭州是国家首批命名的历史文化名城,是中国七大古都之一,历史源远流长,文化积淀深厚,有良渚文化、吴越文化、南宋文化等……这些珍贵的历史文化遗产是杭州的'根'与'魂'。"②2005 年 8 月,习近平在浙江文化研究工程指导委员会全体会议上的讲话中要求开展"浙江南宋史"等浙江特殊历史阶段的研究。③ 2006 年 2 月,习近平在《浙江日报》上发表的《与时俱进的浙江精神》一文中就指出:"南宋定都杭州以后,风云际会,政治调整、经济更新、文化重建等各种要素的整合,将两浙地区的社会整体发展提升到了全国的最高水平,并在这个基础上造就了各领域的人才精英群体。"④2006 年 5 月,习近平在《浙江文化研究工程成果文库总序》一文中对宋代浙江籍历史文化名人的理论特质予以点评,认为胡则的"为官一任、造福一方"、岳飞的"精忠报国"、沈括的"博学多识、精研深究"和陈亮、叶适的"经世致用"等,"都展示了浙江深厚的文化底蕴,凝聚了浙江人民求真务实的创造精神"。"悠久深厚、意韵丰富的浙江文化传统,是历史赐予我们的宝贵财富,也是我们开拓未来的丰富资源和不竭动力。"⑤

2016 年杭州承办 G20 峰会,习近平对作为一座历史文化名城和创新活力之城的杭州,更是在国际场合多次隆重推介。2015 年 11 月 15 日,习近平在二十国集团领导人第十次峰会工作午宴上做了关于中国主办 2016 年峰会的发言,他向国际友人介绍:"杭州是历史文化名城,也是创新活力之城,相信 2016 年峰会将给大家呈现一种历史和现实交

① 习近平:《干在实处走在前列:推进浙江新发展的思考与实践》,中共中央党校出版社 2006 年版,第 316 页。

② 习近平:《干在实处走在前列:推进浙江新发展的思考与实践》,中共中央党校出版社 2006 年版,第 477 页。

③ 习近平:《浙江文化研究工程成果文库总序》,载《浙江文化研究工程概览》(一),研究出版社 2006 年版,第 7 页。

④ 习近平:《与时俱进的浙江精神》,《浙江日报》2006 年 2 月 24 日。

⑤ 习近平:《浙江文化研究工程成果文库总序》,载《浙江文化研究工程概览》(一),研究出版社 2006 年版,第 2 页。

汇的独特韵味。"①2016年9月4日,习近平就二十国集团领导人第十一次峰会发表的致辞中再次指出:"杭州是一座历史名城,也是一座创新之城,既充满浓郁的中华文化韵味,也拥有面向世界的宽广视野。"②2016年9月3日,习近平主席在二十国集团工商峰会(B20)开幕式上的主旨演讲中说:"杭州是中国的一个历史文化重镇和商贸中心,有千年以上的历史。千百年来,从白居易到苏东坡,从西湖到大运河,杭州的悠久历史和文化传说引人入胜……杭州也是生态文明之都,山明水秀,晴好雨奇,浸透着江南韵味,凝结着世代匠心。我曾在这里工作了6个年头,熟悉这里的山水草木、风土人情,不要说杭州的水,杭州的山我都走过,参与和见证了这里的发展。"③2016年9月4日,习近平主席在二十国集团领导人杭州峰会上的开幕辞中再次指出:"去年11月,我在安塔利亚向大家介绍,上有天堂,下有苏杭,相信杭州峰会将给大家呈现一种历史和现实交汇的独特韵味。今天,当时的邀请已经变成现实。"④

这一政治宣传语境下的"宋韵"或是"宋韵文化",要求从现代学术视域下的综合性的学科背景中来探究其内涵与外延,也就是要从中国思想史、政治制度史、经济史、社会学、民俗学、文学、艺术学、建筑学、宗教学,也包括文化学、新闻传播学等多学科出发,来整体把握"宋韵文化"的精髓内涵、历史意义和时代价值。

本文想要说的是,在浙江社科、宣传理论界所倡言的"宋韵文化"之外,学术界又是怎样理解"宋韵""宋韵文化"的呢?这就需要对"宋韵"概念予以溯源,对学术意义上的"宋韵"的本义予以阐释。简言之,如何从学术或学科视角,比如以公开出版的以"宋韵"命名的学术著作、以

---

① 《习近平在二十国集团领导人峰会工作午宴上关于中国主办2016年峰会的发言》,《人民日报》2015年11月17日。

② 习近平:《构建创新、活力、联动、包容的世界经济——在二十国集团领导人杭州峰会上的开幕辞》(2016年9月4日,杭州),《人民日报》2016年9月5日。

③ 习近平:《中国发展新起点全球增长新蓝图——在二十国集团工商峰会开幕式上的主旨演讲》(2016年9月3日,杭州),《人民日报》2016年9月3日。

④ 习近平:《构建创新、活力、联动、包容的世界经济——在二十国集团领导人杭州峰会上的开幕辞》(2016年9月4日,杭州),《人民日报》2016年9月5日。

"宋韵"为选题的学术期刊论文作为切入点,来探究"宋韵"抑或"宋韵文化"的学科属性呢? 这也是本文关注的一个话题。

一、以"宋韵"命名的学术著作

据统计,目前学界公开出版的学术著作中,书目中含有"宋韵"的出版物有 22 种。通读相关内容可以得知,学术界对"宋韵"的理解有 3 种不同的看法。

第一,"宋韵"就是"宋词"。李庆、武蓉著《宋韵:中国古代诗歌》(新华出版社,1993),孙维城《宋韵:宋词人文精神与审美形态探论》(安徽大学出版社,2002),陈晋主编《唐风宋韵新吟》(中央文献出版社、万卷出版公司,2006),郭永福、余向鸿主编《唐风宋韵》(中央民族大学出版社,2006),刘雪梅、张金桐《唐风宋韵》(大众文艺出版社,2009),陈晋主编《唐风宋韵》(中国青年出版社,2012),余恕诚《唐音宋韵》(北京大学出版社,2015),这 7 本书对"宋韵"的理解是将"唐诗宋词"中的"宋词"理解为"宋韵",进而阐发宋词的审美特质,指出:"韵"是一个由晋至唐的漫长生长的过程,"宋词"也成为"宋韵"的鲜明体现,而一部唐宋词史也就显形为"韵"的衍生史。而"宋韵"(实际上就是"宋词"),则是封建后期艺术审美的最高标准;在"宋韵"与"宋词"的双向选择中,"宋韵"的人文精神也得以完美呈现。

第二,"宋韵"乃宋代艺术之"风韵"、社会生活之"气质"。中国国家博物馆等编选《宋韵:四川窖藏文物辑粹》(中国社会科学出版社,2006)一书,就"宋瓷""宋代金银器""两宋仿古器物"的造型图像与产品工艺风格,来探究宋人所追求的人与自然和谐的审美观念与生活情趣。陈乃明《宋韵明风:宋明家具形制与风格》(浙江人民美术出版社,2021)一书,就宋代家具的具体形制与风格来解读"宋韵"。《宋朝的 365 天:宋韵日历》(红旗出版社,2021)一书,认为"宋韵"作为一种精神气质,反映了当时社会生活的状态,渗透在宋朝人的日常生活细节中。

第三,宋韵文化的"八大形态"说。浙江省委宣传部理论处组织编写的《开卷有益·宋韵文化之制度》《开卷有益·宋韵文化之经济》《开卷有益·宋韵文化之思想》《开卷有益·宋韵文化之文学艺术》《开卷有益·宋韵文化之教育》《开卷有益·宋韵文化之科技》《开卷有益·宋韵文化之建筑》《开卷有益·宋韵文化之百姓生活》(浙江人民出版社,2021),浙江省社会科学院编著的《宋韵文化简读》(浙江人民出版社,2021),就为贯彻落实浙江省委文化工作会议精神,向广大读者阐释、解读、宣传"宋韵文化"的"八大形态"而组织编写,其中集中展示了多元包容、百工竞巧、追求卓越、风雅精致的宋韵文化气象。

二、以"宋韵"为选题的学术期刊论文

在"中国知网"上检录以"宋韵"为主题(篇名中含有"宋韵"二字)的学术期刊论文,从1985年至今(截至2022年12月30日),共有215篇。其中1985年1篇;1990年1篇;1991年3篇;1997年3篇;1999年1篇;2001年2篇;2002年2篇;2003年2篇;2004年2篇;2006年4篇;2007年3篇;2008年2篇;2009年6篇;2010年8篇;2011年4篇;2012年7篇;2013年5篇;2014年4篇;2015年5篇;2016年3篇;2017年5篇;2018年4篇;2019年7篇;2020年6篇;2021年33篇;2022年92篇。

(1)何昌林:《唐风宋韵论南音——写给海内外南音弦友》,《人民音乐》1985年第5期。

(2)董亚军:《大型电视艺术片〈唐风宋韵〉开拍》,《电影评介》1990年第10期。

(3)江声:《〈唐风宋韵〉扬国魂》,《瞭望周刊》1991年第9期。

(4)周汝昌:《〈唐风宋韵〉琐谈》,《中国电视》1991年第3期。

(5)陈志昂:《关于〈唐风宋韵〉的一封信》,《中国电视》1991年第4期。

（6）穆治国：《宋韵古风扑面来——浅谈山石盆景〈宋人画意〉的创作》，《中国花卉盆景》1997年第1期。

（7）马树霞：《唐风宋韵——太姥山灵峰石刻》，《福建艺术》1997年第1期。

（8）孙维城：《宋韵的人文精神及其在宋词中的体现》，《中国韵文学刊》1997年第1期。

（9）唐如：《"唐风宋韵"拂澳门》，《舞蹈》1999年第2期。

（10）初延峰：《唐风宋韵的流变——文运与世运之间》，《昭通师范高等专科学校学报》2001年第1期。

（11）祝琰：《唐音宋韵——我读唐诗宋词》，《中文自修》2001年Z1期。

（12）初延峰：《唐风宋韵的流变——文运与世运之间》，《青海师专学报》2002年第2期。

（13）陈伯海：《〈宋韵——宋词人文精神与审美形态探论〉序》，《安庆师范学院学报（社会科学版）》2002年第5期。

（14）佚名：《宋韵：宋词的人文精神与审美形态》，《2003年安徽省文学学会学术会议论文集》，2003年6月。

（15）李娜、金东河：《论朝鲜时代李后白诗歌的唐风宋韵》，《北方工业大学学报》2003年第4期。

（16）王琴：《从唐"境"宋"韵"看中国传统美学的特点》，《福州大学学报（哲学社会科学版）》2004年第2期。

（17）胡传志、叶帮义：《宋词文化学研究的新成果和新启示——评孙维城〈宋韵：宋词人文精神与审美形态探论〉》，《古籍研究》2004年第2期。

（18）徐志伟：《感受唐风宋韵——苏教版选修教科书〈唐诗宋词选读〉介绍》，《古典文学知识》2006年第1期。

（19）王学仲：《唐风宋韵铸画魂》，《国画家》2006年第1期。

（20）谢宏：《自古英雄尽解诗——读〈唐风宋韵新吟〉》，《党建研究》2006年第4期。

（21）邱振刚：《窖藏文物展宋韵》，《中国艺术报》2006年

12月1日。

（22）倪俊宇：《走在唐风宋韵里（散文诗）》，《青岛文学》2007年第3期。

（23）王海纳：《唐风宋韵五（5）班》，《少年文艺（写作版）》2007年第6期。

（24）佚名：《游大足石刻看唐风宋韵》，《当代汽车》2007年第9期。

（25）倪俊宇：《走在唐风宋韵里（四首）》，《泉州文学》2008年第11期。

（26）李占军：《艺术奇葩——宋韵套色烙画》，《开封日报》2008年12月20日。

（27）佚名：《开封：宋韵菊香和谐开放》，《时代青年（月读）》2009年第4期。

（28）倪俊宇：《走在唐风宋韵里（三首）》，《中国铁路文艺》2009年第6期。

（29）佚名：《开封：一城宋韵半城水》，《河南日报》2009年6月23日。

（30）若寒：《唐风宋韵里的杏花村美酒》，《新晋商》2009年第10期。

（31）若寒：《唐风宋韵里的杏花村美酒（二）》，《新晋商》2009年第11期。

（32）王玉洁、李金路等：《一城宋韵半城水——从水系工程探索开封古城的宋韵复兴之路》，《城市规划》2009年第12期。

（33）谷天义：《一城宋韵半城水》，《词刊》2010年第2期。

（34）倪俊宇：《走在唐风宋韵里》，《高中生》2010年第7期。

（35）佚名：《宋韵·锦春长》，《荣宝斋》2010年第5期。

（36）陈凌：《章江门前迎客亭唐风宋韵醉游人》，《南昌日报》2010年6月18日。

（37）叶毓中：《宋韵·濂溪荷》，《荣宝斋》2010年第7期。

(38)廖绍芷:《秦砖汉瓦唐风宋韵与山水辉映》,《桂林日报》2010 年 8 月 17 日。

(39)叶毓中:《宋韵·满江红》,《荣宝斋》2010 年第 9 期。

(40)胡庆生:《开封"一城宋韵半城水"的美景有望再现》,《人民政协报》2010 年 12 月 24 日。

(41)马起来:《流光焕彩载史册典雅奢华说宋韵:安徽出土宋代金器珍品鉴赏》,《东方收藏》2011 年第 1 期。

(42)倪俊宇:《走在唐风宋韵里(二章)》,《星星诗刊》2011 年第 2 期。

(43)王荷、李昕:《一城宋韵半城水》,《城市住宅》2011 年第 6 期。

(44)范江、洪堃:《唐情宋韵真璞草堂》,《室内设计与装修》2011 年第 11 期。

(45)笑非:《唐风宋韵汇丹青》,《江西画报》2012 年第 1 期。

(46)洪治纲:《皤滩古镇撷一缕唐风宋韵》,《风景名胜》2012 年第 3 期。

(47)龚保家:《〈宋韵〉创作随想》,《美术观察》2012 年第 3 期。

(48)倪俊宇:《唐风宋韵的风景(十章)》,《散文诗世界》2012 年第 5 期。

(49)李跃平:《唐诗宋韵总关情》,《厦门文学》2012 年第 6 期。

(50)葛景春《唐风宋韵咏诗心——佟培基〈萤雪吟草〉读后感》,《汉语言文学研究》2012 年第 2 期。

(51)张斌:《嘴边上的唐风宋韵　笔尖下的诗魂文魄——2012 年高考名篇名句默写三维透析》,《语文教学通讯》2012 年第 25 期。

(52)李跃平:《唐诗宋韵总关情》,《厦门文学》2013 年第 2 期。

(53)华涛琛:《唐风宋韵杨柳青:谈华友国"古韵新唱江南

风"歌词的艺术风格》,《词刊》2013年第3期。

(54)舒忠、李运静:《〈唐风宋韵铸真情〉禅意源缘入旷达:与赵延彤先生的〈须史集〉相遇》,《临沂大学学报》2013年第5期。

(55)李菡莒:《宋韵在苏轼美学中的呈现》,《剑南文学(经典教苑)》2013年第10期。

(56)Grace:《梅国建大师"唐风宋韵"作品及烧制工艺展》,《陶瓷研究》2013年第3期。

(57)张旭:《灵姿宋韵有凤来仪》,《宝藏》2014年第1期。

(58)乐明:《赵孟頫浴马图满卷形神兼备唐风宋韵 消费者权益法旨在让消费者更有力量:2014年3月新邮介绍》,《上海集邮》2014年第3期。

(59)邹宝生、吴伟昌:《唐风宋韵生笔端:引导学生尝试古诗词创作的思考与实践》,《语文教学通讯》2014年第28期。

(60)王学仲:《唐风宋韵铸画魂》,《明日风尚》2014年第24期。

(61)张筠等:《宋韵龙城风雅泸县》,《中国西部》2015年第11期。

(62)《宋韵清风·万蒂作品展》,《新民周刊》2015年第28期。

(63)郭瓅、王新文等:《碧水绕绿城 宋韵散菊香:开封市创建国家园林城市掠影》,《城乡建设》2015年第9期。

(64)李军辉:《"汉风宋韵"是定州取之不尽的文明财富》,《光明日报》2015年12月12日。

(65)王学仲:《唐风宋韵铸画魂》,《明日风尚》2015年第24期。

(66)汪赛云:《浅析"宋韵"系列陶瓷绘画之〈消夏图〉》,《艺术品鉴》2016年第2期。

(67)云鼎:《宋韵瓷词》,《躬耕》2016年第10期。

(68)田建一等:《素墨烟岚——北京宋韵画院作品选》,

《书画世界》2016年第6期。

(69)岳蔚敏:《宋韵清明美丽开封》,《开封日报》2017年3月31日。

(70)王娅然、逸夫:《智默堂唐风宋韵自然来》,《普洱》2017年第5期。

(71)若寒:《唐风宋韵里的杏花村美酒》,《黄河》2017年第3期。

(72)吴奇敏:《从"宋韵提梁壶"窥见紫砂光货的简约之美》,《江苏陶瓷》2017年第3期。

(73)秦卫华、吴长勤:《故园忆旧承宋韵　侨乡追梦绽新芳——中山市风俗画画家邓振铃先生的艺术人生》,《珠江论丛》2017年第4期。

(74)陆杨:《宋韵悠"泽"法古弥"新"》,《航空港》2018年第1期。

(75)赵红继:《一城宋韵半城水　梦华飘溢伴汴京》,《中国三峡》2018年第5期。

(76)肖柏峰:《宋韵开封:开封市规划展示馆》,《室内设计与装修》2018年第6期。

(77)欧阳洋博:《从〈唐风宋韵〉看"宫体诗"中男女风貌之原因》,《传播力研究》2018年第18期。

(78)孙家宽:《宋风宋韵千年民俗》,《河南电力》2019年第2期。

(79)苏扬:《宋韵千菊:可与一座江山相媲美(组章)》,《诗选刊》2019年第3期。

(80)温玉鹏:《宋韵元风——杭州博物馆馆藏宋元瓷器赏析》,《艺术市场》2019年第3期。

(81)朱利亚、俞姝姝:《留下宋韵杭风——杭州留下古镇历史街区更新规划设计》,《城乡建设》2019年第8期。

(82)沈小倩:《宋韵新启——谈我的创作体会》,《书与画》2019年第7期。

(83)徐广伟:《"汉魂·唐风·宋韵"是中华文化复兴永恒的主题——以叶毓中教授的中国画思维为例》,《荣宝斋》2019年第9期。

(84)气球、然而:《宿享宋韵》,《休闲》2019年第11期。

(85)夏爽:《岱风宋韵,艺道其行》,山东艺术学院2020年硕士学位论文。

(86)杨宗鸿:《书仙欣挥如椽笔　唐风宋韵入心怀》,《现代艺术》2020年第6期。

(87)花芬、庹武:《宋·韵》,《上海纺织科技》2020年第8期。

(88)徐艳文:《流溢唐风宋韵的江南千灯古镇》,《浙江林业》2020年第10期。

(89)吴奇敏:《最美是宋时——论紫砂作品"宋韵提梁"的人文美学》,《江苏陶瓷》2020年第5期。

(90)陈菡英:《扬州,一幅唐风宋韵浸染的水墨丹青》,《绿叶》2020年第12期。

(91)陈鸿儒:《唐宋韵图释读》,《汉字文化》2021年第1期。

(92)徐吉军:《宋韵:登峰造极的两宋文明(一)》,《文化交流》2021年第1期。

(93)徐吉军:《宋韵:登峰造极的两宋文明(二)》,《文化交流》2021年第2期。

(94)徐吉军:《宋韵:登峰造极的两宋文明(三)》,《文化交流》2021年第3期。

(95)徐吉军:《宋韵:登峰造极的两宋文明(四)》,《文化交流》2021年第4期。

(96)徐吉军:《宋韵:登峰造极的两宋文明(五)》,《文化交流》2021年第5期。

(97)徐吉军:《宋韵:登峰造极的两宋文明(六)》,《文化交流》2021年第6期。

(98)徐吉军:《宋韵:登峰造极的两宋文明(七)》,《文化交流》2021年第7期。

(99)徐吉军:《宋韵:登峰造极的两宋文明(八)》,《文化交流》2021年第8期。

(100)胡丹丹:《宋韵·记忆一》,《上海纺织科技》2021年第3期。

(101)叶毓中:《宋韵·画品东坡·露雨牡丹》,《荣宝斋》2021年第5期。

(102)陈鸿儒:《唐宋韵图释读(二)》,《汉字文化》2021年第13期。

(103)叶毓中:《宋韵·画品东坡·白梅无声》,《荣宝斋》2021年第7期。

(104)李铎:《"穿"千年宋韵"绣"十指春风》,《人生与伴侣》2021年第28期。

(105)《如何让宋韵文化成为浙江文化金名片》,《浙江日报》2021年9月10日。

(106)《传世宋韵茶文化的流芳》,《茶博览》2021年第9期。

(107)叶毓中:《宋韵·画品东坡·白梅无声》,《荣宝斋》2021年第9期。

(108)杨桦:《"宋韵名都"住宅景观设计》,《上海纺织科技》2021年第9期。

(109)陈新森:《解码婺州南孔 传承千年宋韵》,《金华日报》2021年9月20日。

(110)林旻:《考古学家郑嘉励谈宁波该如何打造宋韵文化传世工程》,《宁波日报》2021年10月11日。

(111)姜青青:《"宋韵"说》,《杭州》2021年第19期。

(112)何菊:《激活文化赋能 聚焦融合创新 打造宋韵文化传承示范县》,《衢州日报》2021年11月5日。

(113)叶毓中:《宋韵·画品东坡·牡丹别裁》,《荣宝斋》2021年第11期。

（114）陈缅:《天台宋韵》,《文化交流》2021 年第 11 期。

（115）何瑛儿:《宋韵,正需要陆游的诗意》,《绍兴日报》2021 年 11 月 18 日。

（116）钱科峰:《在演绎中"活化",让宋韵文化"传世"》,《绍兴日报》2021 年 11 月 18 日。

（117）金浏河:《实施"文化基因再解码工程" 打造温州宋韵文化标识》,《温州日报》2021 年 11 月 22 日。

（118）刘志皎、明文彪:《推动宋韵文化产业高质量发展的思考》,《杭州》2021 年第 22 期。

（119）张蕾:《加快发展夜间经济 "活化"宋韵文化传承》,《杭州》2021 年第 22 期。

（120）本报记者:《解码舟山宋韵文化基因》,《舟山日报》2021 年 12 月 2 日。

（121）吴远龙:《"宋韵文化"传世工程:金华方位与响应》,《金华日报》2021 年 12 月 14 日。

（122）鲍亚飞:《杭州的"上乘"宋韵》,《文化交流》2021 年第 12 期。

（123）施剑:《解码浙江文化基因打造宋韵文化品牌的构想和建议》,《科技智囊》2021 年第 12 期。

（124）艳琼:《"最温州"的宋韵瓯风——访永嘉学派馆》,《温州人》2022 年第 1 期。

（125）何忠礼:《南宋的历史地位与"宋韵"文化》,《浙江社会科学》2022 年第 1 期。

（126）周伟达:《宋"韵"嘉禾双人谈》,《嘉兴日报》2022 年 1 月 14 日。

（127）凯特:《我和宋韵文化的不解之缘》,《文化交流》2022 年第 1 期。

（128）康冀楠:《宋风宋韵"味"正浓》,《开封日报》2022 年 2 月 8 日。

（129）童波:《宋韵流淌的绍兴年味》,《绍兴日报》2022 年

2 月 9 日。

(130)朱友君、荣明：《以沉浸式场景再现宁波宋韵的流光溢彩》，《宁波通讯》2022 年第 2 期。

(131)《千年海曙宋韵甬存》，《宁波通讯》2022 年第 2 期。

(132)本刊讯：《杭州·宋韵美术馆喜迎亚运之宋韵传声——2022 浙江画院花鸟画工作室迎春作品展暨走进上城新春送福惠民活动》，《中国画画刊》2022 年第 1 期。

(133)本刊讯：《浙江·杭州宋韵美术馆义乌市七墨美术馆浙南行——浙江画院山水画工作室写生展》，《中国画画刊》2022 年第 1 期。

(134)康冀楠：《花灯如梦宋韵浓》，《开封日报》2022 年 2 月 15 日。

(135)于锋：《这幅"南京版清明上河图"，隐藏着哪些千古宋韵》，《新华日报》2022 年 2 月 25 日。

(136)邓钰路：《宋韵嘉禾，数风流人物》，《嘉兴日报》2022 年 2 月 25 日。

(137)应晓霞：《举办宋韵雅集　倡导新时尚》，《杭州》2022 年第 4 期。

(138)李辉：《建设数字博物馆　展示杭州宋韵文化》，《杭州》2022 年第 4 期。

(139)王宣艳：《宋韵——士大夫的精神世界》，《收藏家》2022 年第 3 期。

(140)邓钰路：《古城文化复兴中，宋韵遗迹如何重现文华》，《嘉兴日报》2022 年 3 月 11 日。

(141)孟云飞：《诗书禅境宋韵风流——黄庭坚的诗书禅境》，《中国书法》2022 年第 3 期。

(142)司马一民：《挖掘古诗词里的"宋韵杭州"故事》，《杭州》2022 年第 5 期。

(143)陈军：《以"食"为媒解码宋韵——每日商报打造色香味形器俱美的文化"宋宴"》，《传媒评论》2022 年第 3 期。

（144）张妮婷：《沙埠青瓷：在窑火中重生》，《台州日报》2022年3月26日。

（145）张素卿：《"典籍中的杭州，史志中的宋韵"活动启动》，《杭州》2022年第6期。

（146）王伟础、金晶：《传承"富春宋韵"文化的思考》，《杭州》2022年第6期。

（147）程潇潇、李言、刘伟：《2022东亚文化之都活动年开启宋韵瓯风来温州一起看世界》，《温州人》2022年第4期。

（148）林生钟、林建伟：《大田朱坂作场戏：宋韵遗风传百世》，《政协天地》2022年第4期。

（149）《走读·宋韵研学之旅》，《杭州》2022年第7期。

（150）徐吉军：《弘扬宋韵，就是重新找回浙江人的"根"》，《杭州》2022年第7期。

（151）杨佩佩：《慎思明辨识宋韵　笃实躬行写新篇》，《杭州》2022年第7期。

（152）何乐乐：《穿越悠长岁月，触摸宋韵风雅》，《杭州》2022年第7期。

（153）韩一丹、楼玮玥：《宋韵杭州中国气派》，《杭州》2022年第7期。

（154）尹晓宁：《挖掘拓展宋韵文化，打造杭州城市文韵体系》，《杭州》2022年第7期。

（155）程潇潇：《开"年"大戏魅力上演》，《温州日报》2022年4月20日。

（156）吴世渊：《台州，一部宋韵的大书》，《台州日报》2022年4月21日。

（157）单露娟：《唤醒宋韵临海记忆》，《台州日报》2022年4月28日。

（158）单露娟：《宋韵流淌台州府》，《台州日报》2022年4月28日。

（159）曹青青：《临平区南苑街道：举办"宋韵临平，时尚南苑"读书沙龙》,《杭州》2022年第8期。

(160)涂国文:《宋韵·最杭州》,《作文新天地》2022年第13期。

(161)《宋韵·最杭州之山水篇》,《作文新天地》2022年第13期。

(162)吴世渊:《废墟下的宋韵》,《台州日报》2022年5月12日。

(163)尉洁婷、卢一、陈嘉昀:《寻找"传世宋韵"传播爆款——天目新闻探访春晚"顶流"〈只此青绿〉背后的故事》,《传媒评论》2022年第5期。

(164)沈宇轩、聂王真:《漫话宋韵》,《作文新天地》2022年第15期。

(165)刘玥涵、陈瑾璟:《如水宋韵,浸润杭州》,《作文新天地》2022年第15期。

(166)何依峣、杨阳:《画卷之宋韵杭城》,《作文新天地》2022年第15期。

(167)《宋韵最杭州》,《作文新天地》2022年第15期。

(168)王红岭:《一方跨越千年的文化宝库》,《衢州日报》2022年5月30日。

(169)何忠礼:《南宋的历史地位与"宋韵"文化》,《社会科学文摘》2022年第5期。

(170)《宋韵·最杭州之历史篇》,《作文新天地》2022年第16期。

(171)童波:《研究陆游,应兼顾宋韵文化和诗路文化》,《绍兴日报》2022年6月1日。

(172)徐霞鸿:《用一场文物大展复活绍兴"宋韵"之雅》,《绍兴日报》2022年6月1日。

(173)於泽锋:《古为今用,擦亮绍兴"南宋都市"名片》,《绍兴日报》2022年6月1日。

(174)叶菁:《漆空间——唐风宋韵的东方叙事》,《上海工艺美术》2022 年第 2 期。

（175）郑建明：《兰溪市：擦亮宋韵文化金名片》，《文化月刊》2022 年第 6 期。

（176）崔雨、刘玲、崔一诺：《打造宁波"宋韵西塘"对策建议》，《宁波经济（三江论坛）》2022 年第 6 期。

（177）吕朝晖：《数字赋能宋韵瓯风文化高地建设的路径》，《温州职业技术学院学报》2022 年第 2 期。

（178）苏向国：《宋韵寻踪到葛岭》，《杭州》2022 年第 12 期。

（179）吴梦诗：《千年宋韵在新时代绽放新光彩》，《嘉兴日报》2022 年 7 月 1 日。

（180）查建国：《挖掘浙学文脉的宋韵底蕴》，《中国社会科学报》2022 年 7 月 4 日。

（181）《赏诗画浙江 飨宋韵之美 南宋菜文化研讨会活动圆满举行》，《餐饮世界》2022 年第 7 期。

（182）孙雯：《宋韵传播，智库先行从重整专家资源入手，探讨文化报道如何面对传播新课题》，《传媒评论》2022 年第 7 期。

（183）王萍萍：《杭州成立宋韵考古研究中心并发布"启航计划"》，《杭州》2022 年第 14 期。

（184）司马一民：《宋韵的风雅、风俗和风骨》，《杭州》2022 年第 14 期。

（185）肖瑞峰：《论宋韵文化的精神特质及生成原因》，《社会科学战线》2022 年第 8 期。

（186）朱可：《气韵东方，赓续千年——用宋韵文化梳理"中华优秀传统文化的内涵与特点"》，《历史教学》（上半月刊）2022 年第 8 期。

（187）本刊讯：《浙江·温州浙江文化艺术发展基金资助项目"大雅宋韵"浙江画院工笔画创作展览采风行》，《中国画画刊》2022 年第 3 期。

（188）《形而上下：宋韵视野下的龙泉青瓷》，《浙江画报》

2022 年第 8 期。

(189)汤汉涛:《读懂宋韵,更需要理解宋韵的现代价值》,《杭州》2022 年第 15 期。

(190)杜丽萍、王永:《唐风宋韵与文化综艺的互文性考察》,《中国电视》2022 年第 8 期。

(191)肖徽徽:《宋韵文化的历史深致与当代呈现》,《中国文化报》2022 年 8 月 16 日。

(192)张节末:《宋韵美学的"纯色革命"与宋代"文化重置"》,《文化艺术研究》2022 年第 15 期。

(193)黄银凤:《省宋韵研究专家胡坚:打造思想明州,大写"港通天下"》,《宁波日报》2022 年 8 月 22 日。

(194)厉晓杭:《百姓生活宋韵入画》,《宁波日报》2022 年 8 月 23 日。

(195)李娇俨:《千年宋韵如何"活"起来——浙江新闻奖获奖作品"寻宋解韵"系列报道解读》,《传媒评论》2022 年第 8 期。

(196)《一城宋韵文旅兴起来》,《河南日报》2022 年 8 月 30 日。

(197)《桃花湖公园举办宋韵文化音乐交友活动拟打造一站式婚庆文化产业园》,《杭州》2022 年第 16 期。

(198)《"宋韵豪景·锦绣团圆"主题中秋礼记录人月两团圆美好时刻》,《美食》2022 年第 9 期。

(199)徐越:《杭州方言是宋韵文化的主要载体和历史坐标》,《浙江社会科学》2022 年第 9 期。

(200)黎欣:《"宋韵"走进寻常百姓家》,《绍兴日报》2022 年 9 月 15 日。

(201)楼玮玥:《在宋韵山水间,轻叩历史的回响》,《杭州》2022 年第 17 期。

(202)商赞:《运河街道:举办宋韵文化　赋能城乡共富论坛》,《杭州》2022 年第 18 期。

（203）刘怡然：《俞塘村：山水间的一曲宋韵》，《宁波通讯》2022年第18期。

（204）徐霞鸿：《文学里的宋韵》，《绍兴日报》2022年10月12日。

（205）刘松华、汪超：《上承宋韵、下富民生，精心绘就独具上城韵味的风貌画卷》，《城乡建设》2022年第20期。

（206）陈付瑛：《宋韵文化瑰宝"永嘉医派"再现芳华》，《温州日报》2022年10月31日。

（207）黄燕玲：《宋韵的建构，舟山从未缺席》，《舟山日报》2022年11月4日。

（208）张睿：《让宋韵瓯风融入城市更新血脉》，《温州日报》2022年11月6日。

（209）毕一鸣：《人物品藻独善风节——评〈宋韵述廉〉的人间正道》，《新阅读》2022年第11期。

（210）陈进红：《解韵知韵方得宋韵》，《浙江日报》2022年11月18日。

（211）严粒粒：《〈德寿宫八百年〉，宋韵匠心犹存》，《浙江日报》2022年11月25日。

（212）徐霞鸿：《守望千年，宋韵文化流动不息》，《绍兴日报》2022年12月1日。

（213）陈莹：《传承宋韵文化提升劳动素养——以"'浙里宋韵'——立体卡片制作"课程的设计实施为例》，《教学月刊小学版（综合）》2022年第12期。

（214）方笑一：《赋美食以宋韵：林洪〈山家清供〉的饮食书写及其文化史意义》，《文化艺术研究》2022年第6期。

（215）刘芷余：《电视节目探索传统文化的创新表达——以浙江卫视宋韵文化传播为例》，《中国广播影视》2022年第23期。

（216）沈松勤：《"宋韵文化"的构成与核心》，《浙江社会科学》2023年第1期。

通读两百余篇含有"宋韵"的论文(含新闻报道),我们可以得出以下结论:

第一,学术论文中第一次出现"宋韵"这个词汇,最早源于何昌林的一篇书信——《唐风宋韵论南音——写给海内外南音弦友》(《人民音乐》1985 年第 5 期),这里的"宋韵"特指两宋时期在福建产生并流传至今的以乐器、乐曲、乐谱、乐调、乐语等为载体的民间音乐。

第二,一直以来,"宋韵"多与"唐风"并称,1990 年由天津电视台、天津歌舞剧院联合开拍,天津电影制片厂协助拍摄的题名为《唐风宋韵》的大型电视艺术片(六集)完成,并在当时中国电视界有一定影响。相关评论文章有董亚军的《大型电视艺术片〈唐风宋韵〉开拍》(《电影评介》1990 年第 10 期),江声的《〈唐风宋韵〉扬国魂》(《瞭望周刊》1991 年第 9 期),周汝昌的《〈唐风宋韵〉琐谈》(《中国电视》1991 年第 3 期),陈志昂的《关于〈唐风宋韵〉的一封信》(《中国电视》1991 年第 4 期)。这里的"宋韵",主要指"宋词"。

第三,在 20 世纪末 21 世纪初期的一段时间里,"宋韵"一词正式进入宋代文学界,与"宋词"并称,视为宋词的人文精神与审美形态,详见孙维城的专著《宋韵:宋词人文精神与审美形态探论》(安徽大学出版社,2002)。与此同时,"宋韵"也与宋代美学发生了关联,如李菡苕在其论文《宋韵在苏轼美学中的呈现》(载《剑南文学》2013 年第 10 期)中就认为"韵"是我国封建社会后期艺术审美的价值取向,至宋代才定型成熟,并推广到一切艺术领域。

第四,由于北宋定都河南开封(汴京),一段时间以来,"宋韵"便成为用于指称开封这座城市精神气质乃至民间风俗的专属名词,比如赵红继的文章《一城宋韵半城水 梦华飘溢伴汴京》(载《中国三峡》2018 年第 5 期),以及肖柏峰的《宋韵开封:开封市规划展示馆》(《室内设计与装修》2018 年第 6 期),就是这样来使用"宋韵"一词。

第五,超脱"宋词"的文学藩篱,以两宋历史文明来诠释"宋韵",是浙江省社会科学院历史所原所长徐吉军的研究发现。他在 2021 年第 1 期至第 8 期的《文化交流》(浙江省对外文化交流协会、浙江省人民对外友好协会主办)期刊上连续发表 8 篇文稿——《宋韵:登峰造极的两宋文明》,分别从科技强国、城市文明、文化成就、移风易俗等多重维度对两宋文明的菁华即"宋韵"予以系统阐释。

三、学科交叉融合推进宋韵文化的研究传播转化

2021年8月浙江省委文化工作会议召开以来,省内2021、2022年公开出版发行的报刊上出现了不少篇名中含有"宋韵""宋韵文化"的新闻报道(以《浙江日报》《钱江晚报》《杭州日报》为主),也包括一些学术研究论文。但是文化界、学术界对"宋韵文化"作为一个学术命题的"容受"还是受到限制。

作为学术范畴的"宋韵"已进入宋代文学、美学的研究领域,但其学术内涵的影响力尚未得到充分挖掘,故而"宋韵"的学术影响力也是仅限于"宋词"领域,宋史学界、文化学界、中国哲学(思想)史界并未对"宋韵""宋韵文化"的研究有过多投入与关注。某种意义上来说,"宋韵""宋韵文化"在浙江省内的宣传理论界,尚存有一种"自说自化""孤芳自赏"的舆论倾向。而让"宋韵"充分进入传统文史哲等基础学科视域的场景中,尚有很长的"路"要走,而这就要依靠宋史学界、宋代文学界、民俗学界乃至宋代思想史界、宋代哲学史界等中的学术同人的充分关注与勠力同行。

(1)研究"宋韵文化"需要学科专业交叉融合来推进。如果把"宋韵文化"从舆论宣传界导入学术界之后,它的学科归属在哪里?置于文学学科(中国古代文学中"宋词")、历史学学科(中国古代史即断代史中的"宋史",中国思想史中的"宋学")、哲学(中国哲学史中的"宋代理学""道学"),还是作为一门综合性学科的"文化学"(这需要从"宋代文化""两宋文化"的角度来界定)?这是亟待判明的一个学术话题。而"从思想、制度、经济、社会、百姓生活、文学艺术、建筑和宗教等方面全方位立体化系统性研究阐述宋韵文化",就是要从中国思想史、政治制度史、经济史、社会学、民俗学、文学、艺术学、建筑学、宗教学,也包括文化学、新闻传播学等多学科出发,来进行学科大交叉、大融合,进而把握宋韵文

化的精髓、历史意义和时代价值。

（2）召开"学科交叉融合视域下的宋韵文化研究传播"座谈会。为尽快厘清"宋韵文化"的学科属性及其研究、传播、转化的边界问题，建议由浙江省委宣传部、省教育厅、省社会科学界联合会联合"浙江宋韵文化研究传承中心"组织省内外高校科研院所的专家学者，包括各级政府部门、行业协会的相关专业人员，召开一次以"学科交叉融合视域下的宋韵文化研究传播"为主题的专家座谈会，对"宋韵文化"的定义进行规范性界定表述，同时对"宋韵文化"八大形态所涉学科、专业的属性及其内涵外延进行充分研讨，进而达成共识，并在省级主流媒体或国家级主流报刊媒体（诸如《光明日报》《中国社会科学报》）上公开发表，并作为下一步研判宋韵文化传播、转化规律的学术遵循。

（3）建议省内有条件的高校院系培养"宋韵文化研究"方向的硕、博士研究生。"站在赓续中华文脉的高度"去推进宋韵文化的研究传承与发展，"做好浙东学派、永嘉学派、金华学派等的新世代传承，积极打造具有浙江特色的标志性南宋文化品牌、文旅融合品牌，持续扩大影响力和穿透力"，这是一个持续长久的过程。鉴于浙江省内从事宋韵文化研究的学术队伍人才相对短缺，而从事学科交叉融合视域下的宋韵文化研究、传播、转化需要一批青年后备人才，为此建议拥有历史学、文化学、新闻传播学学科专业硕、博士研究生招生方向有关高校院系，诸如浙江大学历史学院、文学院，浙江师范大学人文学院、杭州师范大学人文学院等与"浙江宋韵文化研究传承中心"联合培养"宋韵文化研究"方向的硕、博士研究生。同时，也建议由省委教育工作领导小组牵头，组织浙江省从事宋韵文化研究的专家学者，编写一套适合高校大学生阅读的"宋韵文化"教程。

总之，充分挖掘"宋韵""宋韵文化"这一登峰造极的两宋文明的内涵与外延，努力将浙江建设成新时代文化高地和在全国有较大影响的文明高地，借此推动中华传统文化的创造性转化和创新性发展，有着重大的学术价值与现实意义。这也是"宋韵文化"被视为一张重要的历史文化金名片，在浙江高质量打造新时代文化高地、推进共同富裕示范区建设的征程中出场的一个"契机"。"宋韵文化"在浙江乃至在长三角的江南文化场域中的落地生根乃至开花结果,仍有待省内外宣传舆论界、社科理论界同人在明确"宋韵文化"学科属性及其内涵外延的前提下,进行现代学科、专业的交叉融合,以期高质量全方位地推进宋韵文化的研究、传播与转化。

宋型温州文化的基本特点

温州市文史研究馆　洪振宁

文化是中国式现代化最深厚、最基础的根脉。文化力是未来城市合作与竞争的焦点。进入数字化的时代，在中国式现代化建设的进程中，温州要续写创新史，需要推进传统文化的创造性转化与创新性发展。回望来时路，认清温州区域文化性格与地域性传统，有助于我们今天续写创新史的新实践。

宋代，向来被学者誉为"亚近代"。温州区域文化性格与地域性传统是在宋代形成的，后来得以延续，笔者试借"宋型文化"的学术概念，主要以温州学人及其著述为例，来叙述宋型文化在温州区域所呈现出来的基本特点。傅乐成教授在 1972 年发表《唐型文化与宋型文化》，提出"宋型文化"的命题，半个世纪来，这一命题，获得海峡两岸学者的回应，讨论文章越来越多。"宋型文化"说的是一种新的文化范式，即王水照在《宋代文学通论》中所谓"中国传统文化成熟期的型范"。

在笔者看来，宋型温州文化通过区域文化性格与地域性传统的延续而表现出来，它有 4 个基本特点：一是注重经世致用并通过对《周礼》等经典的诠释来体现，二是学者有一种求变开新、创造开拓的精神，三是推进文化创造的主体力量往往是众多的布衣，四是创造者往往以合群运作的方式来做事。地域性传统在这个区域得以延续，由此而形成了这个地区有别于其他地方的"思想气候"与"文化土壤"。这也是温州先辈遗留给后人的文化遗产之一。对此加以探讨,当是一件有意义的事情。

一、讲求经世致用并通过《礼》来阐发

中国传统文化有两大支柱、一个核心。十三经与二十四史,是两大支柱,一个核心是"礼"。

儒家经典文献中一以贯之的核心内容就是"礼",中国传统文化的核心内容也是"礼"。清四库馆臣认为"古圣王经世之道,莫切于礼"。钱穆在与一个美国学者的谈话中说,"中国文化的核心是礼"。谈话整理成了文字,就是那篇著名的《一堂中国文化课》。钱穆认为:中国人是靠"礼"来管理社会的。也就是常说的"礼治"。钱穆在《中国近三百年学术史》一书中概述曾国藩之《礼》论为"以《礼》经世"。柳诒徵也在《国史要义》中写道:"礼者,吾国数千年全史之核心也。"

传统中国注重礼治。礼学在我国古代一直处于"显学"的地位。《礼》是经世之大经。古代学人认为,"礼"的作用是治理,落实到个人为修身,延展到家族为齐家,推之于国则为平天下。修身治国都离不开礼。孙中山说,"以礼治国,则国必昌"。需要说明一下,晚清以来所谓"礼"是一种狭义的礼,主要是指国家的各种祭典、个人的婚丧仪式,以及有关家族与学校的制度典章。南宋时,永嘉学派讲求"经世致用"。温州学者探究典章制度,大多从《周礼》《礼记》等制度性资源中抉发"治"的精髓,为当时的政治提供借鉴,以达到经世致用之目的。《礼》是"经世致用"的重要载体。对中国传统文化这一核心思想的探讨,温州学人用功最力,成果亦丰。

《礼》有"三礼",《周礼》《仪礼》《礼记》。学者以为,"三礼"之中,《周礼》最尊。《周礼》是儒家的经典,古代读书人必读之书,是封建士大夫治国平天下的理想蓝图。《四库全书》收宋以前及宋时期学者的《周礼》学著作共 10 部 240 卷,其中,温州人的有 2 部 91 卷。王锷统计,宋人研究《周礼》的著作计 102 部,其中温州学人(包括在温州任职的学人)

所撰著作有 20 部,约占五分之一。①

宋代温州学人研治《周礼》的著作有郑伯谦撰《太平经国之书》11 卷,有乐清乡村教师王与之所撰《周礼订义》80 卷。《太平经国之书》借《周礼》阐发经世致用的思想,特别强调财政管理问题,也探讨有关国计民生的盐、酒之利。《周礼订义》又名《东岩周礼订义》,采引南宋学者对《周礼》解义的有 32 家,其中温州学者的就有 13 家。此书集宋代《周礼》学之大成,注重阐发义理,疑经并喜创新说。学者认为此书"得多失少","其体大思精,由博得约者,要以(王)与之是编为第一"。《太平经国之书》与《周礼订义》,均收入"摛藻堂四库全书荟要",这套书,从《四库全书》中精选出来,摆放在摛藻堂,以供给清朝皇帝阅览。《太平经国之书》的多部明刻本,被列入国家珍贵古籍名录。

宋代温州学者的《礼》学著作,还有《仪礼识误》3 卷,以及叶适好友卫湜编《礼记集说》摘录收入的周行己、薛季宣、戴溪、徐自明、钱文子、叶适 6 家的《礼记》解义 144 则。②《仪礼识误》受到清代学者全祖望、皮锡瑞的称赞,被称为实事求是之作。

明代,张璁 47 岁考中进士,这之前,他研学"三礼",依靠在布衣时所积累的真知灼见,第一个站出来议大礼,成为嘉靖革新的主将。

清代的温州学人继承了宋代永嘉学派的治学传统与实证学风,将经学与史学的方法结合起来,将义理诠释和文献考据结合起来,继古而开新,还是以研探《礼》学为重点,又有两部重要著作。一是孙希旦的《礼记集解》61 卷,一是孙诒让的《周礼正义》86 卷。前者是清代以义理诠释《礼记》的代表作,后者是集《周礼》学之大成的著作,是为经世致用的学者提供稽古论治的资源库。这两部高水平的著作,均收入"国学基本丛书"与"十三经清人注疏"系列,又被近年出版的《儒藏·精华编》所收入。两部著作的稿本,藏在温州市图书馆,一被列入浙江省珍贵古籍名录,一被列入国家珍贵古籍名录。

在《周礼正义》的基础上,1901 年,孙诒让写作《变法条议》,力助晚

---

① 王锷:《三礼研究论著提要》,甘肃教育出版社 2001 年版,第 37—53 页。
② 洪振宁编著:《永嘉学派文献概说》,黄山书社 2022 年 9 月版,第 105—111 页。

清新政,此书后来改名《周礼政要》,多次刊印,影响较大。孙诒让在礼学研究方面,还有《周礼三家佚注》《九旗古义述》《大戴礼记斠补》等,均影印收入《续修四库全书》。后来,还有戴礼的著作《大戴礼记集注》13卷、《礼记通释》80卷,林尹撰《周礼今注今译》11卷。可见这个区域的文脉与学风,传承有序。

经世致用,是支撑近代中国推进早期现代化实践来自思想方面的传统力量。

永嘉学派本就是一种"开新"的经世之学。永嘉学派及其所融入的清代经世思潮,成为传统的思想资源的内源性依据。晚清温州学人"立志使永嘉学派复活"。正如李泽厚先生所指出的"主要不是宋明理学而是'经世致用',给中国近代改革者以思想的传统力量"。如果说,孙衣言等一代人主要是从内部发明传统,寻找应对千年变局的思想资源,那么,到了晚清、民国时期,一大批走出国门的留学生,开眼看世界,思考"求富图强"的实践问题,把探索社会问题答案的方向转到向外国寻求知识。海外归来的学子们最终实现了科学与儒学的分离。近代时期,不同文化在相遇、接轨、互动与融合,外来的西学与中国原有的经世之学相结合,产生了推动社会转型的中国近代学术文化的新形态,有了"新学"。近代温州知识人因为从小受经世致用思想的影响,较早接受"新学",比较容易转向近代科学。这样,从经学之经世,到经世之学,转到新学,开始了与科学结合的历程。近代后期的学人所理解的"科学""就是实事求是笃实践履的经世致用之学"。[①]

二、注重求变开新并逐渐成为温州精神

在宋代,学人务实求变,革故鼎新,遍疑群经,自由讲学,有一种创造与开拓的精神。温州学者也是这样的。温州学者在学术创新方面,可以举例的有:陈傅良写作了中国第一部系统研究军事制度的专著《历

---

① 曾资生:《论经世学》,载(上海)《中流》半月刊1948年第1卷第1期,第26—27页。

代兵制》;周行己最早对纸币发行准备金问题进行理论探讨;张淳《仪礼识误》是宋代全校《仪礼》的第一部著作;郑伯谦《太平经国之书》也是中国古代第一部会计著作;戴侗第一个将《说文》按六书的系统进行整理,书中提出"因声以求义",这到清代发展为训诂学的一大法宝;郭沔创建了中国古琴艺术的第一个流派(浙派);曹豳创办了苏州历史上最早的书院(和靖书院);王致远将《天文图》刻碑上石,这是世界上最早的大型石刻实测星图;陈言在温州创立了中医病因学说,施发绘制了世界上最早的中医诊断脉象示意图;王执中《针灸资生经》对宋以前的针灸学成就进行了全面系统的总结,作者不囿旧说,记载了 21 个民间常用有效而前人未曾记载的别穴;韩彦直在温州写作了世界上第一部柑橘栽培学著作。中国最早的本草歌诀全本、中国第一部研究古汉语虚词的专著、日本最早的活字印本也都是温州人的著作。

温州文化性格与地域传统在宋代逐渐形成后,经由温州地方上众多的布衣传承了下来,他们探路在前。至晚清时期,陈虬、宋恕为《经世报》主笔,他们从经世之学当中发现传统,主张变法维新。宋恕认为"夫古所谓经学、史学也,学者学经世而已矣"。他们继承的是温州地区经世致用的地域性传统与务实求新的治学精神,关注的是变革与开拓。近代前期,温州区域文化开始了蜕变与新生并存的历程。陈虬创办了近代中国最早的院校科技学报《利济学堂报》,陈黻宸主编了中国第一份纯学术期刊《新世界学报》,黄庆澄创办的《算学报》是中国最早的数学普及专业期刊,王鸿年撰写了中国最早的宪法学著作,林大同编译近代中国最早翻译的逻辑学专著《论理学达恉》,孙诒让写作第一部甲骨文考释著作《契文举例》,洪炳文创作中国第一部科学幻想剧《电球游》,温州人还在温州创办了近代中国第一所新式中医学堂利济学堂、近代中国第一所化学专科学校瑞平化学学堂、近代浙江创办最早的外语学校瑞安方言馆。近代后期,先进的知识人崇尚科学文化,把"经世致用"落实到变革与建设的实践之中,从而推动了经世学与科学文化的相互结合。温州学人开风气之先,撰写了第一部中国教育史专著和第一部中国学者撰写的外国教育史专著、我国最早研究粮食问题的专著、中国第一部树木学专著、第一部研究楚国器物和铭文的专著、第一部研究中国俗文学的专著、中国学者撰写的最早的法国大革命史专著、白话文以后第一部律学研究的专著,有关基督教与文学方面的第一部著作,翻译了《红与黑》的第一部中文译本。

新文化运动以后,民主与科学深入人心。温州学人在从事科学研究与科技知识的普及方面,做了大量的工作。伍献文研究鱼类;南延宗在地质考察中发现了中国铀矿;高觉敷译介心理学;吴襄编著中国第一部用中文编写的生理学实验教材,在确立中国人的生理水准方面做出突出的贡献,他对中国人各项生理常数的开拓性工作,开创了研究国人生理常数之先河;洪式间编著了国内最早的当时最完整的病理学专著《病理总论》,担任国立北京医科大学第一任校长时,创立"洪氏钩虫卵测量法",创办了杭州热带病研究所,那是中国第一个寄生虫病研究机构;任明道从中国台湾将大红瓢虫引到浙江等地,用以防治柑橘吹绵介壳虫,开创了中国现代生物防治的先例,并在防治柑橘介壳虫上获得了成功,他还是中国松脂合剂最早的研制者;苏步青从事微分几何学、计算几何学研究,创立了国内外公认的微分几何学派。温州学人在科普读物中较早介绍电影、电视,介绍维生素,讨论柑橘栽培,研讨田园都市与城市建设,引导种植花木,讨论乡村学校教育及如何利用图书馆学习,撰写《稻种改良法》《枇杷栽培法》《养鸡学》《食物卫生》《育儿法》《维他命》《体育的基本原理》,并研究太极拳术。

三、众多布衣是推进文化创造的主体力量

布衣的本义,原指人的穿着,也用以指人的身份,即处于下层社会的平民。后来,布衣成为未仕之士的代名词,即未能考中进士、未到外地做官的读书人。南宋温州,考中进士的,在浙江全省中占到五分之一。而考试发解名额最小,8000 名考生,终场者中只有 17 名解额,470人才能考中 1 人。[①] 因此,留在地方、未到外地当官的读书人,为数不

---

① 裴淑姬:《论宋代科举解额的实施与地区分配》,《浙江学刊》2000 年第 3 期,第 121—127 页。

少。他们继续在家乡的书院、学塾任教讲学。如余英时所指出的,"以天下为己任",是宋代士大夫的基本特征,是宋代"士"的一种集体意识。① 史志记载:宋代温州布衣屡屡向朝廷上书,就事关国计民生的多方面建言献策,他们具有社会责任感与历史使命感;他们著书立说,坚持进行学术研究,并以此而济世,在自身生活与地方社会事务的经营中,体现了一种安贫乐道、为改善民生积极作为、以天下为己任的布衣精神。

宋代,写作《仪礼识误》的张淳,与编撰《东岩周礼订义》的王与之,都是布衣。布衣著述存世的,还有朱元升撰《三易备遗》10 卷(由其子朱士立补辑成书),黄仲炎撰《春秋通说》13 卷,薛据辑《孔子集语》2 卷,朱黼撰 100 卷《三国六朝纪年总辨》,今存的是书商摘刊的 28 卷。还有,徐照《芳兰轩诗集》,翁卷《西岩集》,以及九山书会才人编演的戏文《张协状元》等。宋代温州布衣郭沔,以善琴而名世,创作了《潇湘水云》等古琴曲,以寄托他的忧国之思,今存明清两代《潇湘水云》琴谱 61 种,可见影响深远,他整理琴谱,培养弟子,被学界尊为浙派古琴艺术的创始人。宋末,温州平阳布衣裴庾,撰《增注唐贤三体诗法》,该书刊本中文本失传,日、韩一印再印,为古代日本人作诗的入门书,已见刻本、抄本 19 种,其中 3 种是日本国贵重图书。

宋末以后,永嘉学派渐渐式微,而温州布衣现象却依然延续,平民知识人身上所显现出来的布衣精神在这个地区也依然延续。撰写《真腊风土记》的周达观,撰写《四书管窥》《管窥外编》的史伯璇,撰写中国最早的研究古汉语虚词专著《语助》的卢以纬,都是布衣。郑禧未考中进士前,写有单篇传奇小说《春梦录》,那是早期市民文学中难得的上乘之作。明清时期,温州的有成就的布衣更多,还以存世著作为例,如明代有王毓《槐荫集》、虞原璩《环庵先生遗稿》、康从理《二雁山人诗集》、侯一麐《龙门集》、王光美《王季中集》、何白《汲古堂集》《汲古堂续集》、柯荣《歌宜室集》、姜准《岐海琐谈》、方日升《古今韵会举要小补》等,清代甚至出现季碧山等"市井七才子",由卖菜的季碧山、营卒黄巢松、茶

① 余英时:《朱熹的历史世界》,生活·读书·新知三联书店 2004 年版,第 219—220 页。

馆役使祝圣源、鱼贩梅方通、修容的计化龙、锻铁的周士华、银匠张丙光 7 人组成,结成诗社,相互唱和。季碧山传世有诗集《圃余小草 2 二卷。晚清时期,孙诒让是布衣,中国早期维新思想家陈虬、宋恕,也是布衣。陈虬等一班 10 多位平民知识人结成求志社,有金鸣昌、池志澂等。社中人都穿布衣,经常聚集在瑞安城北槐吟馆,推许启畴为社长,活动了七八年,被称为"布衣党"。影响很大,近远数百里,乃至千里之外的北京都知道"东瓯布衣"。

从宋代至晚清,数百年来,大批的未能到外地当官的留在温州的读书人活跃于温州民间,这些布衣往往是地方上推进文化创造的主体力量。这是一个不可忽视的现象。

四、知识人往往以合群运作的方法来做事

《宋元学案》曾经指出宋代温州学者有"连袂成帷"的现象。合群运作,是温州知识人做事的重要方法。他们往往"合指为拳""连袂成帷"。

宋代温州南戏,每一出戏文,从编写到演出,都是一班书会才子一起写脚本,一起来演出。也是如此的思维,王十朋篡集《东坡诗集注》,集聚注家 96 人,其中温州学人有 22 家,王十朋以外,还有王家的 2 个弟弟与妻子家的 3 位。

80 卷《周礼订义》,是在南宋时期由温州民间众人集资刊刻的。600 多年后,一班文化人仍以合群运作的办法,刊刻清代孙希旦的《礼记集解》61 卷,集合了 50 多位温州文化人,众人合群运作,有出钱的,有出力的。

清代康熙年间,瑞安编辑刊行乡村教师朱鸿瞻的著作,由朱先生的 77 位门人共同承担,门人"编类蒐辑,不遗余力",后来重梓与补刻,则由 8 位家族后人完成校刊工作。

清嘉庆九年(1804),陈遇春等人在原永嘉创立"文成会",瑞安则有"宾兴局",先后动员了地方上数百位读书人与数十户商号,众人捐钱,集资生息,以作为文士乡试、会试之旅费,后来温州地区有永嘉场

梯云会、南乡文成会、上乡云程会和武成会(作为武生旅费以参加武举科考)①。平阳江南(今属龙港或苍南)则有小文成会。帮助温州人科举考试的"文成会",在温州民间延续了一百余年,后来的集资,则资助学生到日本留学,吴筱参与创办瑞平化学学堂,也是从平阳江南小文成会暂借银钱来办学的。

至晚清时期,维新思想家极力鼓吹以合群来求强图存。兴办学会,结成团体,启发民智,讲求富强之道,竟成为时代潮流,风气大开,一时风起云涌。其中的温州人特别会运用这个方法,志同道合的,逐渐合而成群。

1879 年来温州海关任帮办兼医师的玛高温(1814—1893),观察温州的工会、行会,在他所著的《中国的行会》中,得出结论说:"最值得注意的显著特征是他们的联合能力,这是一个文明开化的人的主要特点之一。"②近代温州学者联手合群,结成知识群体。先是以孙衣言为首的瑞安诒善祠塾师生群体,再是以陈虬为首的利济学堂医家群体,以及以陈黻宸为核心的《新世界学报》期刊社同人后由上海转移至北京而形成的"北京大学的温州学派"。进入民国,在各地的温州学人大多以中华学艺社为平台,十分活跃。又相继形成了在上海的郑振铎、周予同等出版人群体,以郑曼青、马公愚为首的在上海的书画家群体,在南京又转到重庆的萧铮、黄通等地政学家群体,以苏步青为首的数学家群体,郑野夫领军的版画家群体,20 世纪 50 年代初期的连环画家群体等。温州学人的合群,在外地,往往具有较浓的乡亲结伴的色彩。清代中期,大批平阳人外出种植番薯,晚清时,亲朋乡人相继到日本留学,相继外出推销油纸伞经商谋生。传统延续到 20 世纪 80 年代的改革开放时期,费孝通先生来温州考察时就揭示了温州人"经济结义"的现象。也可以说,温州知识人合群的传统,后来在温州华侨中发扬下来,又被温州商人群体所延续,形成了颇为壮观的在外温州人"抱团"现象。在古代社

---

① 洪振宁:《温州文化史图说》,浙江摄影出版社 2012 年版,第 151—153 页。
② 玛高温:《中国的行会》,中文译本收入彭泽益主编《中国工商行会史料集》上册,中华书局 1995 年版,第 1—51 页。

会中,温州人的合群,往往被屡禁而又屡立。进入近代社会,温州人的合群,使用的套路,往往还是老的,但合群目的,其所谋求的,却已经是新的内容。

经世致用、求变开新、布衣著述、合群运作,以及诸多方面相互间的融合互动,这是在温州区域自宋代形成以后得以延续的文化性格与地域性传统,逐渐成为一个地区有别于其他地方的"思想气候"与"文化土壤",这也是先辈遗留给我们这些后人的文化遗产之一。

行文至此,不得不再做补充,温州的文化性格与地域传统的形成,与地理环境有关,但更是众多温州人集体的长期选择的结果。温州是一个典型的共生之区,生物多样性与文化多样性都特别突出。温州东边海上的南麂列岛,热带、亚热带和温带 3 种不同温带性质的贝类并存,这种现象,在国内是独一无二的①。温州文化的多样性,是文化对外交流、碰撞的结果,正是温州文化张力与创造性的基础之一。地理环境为文化发展提供了多种可能性,养育了区域人不同的民风和社会生活格局,在一定程度上影响了人们的风俗习惯、性格面貌。地理环境通过人文因素而发挥作用。文化性格与地域传统,其形成与发展,往往取决于区域民众集体的长期的选择。

不能不看到,传统,一旦形成,没有大的变革,就会延续下去,有一种所谓的惰性。文化发展,不能光抱着底蕴,死守着传统,传承之外,最重要的是变革,是创新,是发展。需要推进传统文化的创造性转化与创新性发展。唯有创新,才有未来。探路人要续写创新史。创新,需要营造与建设创新文化生态系统,并适时推进地域性传统的新变迁。

---

① 温州市政协文化文史和学习委员会编:《温州文化印记》,中国文史出版社 2021 年版,第 42—48 页。

苍南南宋状元群体现象研究

Research on the phenomenon of the group
Of top scorers in the Southern Song Dynasty in Cangnan

CANGNAN

浅述中国科举制度的历史演变与社会价值

浙江省看云楼科举文化博物馆　褚纳新

中国的科举制度分为文举与武举两大类。文举开创于隋朝大业元年(605),到清光绪三十一年(1905)废止,在中国历史上延续了 1300 年,是科举制度的主要组成部分。武举制度开创于武周长安二年(702),到光绪二十七年(1901)皇帝下谕废止,在中国历史上延续了 1200 年。

中国的科举制度为什么能有如此强大的生命力?它的优越性在于打破了血缘世袭关系和贵族对政治权力的垄断,使社会中下层有才华的读书人进入了上层社会,施展抱负。中国的科举制度作为世界历史上最具开创性与平等性的人才选拔制度,最初是东亚的日本、朝鲜、安南(今越南)等国竞相效法,到了 16 世纪中叶,欧洲传教士把中国的科举制度介绍到了欧洲,欧洲各国先后效仿推行文官制度。由此,西方有学者将科举制度称为中国影响人类文明进程的"第五大发明"。

在汉代之前,朝廷选官大多依照世袭以及战功或贵族养士的办法产生。汉高帝十一年(前196),刘邦诏令诸侯和地方郡守察访民间有德才之士,以供朝廷录用,这是汉代实行的"察举"和"征辟"制度。东汉末年,"察举"与"征辟"制度流弊丛生,曹操掌权后,大胆起用出身低微的士人,实行"唯才是举,以备录用"的取士方针,他的开明政策,为他的集权统治创造了很好的条件。

曹丕称帝后,命吏部制定了一整套完整的"九品中正制"选拔人才,把选官的权利收归中央,以家世、道德、才能为标准查访评定人才,分成九等,作为吏部选官的依据。随着时代的发展,"九品中正制"的弊病也逐渐暴露,"上品无寒门,下品无世族"的门第观念,严重危害到了政权与社会的稳定,人才选拔制度面临变革。

公元581年,隋文帝取代北周静帝建立了隋朝,6年后下谕废止"九品中正制"。隋炀帝即位后,在大业元年(605)始设进士科,从此,科举制度正式诞生。隋朝的科举通过10种不同的科目考试,选拔相应的国家人才,开创了中国历史上分科选拔人才之先河,从此克服了王公贵族的血统论,为寒门儒士入仕提供了条件。

两汉的察举、征辟制度与魏晋南北朝时期的九品中正制,主要是以察举、推荐、选拔为主,学者称这一时期为"前科举时代"。而隋朝建立的科举制度则以定期考试为主,这是中国古代人才选拔制度的一大分水岭。

科举制度到了唐朝步入奠基期,并成为士子出身入仕的首要途径。唐朝的科举制度分为"制科"与"常科"。唐太宗允许士子"投牒自荐",并言"天下英雄尽入我彀中"。以科举聚集人才的取士制度,培养了大批博学高德之士,为开创唐朝盛世"开元之治"打下了扎实的基础。武周政权之后,唐朝的科举制度更显规范,在科目的设置、类别的划分、科试的内容、科场规章等方面逐渐制度化。唐玄宗时期,由于皇帝对诗歌的喜欢,"诗赋科"成为进士科考试的主要内容,从而使唐朝的诗歌、文学得到了空前发展。"诗赋科"的繁荣,留下了千古文化瑰宝——唐诗,成为中华文明史上一个闪光点。

宋代科举沿唐制又有所变革。新增了"元礼""三礼""三传""学究"等科目,为满足朝廷取士的需要,宋代科考有贡举、特举、学选3种途径,由此扩大与增加了选拔范围与录取名额。为确保科举考试的公正性,宋代确立了殿试制度,并采用了锁院、锁厅试、别头试、弥封、誊录等一系列措施,最大程度上杜绝了科场舞弊的发生。宋英宗时期,科考定为"礼部三岁一贡举",从而确立了三年一次的考试制度。宋代开明的人才选拔制度,形成了进士科的空前繁荣,在考试内容上,以司马光、王安石为代表的官员主张考经义,以欧阳修、苏轼为代表的官员主张考文学,随着这些人的政治地位轮流变化,宋代就呈现了科举考试中的经义与文学之争,成为宋代科举的一个显著特征。在文臣集团的主政下,宋代政治温和,社会、经济、文化得到了空前发展。

科举制度在元代不进反退,元朝统治者为了政权的掌握,构建了以蒙古贵族为主体的官吏选拔制度,一度取消科举取士,以此对汉人进行压制。科举中断40余年后,元仁宗于皇庆二年(1313)下旨开科取士,但科举施行22年后又被废止。至元六年(1340),元顺帝亲政后下诏复科,但在考试方式上,仍对汉人及南人有明显歧视。规定:"蒙古人、色目人试二场,汉人、南人试三场。"元朝封闭、倒退的人才选拔制度,很快导致了元朝政权的颠覆。元朝98年间,全国仅取进士1000余人,科举的落后导致元朝国力极速衰退。

朱元璋建立明朝后,吸取了元朝不重视科举,导致天下大乱的教训,他希望通过科举考试,公正地选拔天下人才。洪武三年(1370),朱元璋下诏在全国各省举行乡试,第二年四月,在南京举行会试。此后,以儒学为重点的社会教育体系渐为完备,科举开始复兴。

明代倡导"文治天下"。重用文臣的治国方针推动了儒学的蓬勃发展,尤其是处于江南富庶之地的浙江省,在强大的经济实力与完备的文教设施的支撑下,大批士子志在科举,形成了文化灿烂、人物辈出的社会现象,给明代社稷提供了充足的文臣资源。在考试制度上,明代制定了童试、乡试、会试、殿试四级考试制度,规定每三年举行一次乡试、会试。明成化二十三年(1487),在谢迁、王鳌、章懋三大臣的倡议下,科举考试改"经义"为"八股文",从而奠定了八股文在科考中的应用。以八股文为"敲门砖"的考试制度,一直沿用至清末,对明清两朝的教育与学风产生了重要影响。在明清时期,选为庶吉士号称"储相",明朝皇帝为了提高内阁的素质与能力,制定了"非进士不入翰林,非翰林不入内阁"的成规,使内阁人员的素质得到了充分的保障。

清承明制,清代继承了明代童试、乡试、会试、殿试四级考试制度,并增加恩科。除了例行的进士科考试外,还增加了"博学宏词"(后为避帝讳,改称"博学鸿词")制科及"翻译科"的考试,加强了对特殊人才的选拔,让更多有特长的人才进入政治领域。为了提升科举人才的德才,乾隆二十二年(1757),清廷在乡试、会试中新增"试帖诗",用诗词来考察士子的内心思想。另外,清廷在防范、惩治科场舞弊上也更趋森严、公正。清政府的政治主张与民族政策明显优越于元代,怀柔、汉化、文治武功的开明国策,是清廷享国近三百年的重要政治基础。

清中期以后,随着西学东渐及世界工业化革命的发展,实行了1200多年的科举制度弊端显露,内容陈旧、程式僵化的取士制度已严重影响到了中国社会的发展,八股文取士遭到时人的口诛笔伐。废科举、办学堂成为维新运动的主要措施之一,光绪二十四年(1898),在康有为、梁启超等维新派人士的鼓动下,光绪帝下诏改科考"四书"文为"策论"。诏令一下,各地纷纷改书院,筹办各级学堂。光绪三十一年(1905)九月,在袁世凯、张之洞等重臣的奏请下,清廷下诏废止科举考试,中国的科举制度退出了历史的舞台。

科举制度是中国帝制时代整个社会的制度支柱和文化主脉。作为一种核心制度,对国家的社会进程、政治体系、文化教育、文学创作都产生了重要的影响。科举制度完善了官员选拔制度,最大限度地保证了教育与人才选拔制度的公平;科举制度建立后,中央官学、府学、州学、县学,以及各地书院、义学、私塾组成了完善的国家教育体系,积极发展儒学,为国家源源不断地输送人才,有力地推动了社会与文教事业的发展。明清两代,翰林院的庶吉士馆教、经筵讲席以及东宫侍读制度深受朝野重视。翰林学士的进讲,使居于深宫的帝王储君能经常性地接受儒臣教育,提高品学,为确立清明的治国理念奠定了精神与文化基础。

具有公信力的科举制度是激发天下士子勤奋苦学、立志高远的动力。在中国科举史上,文举考试共考选出了800多名状元,10万多名进士,上百万名举人。另外,武举考试也选拔出了大量的武备人才,这些人才为推动中国各个时期的政治、经济、文化的发展做出了卓越贡献。在科举的历史演变中,耕读之家、科举世家、名门望族成为中国社会体系的核心组成部分。中国社会长期充满活力,中华民族文化的生生不息,中国的科举制度功不可没。

浙江苍南状元文化在当代的意义

浙江工商大学公共管理学院　　白效咏

一、苍南地区历史悠久

　　浙江温州市苍南县虽然从平阳析出较晚,但是苍南地区历史非常悠久。早在春秋战国时期,这一带就有瓯越人生活。秦汉之际,瓯越杰出领袖驺摇率领瓯越人民参与反抗秦帝国暴政,因功被汉高祖立为海阳侯,后又封东海王。汉昭帝时,在东海王国故地置回浦县,这是苍南地区最早建立的县级行政组织。此后,县名屡更,至吴越国时,改为平阳。1981年,苍南县从平阳县析出,独立建县。此前2000年是和平阳县合在一起的。至宋,平阳为温州郡的四县之一,并且是四县中唯一的望县,其余永嘉、瑞安为紧县,乐清为上县。《宋会要辑稿·方域七》记载:政和五年,根据户部员外郎沈麟奏议,北宋朝廷对县的等级做了一次大调整,"一万户以上为望,七千户以上为紧,五千户以上为上,三千户以上为中,不满三千户为中下,一千五百户以下为下"。宋代的户都是指拥有土地田产纳两税的主户,因此,在宋代,平阳已经是万户以上的大县,平阳已成为"两浙咽喉,八闽唇齿"。苍南地区的历史文化和宋代的繁荣昌盛是状元文化诞生的基础。

二、苍南状元文化的形成

（一）宋室南迁改变了苍南地区的历史地位

靖康二年（金天会五年，1127），金朝南下攻取北宋首都东京，掳走徽、钦二帝，并按玉牒搜罗赵宋皇室贵族、后宫妃嫔，连同公卿大臣等共3000余人北上金国，并把繁华的东京汴梁洗劫一空，北宋灭亡，史称"靖康之变"。在汴梁沦陷之前，宋高宗赵构奉命出使金营求和，不在开封，故得以幸免。作为宋徽宗唯一逃脱的儿子，赵构在赵宋大臣的拥戴下在南京应天府（今河南商丘）继位，在绍兴八年（1138）正式定都临安（杭州），称行在所。

宋室南迁杭州后，丢失了整个华北地区，与金的边界几经变迁，稳定在淮河至大散关一线，浙江成为南宋政权最为倚重的腹地。平阳县所隶温州在之前基本游离于中原文化主流，属于瓯越文化圈。但南宋定鼎后，由于失去了整个北方，不得不开发南方，温州这一时期得到很快的发展。最直观的便是人口，据北宋初年太平兴国五年（980）的统计，温州人口约 22.66 万。到了南宋淳熙九年（1182），温州人口达到了104 万，增到了近 5 倍。就平阳县而言，宋哲宗绍圣年间，平阳县人口为"主户一万一千二百六十，丁二万五千五百四十二；客户一万五百七十六，丁一万一千二百三十"，到了高宗建炎年间，"主户三万五千七百六十，丁四万二千一百九十；客户一万五千三百八十四，丁一万九千一百"。人口也将近翻番。南宋期间人口的暴增，既是宋金议和后带来的社会稳定以至人口繁衍的结果，也是随着北宋灭亡一部分北方人民随宋室南渡的结果。

随着人口的增加，温州经济进一步繁荣起来，一方面是农业的发展。从发展农业的角度来看，温州的自然条件不算优越，七山二水一分田，耕地质量也不高。为进一步改善农业生产条件，南宋时期，温州人大力兴修水利，并进一步改良耕作方法，实行晚稻冬麦连作，提高了农作物产量。南宋时温州经济的发展还体现在对外贸易方面。北宋时期温州即是对外贸易的著名码头之一,宋室南迁后,南宋把管理对外贸易的市舶司设在温州,进一步促进温州海外贸易的发展。同时,由于自然条件的限制,农业不发达,导致温州人民的生活更多地依靠渔业、手工业和商业,所以"民生多务于贸迁"。依靠海外贸易和渔业、手工业,温州经济实现了繁荣。总的来看,宋室南迁不仅给温州带来了移民,还提升了温州的地位,促进了温州经济的发展,这是产生状元的经济基础。

　　宋室南迁不仅促进了苍南地区经济社会的发展,还加速了苍南地区的文化发展。苍南本属于瓯越文化圈,但自汉武帝"罢黜百家,表章六经"时,州郡已令立学。董仲舒在对策中建议"立太学以教于国,设庠序以化于邑",在中央和地方设置专门教育机构来推广儒学,班固又称"及仲舒对册,推明孔氏,抑黜百家。立学校之官,州郡举茂材孝廉,皆自仲舒发之"。平阳县有文献可考的学校,始于东晋。民国《平阳县志》卷九《学校·一》载:"学宫,晋太康间始建。"晋以前无考。唐代的学宫建在证真院南,即今之鳌江镇广福寺所在地。北宋元祐年间,迁建于县治东南 3 里处凤凰山下。南宋时又迁建安阳,后因路远,复元祐故址,其地为陈才彦的父亲率族人献出家族居地,约 50 亩。两宋时,苍南地区不仅有学宫,还有了书院。平阳第一家书院是陈经正、陈经邦兄弟所建的会文书院,在雁荡山华表峰下。陈氏为平阳县大族,兄弟陈经正与经邦、经德、经郛 4 人俱得以入太学读书。后因仰慕二程学说,遂赴洛阳拜于"二程"门下,从"二程"读书问道。《二程全书》《朱子伊洛渊源录》中保存了陈经正、经邦兄弟与"二程"的问答语录。元祐七年(1092),陈氏兄弟返乡,在南雁结庐 3 间作为读书之处,南宋时,朱熹改为会邱书院,也就是会文书院。《宋元学案》卷 32《许周诸儒学案表》(全氏补订本)载全祖望对陈经正的评价:"陈经正,字贵一,平阳人也。与其弟经邦从伊川游。谢持正之见伊川也,贵一实介绍之。经邦成大观进士,字实新。贵一、贵新皆有问答,见《语录》。其二弟经德、经郛亦私淑洛学者。平阳学统始于先生兄弟,成于徐忠文公宏父。贵一尝曰:'盈天地间皆我之性,不复知我之为我。'"实际上肯定了陈经正办会文书院对苍南地区文教兴起之功。除了会文书院,还有建于南宋咸淳年间的朝阳书院。书院的修建为文化的传播提供了沃土,平阳在南宋遂有"小邹鲁"之称。

宋室南迁带给苍南最大的影响在于减轻了科举的竞争压力。南宋丢掉的中原地区,自古以来就是华夏文化中心,中原文化自汉唐以来一直是中华文化的主流。本来苍南地区属于瓯越,自唐代开科取士以来,科举并不占优势。南宋定都杭州,苍南地区最大的变化是由荒远下邑变成畿辅重地,一方面少了中原人才的竞争,另一方面又大大增加了科举名额,所谓"南宋地属畿辅,登进既易,故野无留良"。这也是宋室南迁带给苍南的最大红利。

(二)苍南县自然条件、历史环境与状元文化

在历史上,苍南县曾经出过 8 位状元,其中文状元 1 人,为徐俨夫,武状元 7 人为陈鳌、陈鹗、黄褒然、林管、项桂发、章梦飞、林时中。且这 8 位状元均出在南宋。虽然有畿辅之地解额多和少了中原地区人才竞争的客观原因,但整个平阳县那时才区区 5 万余人,苍南地区人口数量虽然没有具体数目,估计也就 2 万余人。相对于南宋时期的人口数量,这状元所占比例高得惊人,因此不能说不是一大奇迹。

奇迹并非凭空出现的,而是有着其形成的各方面因素的。对于苍南地区来说,首先是自然地理条件。前已言之,苍南地区的农业虽然在南宋有了较大的发展,但受"七山二水一分田"的自然条件限制,农业生产不可能成为苍南地区人们主要的谋生方式。目前整个苍南县也就 27 万亩左右的耕地,这还是利用现代生产力开发的结果。在南宋只能更少,加之亩产量低,农业不足以养活全部苍南民众。所以苍南人民谋生的手段,除了农业之外,就是工商业和入仕做官。因此,在中国,但凡耕地少的地区,往往出商人和官员,文化也比较发达。

苍南县 8 个状元中,7 人是武状元,这与南宋当时的历史形势有关。宋室南迁杭州后,虽然宋高宗忍耻含垢,甘愿放弃中原河山,甘愿让父兄母妻在金国做囚犯备受凌辱,尽力与金谋和,但金国并不愿意放过南宋,铁骑多次南下,欲灭亡南宋,斩草除根。从南宋立国的建炎元年

(1127)至绍兴六年(1136)宋金议和,这 10 年间宋金无岁不战,金军铁骑遍布从今陕西到江浙地区的南宋国土,南宋政权岌岌可危。绍兴六年宋金达成和议,但仅仅维持了 4 年的和平局面,绍兴十年(1140),金国撕毁和约,再次南侵,在刘琦、岳飞等南宋爱国将领的抵抗下,战争持续 1 年之久,金兵损失惨重,被迫再次答应南宋的求和。但这次和平局面也仅仅维持了 8 年,绍兴十九年(1149),完颜亮发动政变夺取政权后,一直图谋灭宋,宋金战争的危机一直存在。直到绍兴三十一年(1151),做足准备的完颜亮发出"提兵百万西湖上,立马吴山第一峰"的豪言,大举南下,准备"搜山检海"也要抓到宋高宗。战争又持续 1 年,完颜亮因后方政变引发的兵变被杀,战争才结束。宋孝宗继位后,宋金再次发生战争,战争又持续 2 年之久。此后才迎来较长时期的和平。从社会环境上来看,南宋时几乎每时每刻不在战争之中就在战争的威胁之下,南宋始终受到来自北方草原政权的威胁,金灭后是蒙古。在这种情况下,苍南人民弃文从武以期保家卫国就成了当然的选择。南宋时期苍南 7 个武状元留下的资料均不多,相对来说,陈鳌、陈鹗的事迹在《平阳县志》为其父陈文立的传中保留较为完整,据民国《平阳县志》卷 32《陈文传》载:"陈文,金舟乡人。高宗南迁,文弃家从军,隶韩世忠部下,从战有功,补水军将领。尝诫二子鳌、鹗曰:'世治尚文,世乱尚武。建功报国,正此时也。'鳌等于是弃举子业习兵法。八年复武科,鳌以进士对策第一,授东南第八将。后三年,鹗复状元及第,授第十将。鳌字宏老,鹗字冲老,文失其字。"从以上资料可以看出,陈鳌本来是习文的,并准备参加科举考试。其父陈文曾经参加过韩世忠的抗金部队,有军事斗争的经验,深知在国家时刻处于异族入侵危险中的情况下军事实力的重要意义,因此劝儿子弃文习武,以报效国家。陈鳌、陈鹗兄弟相继夺魁武举,是出于报国的赤诚,也是顺应时代的需要。苍南在南宋出了 7 个武状元,说明苍南人民自古以来就有爱国的传统。

三、苍南县状元文化的当今意义

(一)激励当代青年奋发有为,以状元文化对抗"躺平文化"

苍南县状元文化,首先是一种顺应时代需要、自强不息的精神。苍南人民身处南宋乱世,祖国时刻处在草原铁骑的威胁之下,面临覆巢之危。在这种情况下,苍南人民奋起抗争,弃文习武。天下既然容不下一张安静的书桌,那就起来反抗。有一点值得注意,这些武状元曾经都是读书人,比如陈鳌是弃举子业改习武,项桂发、林管等均有诗文传世。弃文习武,是他们对那个艰难世道的回应,也是他们自强不息的反映。一个时代有一个时代的难题,需要这个时代的人们以自强不息的精神去回应时代难题。如今的中国,面临发展的转型和外部环境的恶化,经济减速,就业机会少,加剧了社会的"内卷"。青年人面临的就业、住房、生育等压力越来越大,于是"躺平文化"盛行。

实际上,"躺平文化"曾经在世界各国都普遍存在,只是名称不同罢了,例如英国的尼特族(NEET),日本的"低欲望社会",美国的"归巢族"(Boomerang Kids)。英国的尼特族指一些不升学、不就业、不进修或参加就业辅导,终日无所事事的族群,在中国则被称为"啃老族"或"家里蹲",在美国被称为"归巢族",在香港则被称为双失(失学和失业)青年。日本的"低欲望社会"本质上也是躺平文化。不可否认,"躺平文化"的流行有其合理的一面,是青年人对社会的无声反抗。但"躺平"不能解决社会问题,反而会带来新的社会问题。年轻人应该发扬状元文化的自强不息精神,以自强不息来应对时代的艰难,这个社会才会有希望。苍南状元文化可以为社会提供一副良剂。

(二)状元文化的家国情怀凝具自强不息的爱国主义精神

苍南状元文化,不仅蕴含着以自强不息回应艰难时代的精神,更蕴含着一种家国情怀。他们在国家处于来自草原铁骑的威胁的情况下,选择弃文从武,甘愿把国家的兴亡扛在自己肩上,这是种赤诚的报国热忱。选择弃文从武,便是选择以自己血肉之躯保家卫国,选择牺牲自己来成全国家。爱国主义是中华民族优秀传统文化的重要组成部分,苍南状元文化正是这一精神的体现。

(三)创造性转化是苍南宝贵的文化资源

文化要发挥教化社会的作用,必须转化成文化产品来呈现文化的精义。弘扬苍南状元文化,当务之急是把苍南状元文化作为一种宝贵的文化资源进行挖掘,并在此基础上打造文化产品。这种文化产品既可以是文博形式的展览品,也可以是优秀的文艺作品。建议苍南认真规划,不仅要研究,更要有计划地转化,转化成人们喜闻乐道的文化产品,这才是更好的弘扬。

"隐身的状元"

——浙江苍南武状元群像及其状元文化开发策略

浙江安防职业技术学院高职教育研究所　伍红军

古平阳素有"状元窝"之誉。温州历代 19 位武状元,平阳就占了 17 位,且都出自南宋,也即南宋一朝的温州武状元皆归属于平阳。古平阳县在当代,先是分出苍南、泰顺两县,继而苍南再分出龙港市。但现苍南县治仍有 7 位武状元,仅次于平阳县的 9 位。这 7 位武状元按状元及第时间,分别是南宋时期高宗绍兴八年(1138)的陈鳌、高宗绍兴十二年(1142)的陈鹗、孝宗淳熙十四年(1187)的黄褒然、光宗绍熙四年(1193)的林管、理宗淳祐四年(1244)的项桂发、理宗淳祐七年(1247)的章梦飞、度宗咸淳七年(1271)的林时中。能于一个朝代集聚 7 位武状元,放至任何一省一市也足以构成一道奇观。但长期以来,这笔堪称丰厚的武状元文化资源并没有发挥应有的作用,在苍南的文化图谱中似乎也是缺位的。究其因由,在于苍南武状元群体无论是历史上,还是当代当前,都处于"隐身"状态。

一、 "集体隐身"：苍南武状元群体的古今际遇

元末高明诗曰:"十年寒窗无人问,一举成名天下知。"这便是古代科举士人的生动写照。中举既难,状元及第更是世所瞩目,唐孟郊有诗

云"春风得意马蹄疾,一日看尽长安花",写尽科举中第后的得意之态。科考得中、状元及第,便能飞黄腾达、富贵难挡,一时风光无两,更兼青史留名、流芳百世。然而这一科举定律,似乎只适用于文举,武举一途,命运却难同此般。苍南一地7位武状元,竟集体"隐身",史书不载、方志不详、遗存不在,令人唏嘘。

(一)史料阙如

温州历代19位武状元中,除朱熠生平载入《宋史》列传第一百七十九、朱嗣宗在《宋会要辑稿》选举八中有只言片语、王名世因"妖书"事件意外留名《明史》外,其他人等在史书基本不可查,苍南7位武状元更无一人能在国史中提及。《宋史》志一〇八至一一六"选举"只有科举事项,但不列登科名录,各科状元名字无从查起。正史不具,只能溯及时人文集或笔记。马端临《文献通考·选举考》中难得列出《〈宋登科记〉总目》,有北宋太祖赵匡胤建隆元年(960)到南宋度宗咸淳十年(1274)各榜状元姓名和进士人数,可惜只列文举信息,并无武举状元姓名和进士人数[1]。宋人吴自牧在其所著的《梦粱录》中,有《武举状元》一篇,其中列出今属苍南的武状元黄褒然(即"黄裒然")、林管、项桂发、张梦飞(应为"章梦飞")4人,因"高宗朝中兴南渡,志不载武举姓氏"[2],漏了绍兴八年、十二年分别得中状元的陈鳌、陈鹗两兄弟。但该书写于咸淳十年,载有咸淳七年(1271)的文状元张镇孙,却缺了同年武举状元林时中,留下一个谜团。

即便是一些信史中有苍南县域几位武状元的科考届次和姓名,但并无生平事迹记录,导致7个武状元中几乎没一个面目清晰的。查无此人者有,生卒年不详者众,是否该归属苍南都有问题。目前概览性的武状元著作中,王鸿鹏等编著的《中国历代武状元》中,苍南7位武状元全部是"生卒年不详",除陈鳌、陈鹗两兄弟外,其他5位都是"字

---

① 马端临:《文献通考》卷三十二,第32—46页。
② 吴自牧:《梦粱录》,三秦出版社2004年版,第254页。

号不详"①。毛佩琦《中国状元大典》中《状元总谱》只列文状元基本信息,武状元仅在《历代武举登科表》中列出,其中有陈鹗、黄褒然、林管、项桂发、章梦飞、林时中,但理应于绍兴八年中状元的陈鳌空缺不载,章梦飞、项桂发籍贯信息空缺②。苍南武状元分布如表 1 所示。

表 1　苍南武状元分布

序号	姓名	朝代	科考届次	原籍贯地	现所在地
1	陈鳌	南宋	高宗绍兴八年(1138)	温州平阳金舟乡坊下村	苍南县金乡镇
2	陈鹗	南宋	高宗绍兴十二年(1142)	温州平阳金舟乡坊下村	苍南县金乡镇
3	黄褒然	南宋	孝宗淳熙十四年(1187)	温州平阳归仁乡松山	苍南县桥墩镇
4	林管	南宋	光宗绍熙四年(1193)	温州平阳亲仁乡林坳	苍南县藻溪镇
5	项桂发	南宋	理宗淳祐四年(1244)	温州平阳金舟乡咸通里瀛桥西堡	苍南县钱库镇
6	章梦飞	南宋	理宗淳祐七年(1247)	温州平阳百丈	苍南县灵溪镇
7	林时中	南宋	度宗咸淳七年(1271)	温州平阳亲仁乡林坳	苍南县藻溪镇

(二)方志错漏

　　鉴于正史与时人著作中武状元资料极为缺乏,后人所撰宋代登科名录中的武状元信息只能求之于地方志。如傅璇琮的《宋登科记考》、龚延明和祖慧的《中国历代登科总录·宋代登科总录》是当前比较权威的武状元史料集汇,其有关苍南武状元的小传信息基本上来源于历代的《浙江通志》《温州府志》和《平阳县志》。不过,地方志也存在名录信

---

　　① 王鸿鹏等:《中国历代武状元(第 2 版)》,解放军出版社 2004 年版,第 410—412 页。
　　② 毛佩琦:《中国状元大典》,云南人民出版社 1999 年版,第 1217—1220 页。

息不全或相互矛盾之处。如龚延明在撰写《宋代登科总录》时就发现"有的两地重复收录",进士名录归属何地不清,有将其他科当作进士科收录的,甚至有"将地方发解合格人当作进士等第者",质量参差不齐,需要逐一辨别方能确定引用①。

有关苍南武状元的信息,地方志中也存在一些类似的问题。如在科考届次上,林管状元及第的时间,民国《平阳县志》和乾隆《平阳县志》都记为"绍熙四年癸丑科",而《咸淳临安志》却是"绍熙五年甲寅科",差了一年时间。比照《梦粱录》的记载,应为"绍熙四年癸丑科",后《中国历代武状元》等书基本采信了"绍熙四年"的说法。又如章梦飞状元及第的时间,《咸淳临安志》记为"丁未科",也就是淳祐七年,而《弘治温州府志》和《万历温州府志》却是"淳祐庚戌",也即淳祐十年的庚戌科,整整差了一个届次,实际上庚戌科武举状元另有其人,反而《宝庆四明志》所记淳祐七年"武举章梦飞榜"②,是正确的。因此《中国历代武状元》和《中国状元大典》都以"淳祐七年丁未科(1247)"为准,民国《平阳县志》也据《咸淳临安志》将章梦飞的科考届次"改列丁未"。可笑的是,即便《章氏宗谱》也是以讹传讹,称之"淳祐庚戌科右榜进士,廷对第一"。甚至一些武状元不仅信史无存、方志不载,即便是本氏宗谱也湮没无声,如林管和林时中两大林坳状元,林氏族谱居然没有这两位状元的信息。

(三)遗迹不存

今苍南武状元遗址,各地倒建有一二纪念馆之类,如陈鳌、陈鹗有建于苍南金乡镇坊下村的"苍南县鳌鹗兄弟状元博物馆",章梦飞有建于苍南县灵溪镇横渎浦村的"章梦飞祠",但都是今人重建,并非历史遗存。又如处于苍南金乡镇龙蟠基村的"兄弟武状元陈公鳌鹗墓"、在平阳境内的章梦飞"状元墓"等,都是当代重修,如前者为2013年竣工、后者是20世纪70年代修缮的现代墓,都未经科学考证是否为原址原墓。

---

① 龚延明、祖慧:《宋代登科总录(第1册)》,广西师范大学出版社2014年版,第3页。
② 罗浚:《宝庆四明志》卷十,第26页。

武状元之遗存,多靠"故老相传",也即靠一代代老人通过讲前人事的方式去定调,经不起严密的考古推敲。如相传林管状元遗址的"状元井""洗马窟""状元府"遗址,陈鳌陈鹗坊下村前的状元牌坊的两根石柱、一个水浃,项桂发状元牌坊留有的三对古代石质旗杆柱,又如一些宗祠留存于内的锁石之类,也许能考证这些遗址的年代确为南宋物件,但如无文字佐证,就无法考证这些遗迹与武状元之间的确切关联。如练武的锁石,是时人练武所用之物,还是武状元用过的锁石?这些都无从证实。

即便如当前以为基本能够确证的武状元遗存,也有诸多可疑之处。如:在拆除金鳌寺时发现的状元捐银木构件,虽上题"二十二都坊下大宋兄弟状元陈鳌、陈鹗喜助地基一片,白银五拾两,祈保子孙昌盛",发现后即送苍南博物馆收藏,但因其中自称"状元"与年代不符也被质疑真实性①;现存鳌鹗兄弟状元纪念馆的御封陈鳌关西将军忠烈侯的"圣旨碑",被陈氏族人视为圣物,也因其官阶无可查实而被质疑真实性②。如此种种,苍南7位武状元几无可确证之历史遗存也。

(四)一同失声

历代武举状元,知名者少,多数雁过无痕。许友根在《武举制度史略》第六章谈"武举名人",只列出"再造唐室"的郭子仪、南宋"抗金英雄"周虎、明代"两朝三元"王玉寥寥数人,即便是南宋高居参知政事的朱熠也未入其法眼③。赵冬梅在《武道彷徨》一书中,对于武状元群体功推郭子仪,文提华岳④。郭子仪自不待言,华岳则是因著有兵书《翠微先生北征录》走出了武状元青史留名的另一条路。

温州武状元中,朱熠因官居显赫,而被津津乐道,陈鳌陈鹗因兄弟同中武状元,而传为本地美谈,其他人似乎都不够声名显赫。武状元相较文状元的待遇,更是霄壤之别。如:温州8个文状元,多数有属于自

---

① 温州市政协文史资料委员会:《温州状元》,中国文史出版社2016年版,第226页。

② 陈彤:《南宋武状元陈鳌、陈鹗事迹考》,《新平阳》2015年6月23日。

③ 许友根:《武举制度史略》,苏州大学出版社1997年版,第96—105页。

④ 赵冬梅:《武道彷徨:历史上的武举和武学》,解放军出版社2000年版,第37、126页。

己的研究会,生平履历、名人轶事研究得一清二楚;而 19 个武状元,却无人享有此等待遇,学术界几乎无人问津。即便是苍南县,于状元一事也是属于典型的武盛文衰,武状元有 7 位之多,文状元却仅有徐俨夫一人。然而徐俨夫一人已盖过所有武状元的风头。如:2012 年灵溪十一中即立起"徐俨夫文化石刻",开建状元文化广场;2014 年建成专门的"徐俨夫状元文化博物馆";2018 年苍南也专门召开过一次"徐俨夫状元文化研讨会"。徐俨夫不仅在公众视野中频频亮相,更是进入学术界和教育界的视野,此后有关徐俨夫生平、诗词等的讨论文章也不断出现。反观 7 位武状元,无一人得此专门研究和重塑的待遇,真正是"集体失声",湮没无闻,让人无比感慨。

二、"何以隐身":苍南武状元群体
隐遁不现的原因探寻

苍南武状元群体,行迹不显,以至于有集体"隐身"之印象。这与苍南武状元全部处于南宋时期有关,因年代久远的自然因素而踪迹不存似可理解,但也有些需要特别指出的原因所在。

一是崇文抑武之传统,是苍南武状元难以传世的最重要因素。科举一途,文武分殊,但命运却迥然不同。自隋朝开科取士,到唐有武举,绵延 1200 余年,但武举的存在感相比文举盛况实在是可以忽略不计。如历代有据可查的文状元有 675 位,而武状元不过 280 余位①,科举取士,文举每科数百人,武举则多至数十人,少则二三人。其中武举还几经废置,存续期间也是在考试时该重文还是该重武之间摇摆不定。即便是作为一种选官制度,武举也被研究者认为是一项并不算成功的武官选拔机制②。历史上欧阳修对武举制度的评价"其选用之法不足

---

① 王鸿鹏等:《中国历代武状元(第 2 版)》,解放军出版社 2004 年版,第 14 页。
② 赵冬梅:《武道彷徨:历史上的武举和武学》,解放军出版社 2000 年版,第 147 页。

道"①,可以概括之。在历史上,走入武举一途,甚至中武状元,并不被时人所看重。如一些武举人不过是文举无望,而以武举一途作为敲门砖,所以武举群体中会有先中武举再图文举的。即便是武举出身,最后能够在边关或国家危亡之际建功立业的,也少有传世。毕竟,整个历史是由文官集团写就的,天生对武将极为鄙视的文人墨客自然不会随意去歌咏"一介武夫",让其留名青史。在苍南武状元行迹中,我们也看到一个有趣的现象,在宋理宗加封项桂发为御营统禁防御使诰命的圣旨碑中,有"起自文科,继魁武略""可谓文武兼全、恩威并著者也"一说,也就是说即便要提携一个武官也要以其文人的前身份来强调这一任命的合法性。由此,可窥一斑。

二是苍南武状元普遍官阶不高、功勋不著,难以青史留名。武举相比文举,每科取士极少,因而竞争更为激烈,能够在武举中状元及第是一件极其困难的事。因而武状元之出世,理应当时万众瞩目,此后千古流传。但事实是,武状元往往在历史上少有流芳百世的人物,大多寂寂无名,难被正史所载。苍南武状元群体所遭遇的困境却是,在南宋风雨飘摇之际,统治者既需要武将戍边守国,能够"挽狂澜于既倒,扶大厦之将倾",但内部却权相当道、朝局紊乱,极为忌惮武将的存在。武举出身的官员素来也很难得到重用,其稍有作为便被压制,如黄褒然、项桂发等。当然,苍南武状元群体本身官阶不高也是原因之一,如苍南史上唯一的兄弟武状元陈鳌陈鹗,兄弟联袂状元及第,但也不过都是始于承节郎、终于修武郎,即以武官从九品始到正八品终。其余除了项桂发前期有平步青云之势,其他人多数止于五六品官阶的层次,且多数仕途并不如意,即便想有一番作为也难有用武之地。其中还有状元郎林管,《林氏宗谱》记有"以寿九十而不禄",也即状元及第后并未为官。倘若文状元官场失意,退守山野,还能以诗文传世,而武状元就缺少这一优势。武举出身者,如果仕途不顺,基本上会庸碌一生,史书也就难留痕迹,导致今人即便想交相传颂这位武状元,也不知从何下手。苍南武状元授官情况如表 2 所示。

---

① 欧阳修:《新唐书•选举志上(卷三十四)》,中华书局 1975 年版。

表2 苍南武状元授官情况

姓名	任官情况	可确证官职
陈鳌	东南第八将、宣抚使、武德将军、追封关西将军忠烈侯	修武郎
陈鹗	东南第十将、修武郎、江淮宣抚使、散骑武德将军	承节郎、修武郎
黄褒然	武学谕、武学博士、武经郎右岭军中郎将、武德大夫知合门事、殿前司正加功武烈侯	秉义郎、武学谕、武学博士
林管	秉义郎,后未做官	秉义郎
项桂发	秉义郎、合门舍人,训武郎、临安府通判兼宣差遣发诸军事,武经郎、右领军卫中郎将兼京城环卫官、殿前司正将、翊卫大夫,武德大夫知阁门事,知循州兼节制镇海军事、中卫大夫、海南制置使兼雷州府事、御营统兵护驾防御使、御带器械节制皇城司兼管辖内侍省提督、亲卫军务事、忠亮大夫,死后赐光禄大夫、雷阳郡伯	知雷州
章梦飞	御苑统卫兼左司马事,京湖宣抚使、充国信史,肇庆府宣抚使	知肇庆府
林时中	不详	无

三是苍南武状元多处南宋灭亡之际,后人为避祸隐藏状元踪迹。苍南武状元群体,为官者多有戍边抗金或抗元之事迹。蒙古灭宋建元之后,在原南宋治地行民族压制政策。对于原在南宋为官,特别是处于抗金抗元一线的武状元,是有抄家灭族之祸的。如项桥在南宋灭亡十二年后遭受的灭顶之灾:"一纪之间,通都大邑,鞠为丘墟,家室十去八九。"导致状元家族举家搬迁避祸,当地状元遗址不存。所以对于一些武状元的凭空消失现象,有些研究者将之归为:"后人有意识地销毁了家谱中与武状元有直接关系的证据,并有意识地填埋状元墓,将其嫡系进行了避难性的迁移。"[①]久而久之,不仅被历史遗忘,也被宗族所忘却,如林管和林时中的际遇。

四是缺乏代表人物、典型事件,苍南武状元群体很难被民间传颂。

---

① 温州市政协文史资料委员会:《温州状元》,中国文史出版社2016年版,第327页。

历史上以武状元出身被历史和民间同时记忆的,如:历代武举之冠郭子仪这样不世出的代表人物,能为武举制度留下最绚烂的一笔;北宋熙宁九年(1076)的丙辰科文武双状元同出福建莆田这样的典型事件,因宋神宗"一方文武魁天下,四海英雄入彀中"之赞而入史这样的千古美谈;等等。其他少有能被民间争相传颂的。相比平阳有朱熠这样的代表人物,龙湾有王名世"连中三元"这样的典型事件,苍南武状元群体算是乏善可陈。项桂发、林管、章梦飞虽在官场摸爬滚打,但还不足以称为万世不朽之功业;林管、林时中等隐身山林,但行迹不显于当世,传说未流布于民间。苍南的几位武状元,历史功业、民间佳话都显不足,也难怪这一群体在历史的流沙中逐渐湮灭,以致虽有状元及第之威名却不显于当代。

三、"如何现身":苍南武状元文化的开发策略举要

7位武状元齐聚一县,这是弥足珍贵的文旅开发"富矿"。倘若武状元群体"集体隐身",缺乏相关文旅素材导致巧妇难为无米之炊而弃之不顾,这是暴殄天物。其实,讲究开发策略,也能让这个"隐身"的群体逐渐"现身",并成为苍南一地文旅资源开发中的文化金名片。

(一)正史、方志、宗谱:三线齐下,探寻苍南武状元的蛛丝马迹

有正史、方志与家谱并列为三大史学支柱之说,特别是清代史学家章学诚以"夫家有谱、州有志、国有史,其义一也"之论,赋予家谱与正史、方志相提并论的地位。尽管学术界对这三者有同等重要之说,但其权威性显然是有排序的。有正史则信正史,无正史而稽方志,方志不载则求宗谱。

当前苍南武状元的相关信息,循迹正史,主要是宋史等相关史料,但所涉人名极少,一般能够查及姓名已是万幸。正史不载,只得求之宋代时人的著作笔记,如目前关于苍南几位武状元的及第信息,南宋吴自

牧的《梦粱录》构成了"一手资料"。

地方志则是以《咸淳临安志》为主,多数武状元的信息确证来自此书。然后是历代《温州府志》和《平阳县志》,如项桂发的生平事迹基本上来自弘治《温州府志》和康熙《平阳县志》,林时中正史查无踪迹,仅能从《温州府志》和《平阳县志》中查到一些简单信息,以及雍正《浙江通志》有林时中为平阳人状元的简单条目。但地方志又多有矛盾之处,如章梦飞的事迹,"明代弘治《温州府志》错载,当代《苍南县志》无载"①,让人唏嘘不已。今人书中,直接来源基本取自《中国历代武状元》,但这本书编得极为粗糙,诸多细节并未做考证,不过是照搬已有资料,且多数未列出资料来源,以至于某人籍贯各处之矛盾无从查证。

宗谱的长处在于详尽细致,这是大而化之的正史所无法比拟的。但宗谱并非学人严格考证、史家客观记叙的内容,往往自相矛盾处众多,一旦有相互"打架"的地方,特别是本身有严重的逻辑错误或与强证据史料相左的地方,则宗谱的史料价值再下一层。宗谱因其"私史"性质,多是后辈记载先祖的丰功伟绩,往往不吝溢美之词,也就容易失真。而宗谱能够不断代地传下来的又极少,除了个别长盛不衰的名门望族之外,普通家族之宗谱往往在历史中间断较多,其间前代事甚至依靠口耳相传延续,其中细节多有漏误。当前苍南武状元的生平事迹,多数是从宗谱中而来,难以与其他史料比对佐证,也就无从知其真实性几何。如黄裒然,所有的正史,包括地方志中都是字号、生卒年不详,最后只能依据民国时期重修的《黄氏宗谱》,寻得一二信息,当然这也导致这些信息来源成为孤证,可信度大打折扣。

武状元之行踪,可靠的史料依据极少,生平行迹不详,功名伟业不彰,今人据此做文旅资源开发,只能落得个"巧妇难为无米之炊"的困境。为了确证武状元其人,丰富武状元行迹,也只能集聚正史、方志、家谱3个资料库,逐一探寻,不断丰富,希望能够还原一个丰满的武状元形象出来。这同样需要学界和民间齐发力,共同推动苍南武状元文化的学术研究。一是学界要以自己严谨的学风,逐一考证,去伪存真,力

---

① 温州市政协文史资料委员会:《温州状元》,中国文史出版社2016年版,第295页。

争呈现出更多的可信资料,让每一个武状元能够"立得住"。目前看来,温州苍南市县两级研究人员已经做出了初步的成果,如:政协浙江省苍南县委员会文史资料委员曾在 2014 年编有《苍南状元》一书,梳理了苍南 7 位武状元的生平事迹,以此为基础汇入 2016 年温州市政协文史资料委员会编的《温州状元》一书中,在中国文史出版社刊行面世。二是要鼓励民间力量自发研究,逐渐丰满武状元的相关资料,并配合当地的武状元纪念活动,让武状元个体能够"动起来"。如坊下村陈君志老人,多年积累鳌鹗兄弟状元史料,出版《鳌鹗状元宗史志》一书,初步梳理了鳌鹗兄弟中状元的前后经历①。尽管这是村史角度的研究,多为从史料中摘取发挥,属一家之言,很难谈得上信史,但这种自下而上的努力本身也是有价值的,可以作为学术研究的一种补充,能够提供资料索引作用也是好的。

(二)鳌鹗兄弟、项桂发、章梦飞:立一中心,带动苍南武状元群体的次第开发

武状元文化开发的基本策略,是以一个中心人物,来连通并带动整个武状元群体的开发。如平阳的武状元文旅开发,自然是以朱熠为中心,因其地位最高、正史有载、生平可考,资料比较丰富,可供利用的文旅资源相对较多。但苍南选谁?目前可供选择的主要是鳌鹗兄弟、项桂发和章梦飞,其他如黄褒然、林管、林时中因史料太过缺乏,遗迹基本不存,都不具备领衔开发的条件。

三者之中,苍南武状元自鳌鹗兄弟起,他也是温州南宋时期首个武状元。所谓"开局即巅峰",为温州乃至浙江贡献了唯一的兄弟武状元,且是连续两届联袂而出,实在难得。而苍南武状元之风,也可以陈鳌、陈鹗两兄弟的父亲陈文训言为开端:"世治尚文,世乱尚武。建功报国,正当此时。"这一句话虽是陈文对两兄弟说的,却也奠定了南宋时期苍南武状元的风骨所在,形成了这一批状元群体的鲜明特征。鳌鹗兄弟本是很好的选择,可惜史料所载太过单薄,除了一个"兄弟武状元"的噱

---

① 温州市政协文史资料委员会:《温州状元》,中国文史出版社 2016 年版,第 228—229 页。

头,几无可做之文章。再说章梦飞,如今苍南县以章梦飞为中心建成"状元公园",也有相关遗迹做支撑,但同样面临无更多文章可做的尴尬。

余下项桂发,相比前两者优势较为明显。一是官职够高,且官声颇佳。项桂发生前官至御营统兵护驾防御使、御带器械节制皇城司兼管辖内侍省提督等职,死后"皇帝诏赐光禄大夫、雷阳郡伯,赠谥肃惠",其声名直追平阳县的中心人物朱熠;且为官有政绩,在地方任职时留有政声,如知雷州府时当地人感其功业,为其建"生人祠"。二是他是文武全才的抗金英雄,有故事可讲。项桂发虽为武举出身,但贵在文武兼备。文才方面,著有《皇华前后集》行世,可惜今已散失;武功一途,曾数度出使北胡、一力抗击金国,是爱国英雄的典范。三是有足够丰富的遗存,能够支撑一个独立的旅游景点。如:项桂发留有状元墓,且是比较规整的"状元陵",其项氏宗祠里有圣旨碑,故居所在地有状元桥(瀛桥)、福智堂、桂子桥等与之相关的遗迹;同时在宗谱里还收藏有项桂发亲作的诗2首——《咏本县北港南雁荡山铁瓮洞》《斑竹》,谱序1篇——《义阳郡渊源叙》。四是能以状元个体拉动一批历史人物,有足够的延展空间。如其以一人之力,让项家成为名门望族,族中名人辈出,如其子项宗亮出使元朝,著有《奉使录》,且有抗元事迹。又如当时项桂发科中,同榜即有7名平阳籍的武进士,一时传为美谈,这些同榜武进士多出仕为官,一些还有官声,可以以一带多进行开发。项桂发与同时代名人也有诸多交集,可以进一步从交往群体中丰满其生平形象,如其子项宗亮娶同科进士梧州知府朱尚志之女,次女疑为嫁武状元林时中之子,两个武状元为姻亲可以联结起来做文旅开发。

(三)保护在先、不舍一处:保护遗迹,重在对苍南武状元文化的二次开发

要做苍南武状元群体的文旅开发,一是要对武状元的历史遗迹、状元遗存做好文物保护工作。如对于目前已经确证,或者已发现的存疑遗址,如状元府基石、状元墓、状元井、状元碑等,要尽快保护起来,形成先保护后论证,要有"暂先存疑,不可放过"的态度,成熟一个立项一个,

逐步将武状元文物遗址保护点丰富起来,为武状元文化开发提供足够的素材。目前来看,7 个武状元中,鳌鹗兄弟、林管、项桂发、章梦飞 5 位是有现存状元墓供瞻仰的,鳌鹗兄弟、项桂发、章梦飞 4 位有建成的博物馆、祠堂供参观,其中项桂发墓是县级文物保护单位,章梦飞祠是县级文物保护点,状元捐银的木构件送进苍南县博物馆收藏,项桂发圣旨碑是苍南县重点文物保护单位,其他都还没列入文物保护范围。尽管相关遗址、实物因尚未考证,所以未能得到承认,但只要有一点关联的遗址遗存建议尽快保护起来,以免再次出现像晏公庙前狮虎兽被盗的事①。其中如陈鳌陈鹗的"状元捐银木构件""御封陈鳌关西将军忠烈侯"的"圣旨碑",尽管疑窦丛生,但不失为一处可供后人瞻仰的遗存。同时一旦武状元文旅项目开建,这些已确证或尚未确证的遗存、实物等都可列入,不至于让相关景点过于单薄。武状元关联性实物遗存如表 3 所示。

表 3　武状元关联性实物遗存

状元姓名	状元遗迹
陈鳌、陈鹗	现有遗址:兄弟武状元陈公鳌鹗墓; 历史遗址:状元府; 实物遗存:圣旨碑,状元捐银的木构件,状元牌坊的两根石柱、一个水浃; 关联遗址:金鳌寺、坊下村
黄裦然	现有遗址:洗马窟,状元井,状元府遗址之基; 历史遗址:状元墓
林管	历史遗址:林管墓; 实物遗存:宋武状元林管墓址碑、晏公庙前狮虎兽
项桂发	现有遗址:项桂发墓、项桂发状元牌坊、瀛桥/状元桥; 历史遗址:南上马墩(台)和北下马墩(台); 实物遗存:圣旨碑,"瀛桥/状元桥"桥板残段; 关联遗址:福智堂

---

① 温州市政协文史资料委员会:《温州状元》,中国文史出版社 2016 年版,第 256 页。

状元姓名	状元遗迹
章梦飞	现有遗址:状元祠/章梦飞祠、状元墓; 实物遗存:石马槽
林时中	历史遗址:状元墓

二是如前所述,首以研究和演绎为切入口,先通过正史、地方志、野史笔记、宗族家谱、民谣与民间传说等丰富武状元史料,做好武状元年谱编纂、人物还原工作。本来按照严格的考古方式,文字资料和考古遗迹缺一不可,且相互印证方能确证。如若这两者皆缺,那就求之民间,如民间传说。民间传说尽管无法作为考古学的证据,却是文旅资源开发最理想的素材。既然是"传说",也就不用考证真假,只需借来一用即可。因此,在信史匮乏之时,民间传说之类的素材就能扮演重要角色,如林坳有武状元林管生平的民间传说等。然后充分利用研究成果,做好武状元事迹的二次开发,通过人物传记、小说戏剧创作、影视剧拍摄等现代手段,以创作手段讲好武状元故事,重塑武状元形象,作为武状元文旅资源开发的素材。这类二次创作,完全可以依据武状元宗谱所载内容发散开去,或者将针对武状元的民间传说,流传于世的诗文、谱序等内容不断延伸。武状元关联性诗文遗存如表4所示。

表4　武状元关联性诗文遗存

状元姓名	状元诗文
陈鳌、陈鹗	诗词:陈氏宗谱秘藏可能为陈鳌所作的诗; 民谣:状元府民谣
林管	诗词:《竹坡》; 民间传说:林管出生传说; 谱序:《重修林氏宗谱源流序》
项桂发	文集:《皇华前后集》(已失); 诗词:游雁荡山诗; 谱序:《义阳郡渊源叙》

状元姓名	状元诗文
章梦飞	诗词:《咏本县北港南雁荡山铁瓮洞》《斑竹》; 谱序:《赠朱公宗谱小引》
林时中	诗词:《荷亭》《兰》《景炎丙子孟秋晚游新兴寺》《临江仙·梅》; 关联诗词:薛思齐《时中公荣归以所赐之金创建奉先神主于其中》,章仲彬《水门桥》

(四)小而精、精而特:连缀成片,实施苍南武状元文旅资源的系统开发

苍南武状元有 7 个,7 个场景足以连成一个文旅区域。但因武状元的遗存不多、史料欠缺,目前可讲的故事不多,旅游开发元素极少。建议各地针对武状元的项目开发,特别是在当前文旅特色小镇/古村落项目面临普遍困境——投入大、项目经营困难、短期回本基本无望的局面下,最好不要一哄而上。而是秉持"小而精""精而特"的原则,不一次到位,根据文旅资源开发素材的积累情况而逐步壮大。而各地的武状元文旅开发主题要有一定的差异性,切忌同质化开发。在武状元文旅开发时,要精准地找到各个武状元的独特性,由各个特色构成一个和谐的整体,这样才能吸引游客慕名而来。如:陈鳌陈鹗可以主打"浙江唯一兄弟武状元""南宋温州首对武状元""南宋时期唯一兄弟武状元"的特色牌,项桂发则主打"文武全才"武状元的特色牌,林管、林时中可与林景熙构成文武相彰之"林坳三杰"的特色牌,章梦飞可以主打"潼关抗元",黄褒然则是"消失的状元",等等。

基于各位武状元的基本特征,在开发时也要注重策略。一是原样开发。如各状元墓的后期修缮尤需注重修旧如旧。还有针对各地相传的状元府的开发,应就史料所载图样尽可能原貌复原,这样可以增加遗址遗迹的历史感,如鳌鹗状元府、林管状元府等这些在宗谱中存有图样的。将相关状元遗存全部集中在状元府中,如纪念馆、碑石等物,当代所撰碑刻、铭文、墓志铭也可一概纳入,以丰富纪念场所可观之物,这样

可以构成一个完整的旅游集散点。二是线性开发。即以武状元为线索，串联各处，让其自成整体。如陈鳌、陈鹗兄弟武状元，可以将其父陈文（从韩世忠，有战功）、其孙陈柔（有"陈闭门"典故）、陈柔之子陈力修（正直敢为，因与权相史嵩不合致仕）一并串联讲述，形成武状元名门故事集揽。又如林管与陈亮是同年文武状元，陈亮留有《鸡笼岩》（鸡笼岩在今状元府遗址周边）一诗，被确证来过温州平阳林坳里，则两人理应有所交集，而陈亮著述颇丰，其行迹也详尽。倘若从这些史料较为丰富的人物入手，也许有意外收获。三是嵌入式开发。即一地的武状元文旅开发不要单打独斗，而是要和周边以及整个镇、村的开发结合起来。比如藻溪可以打古村"林坳"牌，将林景熙与林管、林时中3个人物捆绑式开发，这样1个点内可以存在3个可看的旅游点，也足以让游客参观游览时感知到层次性和丰富感。另外，就是软硬结合开发，死的遗迹和活的故事、演义等相互佐证，不要一味用建纪念馆、故居之类的单调乏味、千篇一律的做法，而要与戏曲、影视等相互烘托，讲好一个完整的武状元故事。

浙江苍南状元文化赋能文旅融合与社会治理的思考

浙江工贸职业技术学院现代管理学院　邱旭光

状元文化是苍南历史文化的一个标志性成果,在温州宋韵文化中占有重要地位。状元是我国古代科举制最高级别的考试——殿试后由皇帝亲自监察选定的一甲第一名。我们今天的高考制度,在公开平等选拔、定期统一考试这一点上仍然存有科举的优点和历史的印记,状元这个称号也被广泛用于各地高考拔得头筹者,以示嘉许和仰慕。科举制始于隋,发扬于唐,盛行于后世,至清光绪二十七年(1901)废止。科举设立文进士和武进士两科,宋代重文,因此文进士的数量远远高于武进士。苍南状元文化从历史研究的视角,原则上应该与平阳状元文化合并研讨,在目前行政区划分开的情况下,苍南作为状元文化的主要构成部分,得到各级政府和文化相关部门的高度重视,状元文化得到深度挖掘。苍南县提出打造"南宋状元第一县",统合文旅资源,将有力地促进县域文化治理和赋能乡村振兴。

一、苍南状元文化具有明显的资源富集型特征

(一)群体数量庞大

在南宋短暂的一百五十二年的历史中,苍南形成了庞大的状元群体,当地人叫"状元窝"。苍南主要是出武状元,自唐至清末,温州共出

武进士三百七十三名,其中平阳(含苍南)占据二百九十四名;温州武进士大部分出在南宋,共三百零九名(据《历代人物与温州》)。南宋平阳武状元十三名(约占南宋一百五十二年间全国五十名武状元的四分之一),武进士二百七十六人,其中半数在今天的苍南,分别为武状元七人和武进士一百五十七人(其中宋代即占一百四十三人,但元明两代没有,清代仅两人)。此外,苍南县还有大量文科进士二百七十七人,其中宋代占二百四十三人(清代只有一人,这种巨大落差的原因也值得探讨)。苍南状元共八人,其中文状元计一人,为徐俨夫,武状元计七人,分别为陈鳌、陈鹗、黄褒然、林管、项桂发、章梦飞、林时中。此外,还有文榜眼两人,为邹臻、周仁勇;武榜眼一人,为戴应发;文探花两人,为陈梄、黄中;武探花两人,为陈元普、孔元圭[①]。除了像朱元璋这类开国元勋的将军群体现象以外,武状元文化集群,在中国传统文化展示中是极其罕见的现象。

(二)地域分布相对集中

苍南状元主要集中在灵溪镇到钱库一线,金乡镇与钱库临近。钱库镇与金乡镇部分行政区划曾属金舟乡,即陈鳌、陈鹗、项桂发属金舟乡;林时中祖居林坳,后来林氏从林坳迁徙到百丈(灵溪镇沪山社区百丈村),林时中中武状元时属百丈。百丈自林氏移居后,文化兴盛,前后有二十六人中文武进士。(表1)

表1 苍南状元地域分布表

序号	状元姓名	主要科目	所在镇	所在村
1	徐俨夫	文状元	灵溪镇	观美桃花村
2	章梦飞	武状元	灵溪镇	渎浦横江村
3	林　管	武状元	藻溪镇	繁枝林坳
4	项桂发	武状元	钱库镇	项桥

---

① 杨道敏:《苍南县政协文史资料》第三十辑《苍南状元》,苍南县政协文史委 2014 年印制,第1—2 页。

序号	状元姓名	主要科目	所在镇	所在村
5	林时中	武状元	藻溪镇	繁枝林坳
6	陈 鳌	武状元	金乡镇	坊下村
7	陈 鹗	武状元	金乡镇	坊下村
8	黄褒然	武状元	桥墩镇	松山

(三)伴生文旅资源丰富

传统文化重视功名,学而优则仕,工商业受到歧视,天下士子以读书中举为人生终极追求,即所谓"朝为田舍郎,暮登天子堂",一旦高中,则人生命运有天壤之别。从历史遗留看,主要是府第、牌坊、匾额、墓道之类。常人不会留下任何痕迹,只有这些有功名的人,才能够"流芳千古"。苍南状元群体除留下丰富的文献资源以外,在物质资源方面也留下不少遗迹,加上后人的纪念性建筑,形成了较为丰富的文旅资源。比较典型的有:灵溪镇桃湖村观美中学(灵溪镇第十一中学)内的徐俨夫状元文化博物馆;县城新区状元文化公园内的武状元章梦飞纪念馆;金乡镇鳌头村鳌鹗兄弟状元博物馆(即坊下陈氏宗祠),以及坊下村口尚遗留的两根牌坊的石柱和一个水浃,附近的孝义桥(俗称状元桥),为省级文物保护点,金乡作为千年古镇,其金乡卫城保存较为完好,还建有卫城文化产业园项目;藻溪镇元店村武状元林管、林时中故里遗址;等等。苍南历史文化资源中,尤其值得重视的还有鹅峰书院(苍南县桥墩小学)、朝阳书院(云岩),这些书院是苍南状元文化得以产生的文化教育源泉。这些文旅资源具有较高的丰富度和集中度,适合旅游开发。

(四)文武兼备的状元文化

宋朝的武状元不是单纯的力量比拼的结果,而是建立在文化修养之上的军事战略与武力兼具的"复合型"人才。因此,宋朝的武状元需要考策论,由此也体现出宋王朝是一个重文的朝代。苍南的状元群体以武状元为主体,但是在进士群体中,文进士远远多于武进士,文进士二百七十七人,武进士一百五十七人。因此,苍南状元文化中,对相关诗文文化资源的研究,也是一个重要内容,不少诗文有较高的文学价值。例如,武状元项桂发著有《皇华集》。徐俨夫作为文科状元,他的诗以及后代名士的题咏颇多,如《直钩和韵》:"一曲湖边一钓矶,桃花风定柳绵飞。渔人岂识濠梁趣,只解沙头尽醉归。"《春晚》:"门掩春深过客稀,绿阴时复数红飞。疏帘半卷茶醿雨,小立黄昏待燕归。"

进士林景熙有《过徐礼郎状元坊》:"名坊临野渡,曾此产魁豪。湖带诗书润,山增科第高。劫灰遗断础,鬼火出深蒿。东海扬尘久,无人钓六鳌。"

清代平阳莒溪诗人刘眉锡曾题咏徐俨夫的刚直精神。其诗及序如下:

桃湖(壬戌)宋徐俨夫,淳祐辛丑廷对第一,历馆阁,以忤丁大全归里,食贫厉志,或劝其抑己谢过,乃题《桃符》云:一任证龟成白鳖,那能拜狗作乌龙。

介节徐公望,宁阿丁大全。证龟犹可癖,拜狗不能巅。竹径三间屋,桃湖数亩田。贫居惟抱膝,高咏到今传。

此外,如武状元陈鳌面对宋金议和,也题有"凭谁猛决天河水,一洗乾坤万里清"(陈君志《状元宗史志》)的诗句。

二、状元文化的特殊性与多元性分析

(一)历史成因的特殊性

关于苍南状元群集形成的原因[①],比较共性的观点:一般认为是南拳拳术之风盛行以及闽浙交界处民风彪悍,尤其因南宋政治文化中心南移;更离不开北宋陈经邦、陈经正洛阳受业二程后在南雁荡开设会文

---

① 《"宋韵文化在苍南"状元群体现象主题研讨会举行　提出打造"南宋状元第一县"》,浙江社科网,2021年10月26日。

书院,至南宋而学风鼎盛,苍南境内相继设立鹅峰书院、朝阳书院,成一时之文化教育集聚之地。其特殊性,显著与南宋年间,宋与北方金、蒙古等经常发生战争,亟须武科相关人才,浙江成为南宋的统治中心,温州成为"人才储备"中心。战争对平民产生依赖(武装力量的来源),并为平民和庶族地主阶层展示自身的能力提供了较为平等的舞台。南宋江南商业文化带动平民文化的兴起,为平民士子进入仕途提供了便利,也为本来远离政治文化中心的苍南士子带来了便利。

(二)研究路径的多元性

研究苍南状元群集原因的同时,有意义的是不停留于状元文化研究本身,更需要研究当时文化教育的发展状况,以及由此对苍南社会生活产生的影响。这些影响可能潜藏在当地生活文化习俗之中,包括生活日用、风土人情、建筑及其装饰、土地以及商贸往来等物质与非物质的文化等。状元文化的研究,需要同时展开对苍南书院文化的研究,包括对南雁荡会文书院的协同研究,学术研究必须贯通其内在的相互影响因素,不能因行政区划的分划而仅仅进行单维度的考察;同时,在进行文化教育的历史性研究的过程中,还需要对汇集于此的各学派的学术思想内涵本身做一些研究,以此推进苍南历史文化研究的深度,而非单纯地做一些史料的收集和整理工作。对历史成因的研究,要合并到平阳一起考察;历史成因的考证,不能局限于行政区划,而是要基于历史系统的关联性,探求本真。进士资源庞杂,但状元的突出性使得对进士的研究被忽视。因此,针对进士的聚集区予以集中研究开发,应列入下一步工作的关注点。

三、状元文化赋能文旅融合、社会治理的实践路径

(一)作为文化符号的设计与打造

文化被认为是一种生活方式,一种集体的记忆,它包括态度、行为

以及符号。符号的含义由使用者赋予,代表某种事物或观念。① 文化符号需要承载某种特殊的意义,并发生传播,是对高度抽象的"形象体现"。状元文化是苍南县历史的辉煌纪录,是苍南历史遗留中最丰富的内容,是苍南人集体的特殊记忆,并保存了历史文化代际传播和对外传播的故事、文物、风俗和观念。因此,集中提取和打造苍南状元文化符号,挖掘苍南丰厚的历史蕴藏,凝聚苍南精神品格,是苍南社科界和文旅部门需要重点谋思和凝心聚力的地方。借助"宋韵文化"的焦点热度,打造"南宋状元第一县",是一个很好的设想。如何在此基础上,结合文旅产业发展、乡村振兴、共同富裕,建构具有苍南特色和精神底蕴的文旅品牌和地域文化标识,还需要深入琢磨。就如多年来温州市经历反复提炼,最终确认"千年商港、幸福温州"一样,历史的深邃、文化的底蕴、现实的包容和未来的宏图,都涵盖在精简而深厚的文化符号之中。文化符号,不光是历史文化记忆,更是时代精神的寄托。状元是农耕文化时代的产物,在状元文化叙事的过程中,提取什么,舍去什么,需要遵循社会主义核心价值观,需要牢牢把握党的十八大、十九大、二十大精神,同时还需要将这些精神和符号赋予实体之中,用有形之"器"传无形之"道",用文旅项目转化、落实文化品牌的构想。

(二)文旅赋能的系统性设计

苍南状元文化资源富集性特征,较为明晰地展现了文旅资源开发的纵向与横向系统设计的线路。纵向线路以状元文化为主轴,横向线路以状元文化主要节点(景区或景点)为核心,聚合伴生的文旅资源,进行具体景点的统合设计。例如,纵向线路构想:县城新区状元文化公园(含武状元章梦飞纪念馆)——金乡镇鳌头村鳌鹗兄弟状元博物馆(含钱库武状元项桂发相关遗迹);县城新区状元文化公园(含武状元章梦飞纪念馆)——观美中学徐俨夫状元文化博物馆——桥墩(武状元黄褒然);县城新区状元文化公园(含武状元章梦飞纪念馆)——藻溪镇元店

---

① 埃里克·B.希雷,戴维·A.利维:《跨文化心理学:批评性思维和当代的应用》,侯玉波等译,中国人民大学出版社 2012 年版,第 3 页。

村武状元林管、林时中故里遗址;或者全部状元文化文旅资源贯通。横向线路状元文化主要节点文旅设计,应将状元文化历史古迹与现行文化项目的开发相结合。状元文化公园在包含武状元章梦飞纪念馆的基础上,已经融合非遗剪纸和非遗夹缬体验,可以进一步融合民俗文化、南拳文化,并且将数量庞大的进士群体容纳其中。金乡状元文化除进一步拓展鳌鹗兄弟状元博物馆以及相关文化古迹外,可以重点突出金乡千年古镇——金乡卫城的旅游开发。藻溪镇状元文化开发,除拓展林管、林时中故里遗址,也重点突出藻溪老街保护与修复性开发,并结合流石山自然景观风貌,打造历史文化与乡村风貌"网红打卡点"。桥墩(武状元黄褒然)已经是苍南对外文化传播的一张名片,桥墩月饼在温州家喻户晓,碗窑古民居也是"网红打卡地",但它的状元文化和书院文化却少为人知。因此,桥墩镇一体整合设计以鹅峰书院、碗窑古民居、桥墩月饼、武状元黄褒然为代表的名人文化,打造桥墩文化新形象,有利于促进桥墩文旅融合,赋能乡村振兴。

(三)文旅项目的建设与创新

文化形象是灵与肉的碰撞,是精神与物质载体的共构,是观念价值与视觉、听觉、触觉、味觉的共融。单一的文字记述难以产生广泛的、大众共鸣和群体消费的传播效应。项目设计与开发可以将文化品鉴、旅游观光、非遗传承、研学旅行和美食风情等融于一体。苍南状元文化中包含丰富的观念文化,如清廉文化、爱国文化、教育文化等,对这些文化可以分类利用。徐俨夫的刚正清廉,是苍南状元群体品格的代表,可以作为清廉教育的传统文化典范,在党员干部教育、学生研学教育中大力弘扬;苍南文武状元都创作了大量诗文,通过采用现代技术和手段,对这些诗文进行转化利用,或进行诗文与情景共建,或开展文学教育,如灵溪镇观美社区的"诗歌之乡"建设就颇有特色;将状元文化与状元精神和当今学校教育相结合;将武状元在抗金斗争中的事迹,与当代爱国主义精神相结合;等等。项目建设可以按照重点项目特色突出、一般项目全面覆盖的原则推进。例如:对八位状元,根据其可以利用的物化历史遗迹,有重点地进行提升建设,有条件的可以建立旅游景点;对数量庞大的武进士(一百五十七人)、文科进士(二百七十七人)以及榜眼探花,可以根据区域聚集程度,与各地乡村文化大礼堂建设融合,打造具有苍南特色的公共文化空间;与文化大礼堂结合,可能存在状元和进士的陈列资源不足的现实状况,但主要是提供一个公共的文化场所,让乡村居民和青年学生有一个可供精神休憩的文化空间。状元文化公园建设已经初具规模,其中融合传统非遗工艺建成的夹缬工艺文化生活体验馆和叶文运剪纸艺术微馆,丰富了文化载体。桥墩文旅融合项目建设具有较为丰富的资源和潜在的开发价值,除前述以鹅峰书院、碗窑古民居、桥墩月饼、武状元黄裒然为代表的名人文化(还有忠懿王钱俶及钱惟演、钱惟济等历史文化名人①)外,桥墩非遗项目的植入也颇有价值,如作为武状元群体产生的重要原因之一的南拳文化,以及桥墩镇碗窑手工制瓷技艺、蓝夹缬技艺、桥墩月饼制作技艺,都是文旅融合、研学旅游的优品项目。由此可见,苍南具有以状元文化为核心的丰富的文旅资源。如何有机整合、开发利用这些资源,使资源项目化,是下一步苍南县文旅赋能的工作重心。

(四)赋能乡村文化治理,促进共同富裕

苍南状元文化与乡村文化治理结合,不是单纯地传承传统文化,而是以中国式现代化为指针,在文旅融合的同时,通过文明之县、文化之乡的文化治理,赋能乡村振兴,促进共同富裕。"实现乡村全面振兴,关键是人,核心是人的素质,重心是精神文明建设。"②乡村的精神文明建设,不单是配备充分的文化体育设施、组织几次文化比赛或一些艺术活动、建造几个农家书屋或文化礼堂,而是要将文明素养落到人的心里,变成人的行为,实现人的文化自觉,"达到生于心、融于心"③。乡村文化中最一般又最让人印象深刻的是乡村习俗,这是"村民文化心理建构的

---

① 谢佳琪:《基于场所理论的乡村书院数字文化空间营造》,浙江工商大学 2022 年硕士学位论文。
② 邱旭光等:《新时代乡村文化治理的现状、价值选择与发展路向》,《浙江工贸职业技术学院学报》2021 年第 2 期。
③ 邱旭光等:《新时代乡村文化治理的现状、价值选择与发展路向》,《浙江工贸职业技术学院学报》2021 年第 2 期。

原生基础,也是传统的心理建构的主要途径"①。因此,借助现代技术,融合社会主义核心价值观,将苍南状元文化中的优秀元素、精神特质、文化符号加以提炼、改造,融入地方宗族祠堂、节庆仪式与生活日常,以社区居民、乡村居民为参与者,结合文旅项目建设,融合餐饮、手工艺品、地方特产、风俗活动、建筑设施等,形成以乡村文化治理带动全域文旅融合发展的新局面,促进乡村共治、村民共富、文化共荣、价值共享。

---

① 邱旭光:《乡村文化深层治理探索》,《浙江工贸职业技术学院学报》2020 年第 4 期。

宋代武状元县域分布研究

——以《宋代登科总录》为中心

中共苍南县委办公室　林加潘

科举制度是我国古代选拔人才的主要方式,其中武举是选拔军事人才和官员的重要方式。武举始于唐代,但由于年代久远,有关唐代武状元的资料相当稀缺。宋代是武举制度臻于成熟的时代,但宋代又明显存在"右文"政策,在此背景下产生的武状元也被深深打上了这个时代的烙印。对宋代武状元这一群体进行研究,对宋韵文化历史底蕴、地域特点、形态特征等的诠释有促进作用,对我国军事、教育、政治、文化等有重要意义。

在武状元区域分布方面,过去有关学者做了不少工作,多围绕明清时期展开。如:李晴《明代武状元地理分布研究》、张琴《清代武状元分布与我国区域体育文化差异》、于伟《清代武状元地理分布研究》、王金龙《清代武状元籍贯与地域分布》等。对宋代武状元的研究以个体研究居多,散见于各地地方文史资料之中,而对宋代武状元的群体研究又相对较少,少数论文只涉及宋代部分,如吴黎《中国历代武状元时空分布特征及成因分析》一文,根据王鸿鹏主编的《中国历代武状元》中唐朝至清朝以来的 284 名武状元数据进行了统计,并且从不同历史时期的地缘政治演变、经济格局差异、武举制度变迁、军事冲突和尚武文化传承等角度进行了分析。该文虽涉及宋代武状元部分,但由于研究群体庞大,其区域分析仅细化到省级行政区域。

关于宋代武举开科次数和取士人数,张希清等编著的《中国科举制度通史·宋代卷·下》一书,据《宋会要辑稿·选举》《续资治通鉴长编》《宋史全文续资治通鉴》以及《淳熙三山志》《咸淳临安志》等资料统计,认为共开科 77 榜,产生武状元 77 人,其中北宋 28 榜、南宋 49 榜,预估共录取武进士 2516 人左右。[①] 然而,宋代武状元史料的匮乏限制了学界对这一领域的研究。浙江大学龚延明、祖慧教授团队编著的《宋代登科总录》的出版,弥补了这一不足。《宋代登科总录》共收录了 1231 名武进士信息,占预估总录取人数的一半左右。[②] 笔者对《宋代登科总录》中收录的武状元进行整理,获知北宋庆历二年(1042)至南宋咸淳七年(1271)共 230 年间有明确姓名的武状元 64 人,其中北宋 17 人、南宋 47 人,占宋代武状元总数(77 人)的 83.1%。本文主要以这 64 人为研究对象,所指的武状元总数如无特别说明便指的是 64 人。

鉴于《宋代登科总录》采集的方志资料基本上只到州府志一级,漏统计了武状元大县如东阳县等的不少武进士,笔者结合道光《东阳县志》卷十三《武举进士》,补录了 63 名武进士。另据(康熙)《临海县志》、(民国)《长乐县志》等补录了部分武进士,一并作为本文的探讨对象,合计武进士 1306 人。即便如此,难免还有不少遗漏,如《宋代登科总录》中并未出现处州武进士记载,待以后进一步增补。

一、区域分布统计

(一)省域分布

从图 1 中省域分布看,64 位武状元中,未知省份者 20 人,其余 44 人分布于 6 个省份,居前三的省份为浙江 22 人(34.4%)、福建 14 人(21.8%)和安徽 5 人(7.8%),另有四川(现重庆)、江西、河北各 1 人。值得一提的是,浙江占三分之一,福建占五分之一,两者合计过半

① 张希清:《中国科举制度通史·宋代卷·下》,上海人民出版社 2015 年版,第 688 页。

② 龚延明、祖慧:《宋代登科总录》,广西师范大学出版社 2015 年版,第 1 页。

(56.2%)。另外,北宋大观三年(1109)福建已有武状元熊安上,而浙江宋朝武状元则始于南宋绍兴八年(1138)的陈鳌。

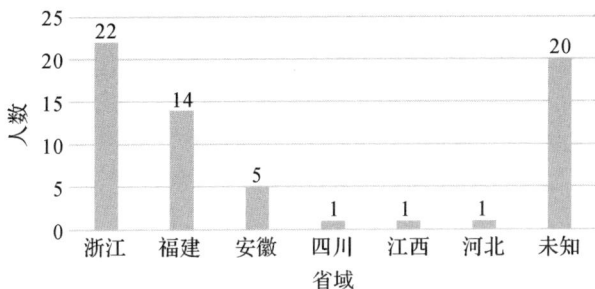

图 1　宋代武状元省域分布

(二)州域分布

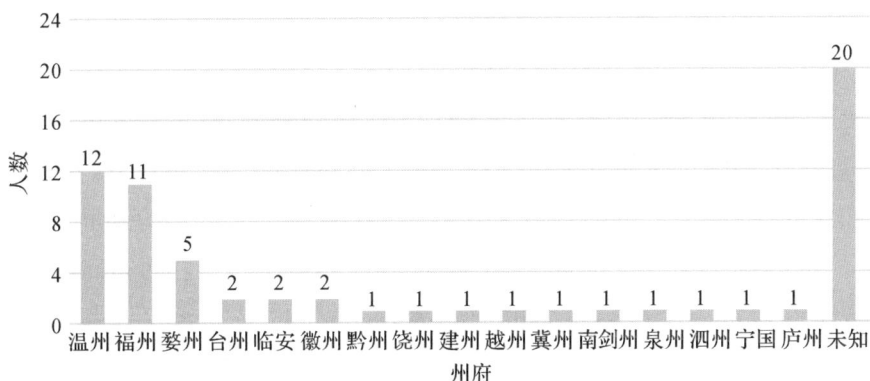

图 2　宋代武状元州府分布

图 2 为宋代武状元州府级分布柱状图。从图中可以看出,64 名武状元中,未知州府的共有 20 人,已知州府的 44 人,与省级情况类似。人数位居前三的州府分别为温州(12 人,18.8%)、福州(11 人,17.2%)和婺州(5 人,7.8%),合计 28 人,占武状元总数的 43.8%。其余者台州 2 人,临安和徽州各 2 人,黔州、饶州、建州、越州、冀州、南剑州、泉州、泗州、宁国、庐州各 1 人。值得关注的是,温州和福州两地合计占三分之一(35.9%)。

表 1　主要州府武状元/武进士值(ZR 值)

州府名	武进士数	全国占比	武状元数	州府武状元/武进士值(ZR 值)
婺州	78	6.0%	5	1∶16(0.064)
徽州	37	2.8%	2	1∶19(0.054)
温州	306	23.4%	12	1∶26(0.039)
台州	77	5.9%	3	1∶26(0.039)
庐州	30	2.3%	1	1∶30(0.033)
福州	376	28.8%	10	1∶38(0.027)
泉州	49	3.8%	1	1∶49(0.020)
临安*	167	12.8%	2	1∶84(0.012)
合计/平均	1120	85.8%	36	1∶31(0.032)

* 进士人数数据来源:《宋代登科总录》及相关地方志。

　　笔者结合《宋代登科总录》等资料对各区域武进士人数进行了统计,表 1 中列举了武进士人数超过 30 人的州府(8 个),同时计算了"州府武状元/武进士值"(简称"ZR 值"),用以测算武进士中的武状元占比情况,可间接衡量武进士的平均水平。ZR 值在 0—1 之间,值越大,相同数量的武进士中产生更多的武状元,武进士的平均水平越靠近武状元水平,表 1 按 ZR 值从大到小进行排序,另可见图 3。从表中可以看出,8 个州府共有武进士 1120 人,占《宋代登科总录》等收集人数(1306 人)的 85.8%,平均 ZR 值为 1∶31(0.032)。也就是说,平均每 31 名武进士中会产生 1 名武状元,与全国平均水平 1∶33(77/2516)接近。武进士绝对人数排名前三的州府分别为福州、温州和临安,合计 849 人。ZR 值排名前三的是婺州(1∶16)、徽州(1∶19)、温州和台州(1∶26),均高于平均 ZR 值。

　　比值最低的是京城临安(现杭州)(1∶84),主要原因至少有二:(1)部分武状元存在寄籍情况,如临安曾为平阳朱熠立状元坊,平阳朱熠、东阳周师锐在《咸淳临安志》中被记作临安人。本文已将武状元修正划入原籍地,导致临安武状元绝对数减少;(2)部分原在临安军中任职的

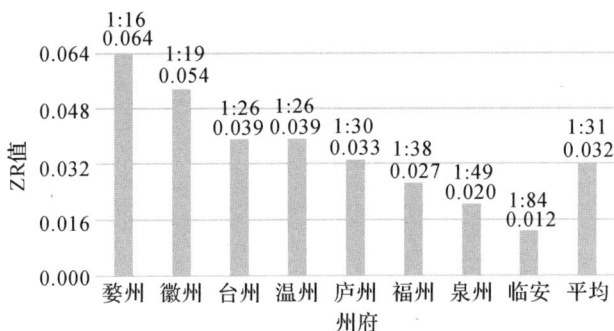

图3 宋代州府武状元/武进士值(ZR 值)

考生参加武举绝伦科,其平均文化程度较低,中武状元的概率相对较低。仅有绍圣元年(1094)杨达、绍兴二十七年(1157)赵应熊、隆兴元年(1163)孙显祖等几位武状元是武举绝伦出身。

(三)县域分布

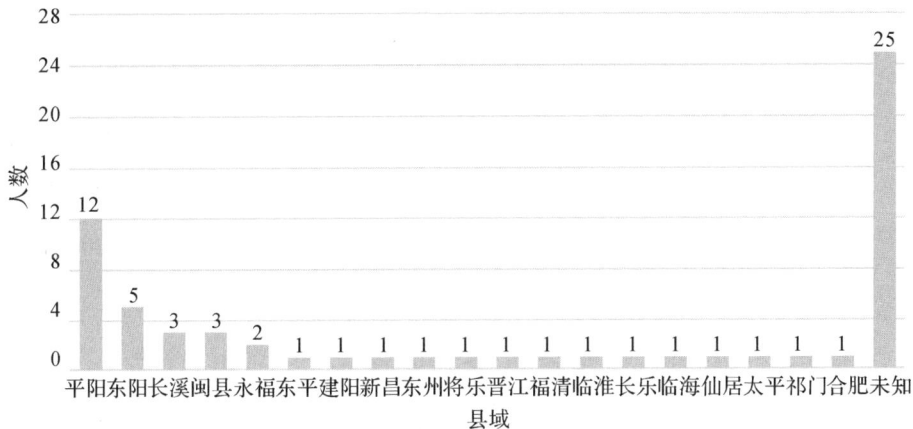

图4 宋代武状元县域分布

图4为宋代武状元县域分布柱状图。从图中可以看出,已知明确县域归属的武状元共有39人,人数位居前三的分别为温州平阳(12人)、婺州东阳(5人)、福州闽县和长溪(各3人)。凑巧的是,平阳、东阳、长溪均为离所属州治最远的县。余下的仅永福为2人,其余15县皆各为1人。从武状元的绝对人数看,浙江武状元县域分布高度集中于温州平阳(现苍南7人、现平阳5人,见表2),其次是婺州东阳,而福建武状元县域分布则较为分散,仅福州就分布了5县(长溪、闽县、永福、福清、长乐)。

表 2　宋朝平阳(含现苍南)武状元统计

序	姓　名	年　号	公元年	县	出　处	录取人数
1	陈　鳌	绍兴八年	1138	平阳(现苍南)	《弘治温州府志》	若干
2	陈　鹗	绍兴十二年	1142	平阳(现苍南)	《宋会要辑稿》	7
3	蔡必胜	乾道二年	1166	平阳	《宋会要辑稿》墓志铭	20
4	黄褒然	淳熙十四年	1187	平阳(现苍南)	《宋会要辑稿》	47
5	林　管	绍熙四年	1193	平阳(现苍南)	《宋会要辑稿补编》	41
6	朱嗣宗	嘉定十年	1217	平阳	《宋会要辑稿》	45
7	林梦新	绍定五年	1232	平阳	《弘治温州府志》	若干
8	朱　熠	端平二年	1235	平阳	《宋史·朱熠传》	若干
9	项桂发	淳祐四年	1244	平阳(现苍南)	《梦粱录》《咸淳临安志》	若干
10	章梦飞	淳祐七年	1247	平阳(现苍南)	《梦粱录》《宝庆四明志》《咸淳临安志》	若干
11	朱应举	开庆元年	1259	平阳	《弘治温州府志》	若干
12	林时中	咸淳七年	1271	平阳(现苍南)	《弘治温州府志》	若干

本文同时对各县域武进士人数进行了统计。表 3 中罗列了武进士人数超过 20 人且有武状元的 11 县。从表 3 可以看出,11 县共有武进士 683 人,占《宋代登科总录》等收集人数(1306 人)的 52.3%,从武进士绝对数看,位居前三的分别为平阳(262 人)、东阳(73 人)、长溪(59人)。其中,平阳武进士人数(262 人)遥遥领先于排名第二的东阳(73人),占全国的五分之一,占温州的八成以上(85.6%)。

同样,本文同时计算了每县武状元/武进士值(简称"XR 值"),类似于 ZR 值。XR 值越大,表明县域武进士的平均水平越靠近武状元水平。11 县平均 XR 值为 1∶22,明显高于平均 ZR 值(1∶31)和全国均值(1∶33),从概率上讲平均每 22 名武进士中会产生 1 名武状元。其中,XR 值高于县域平均水平(1∶22)的共有 5 县,分别为婺州东阳(1∶

15)、福州永福(1∶17)、福州闽县(1∶18),福州长溪(1∶20)和温州平阳(1∶22),与图4武状元数县域分布中的前五名一致,但排名顺序有所不同。

从表中看,平阳、东阳等地武状元多应与县内庞大的武进士基数有直接关系。(乾隆)《温州府志》卷三十以《科名之盛》来说明平阳武状元数量之突出。值得一提的是,该文还提及了平阳人翁樗,(雍正)《浙江通志》卷一百二十九、(乾隆)《温州府志》卷三十认为其为咸淳间武状元,但《乾隆》《温州府志》卷十九选举则认为翁樗是咸淳己巳年(1269)漕举右科状元。可见,翁樗状元之说尚有争议,类似存在争议的人物皆不在本文讨论的武状元之列。

从武状元出现的相对概率来看,这些武状元强县明显高于全国其他地方,尤其是东阳县,其出现概率是全国的2倍,着实惊人。

表3 主要县域武状元/武进士值(XR 值)

序	县域	武进士数	全国占比	武状元数	县武状元/武进士值(XR 值)
1	婺州东阳*	73	5.5%	5	1∶15(0.068)
2	福州永福	34	2.5%	2	1∶17(0.059)
3	福州闽县	53	4.0%	3	1∶18(0.057)
4	福州长溪*	59	2.8%	3	1∶20(0.051)
5	温州平阳	262	20.2%	12	1∶22(0.046)
6	台州临海	24	1.2%	1	1∶24(0.042)
7	福州福清	25	1.5%	1	1∶25(0.040)
8	福州长乐	26	1.2%	1	1∶26(0.038)
9	庐州合肥	30	2.3%	1	1∶30(0.033)
10	泉州晋江	44	3.4%	1	1∶44(0.023)
11	台州仙居	53	4.1%	1	1∶53(0.019)
	合计/平均	683	48.7%	31	1∶22(0.045)

*1.南宋末期福安从长溪析出,本文将福安县数据一并计入长溪县。

*2.东阳县数据据(道光)《东阳县志》武举进士内容增补。

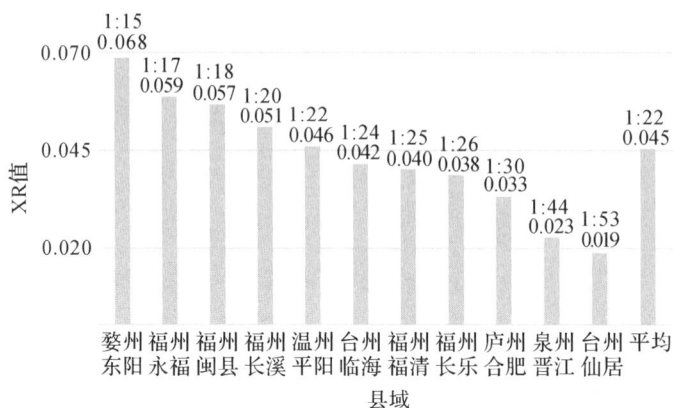

图 5　宋代县武状元/武进士值（XR 值）

　　从地域上看,婺州东阳、温州平阳、福州长溪皆为所在州的偏远县,而温州平阳与福州长溪两地仅一山之隔,地缘上接近,风俗相似,两地人员和文化交流也多。以宋代进士为例,《淳熙三山志》和(乾隆)《温州府志》《平阳县志》选举同一进士被长溪和平阳重复收录的多达十几位,如中奉大夫直龙图阁司农卿林湜,叶适为其写的墓志铭明确记载:"公林氏,讳湜,字正甫,福州长溪人。……公晚而居平阳松山,温、福之间也。"[①]可见,林湜为长溪人,晚年居平阳松山(现苍南桥墩),故林湜及其后裔中进士者,长溪、平阳两地皆收录。元代文学家袁桷在《送周子敬序》一文中提到"温与闽地犬牙相入",说的便是平阳与长溪地缘上犬牙交错的状况。如果我们跳出闽浙两省界限的视角,可以发现,闽浙交界的平阳长溪武状元合计竟多达 15 人(平阳 12 人、长溪 3 人),在明确县域归属的 39 名武状元中占比竟高达 38.5%。从中第时期看,这些武状元高度集中于南宋 130 多年间,平阳长溪平均每 9 年就会出现 1 名武状元,最突出的为绍定五年(1232)、端平二年(1235)、嘉熙二年(1238)连续 3 榜武状元都在这一区域(平阳林梦新、平阳朱熠、长溪刘必成)。这种在区域和时期上武状元的高度集聚现象是历史上所罕见的,值得学者们进一步深究。

---

　　①　叶适:《水心集》卷十九《中奉大夫直龙图阁司农卿林公墓志铭》。

二、成因分析

任何一种特殊情况的发生，背后或许有其特殊的原因。结合上述数据统计，本文对武状元集聚的原因稍做分析，可能原因有四：

(一)考生多，解额少，文举希望太渺茫

宋宁宗开禧年间(1194—1224)，刘宰在《上钱丞相论罢漕试太学补试札子》中有："顾今天下士子多解额窄者莫甚于温福二州，且如福州终场万八千人，合解九十名，旧额五十四名，与增三十六名，温州终场八千人，合解四十名，旧额十七名，与增加二十三，他州准此。"[①]考虑到温州、福州解额太少，刘宰上书要求增加，但实际上最后还是依旧例执行。由此我们可以算出，温州、福州两地考生解额比分别高达 470∶1(8000/17)和 333∶1(18000/54)。也就是说，温州和福州两地平均 470 人和 333 人中才有 1 人获得去京城参加礼部考试的机会。而台州、婺州与温州情形类似，早在绍兴二十六年(1156)年的记载显示文举终场 200∶1 以上。[②] 而参加礼部考试后，要再经过一拨筛选，考上进士的机会比这些还低。由此可见，温州、福州、婺州、台州考生之多，解额竞争之激烈，中进士概率低，用"千军万马过独木桥"来形容一点都不为过。

在宋代发解的 3 条途径中，最难是州府，其次是漕试(别试)，最容易是太学等中央官学(4.6∶1)[③]。南宋时期，中央官学的招生考试方式在混补法和待补法间交替使用，两者面向的考生范围差异较大。使用混补法时，各地士人只要有人作保，就可以参加入学考试，可参加考试的人数比待补法多得多，高峰时曾有 10 万人之多。然而，混补法导致大量考生涌入京城，引起临安负担加重，不稳定因素骤增，为士大夫所

---

① 刘宰：《漫塘集》卷十三《上钱丞相论罢漕试太学补试札子》。
② 李心传：《建炎以来系年要录》卷一七一。
③ 方旭东：《新儒学义理要诠》，生活·读书·新知三联书店 2019 年版，第 290 页。

诟病和反对。①

　　显然,温州、福州、婺州等解额紧张的区域学子是混补法的最大受益群体。面对混补法和待补法之争时,永嘉学派代表人物陈傅良和叶适等提倡混补法,即便向来反对投机取巧的朱熹也对这种不得已而为之的行为表示理解甚至是同情。他在《学校贡举私议》中说:"所以今日倡为混补之说者,多是温、福、处、婺之人,而他州不与焉。非此数州之人独多躁竞,而他州之人无不廉退也,乃其势驱之,有不得不然者耳。"②

　　为取得解额,闽、浙两地学子纷纷寻求捷径,有的冒他州户籍,有的找门路获得名额较多的漕试机会,有的则到京城参加中央官学(如太学、武学等)的入学考试。首先,寄籍他地者。如:《咸淳临安志》《成化杭州府志》等将平阳武状元朱熠记作临安人,且临安城北右厢北新桥南于端平二年(1235)为朱熠立状元坊。《咸淳临安志》《成化杭州府志》等将东阳武状元周师锐记作临安人,而东阳同时有为周师锐立的状元坊。淳祐十一年(1184)武状元林磌为福州福清人,寄籍平江府,中武状元后平江府郡守谢师稷于乐桥之南为林磌立武状元坊。③ 其次,参加漕试者。如武榜眼林仲虎通过转运司漕试,夺得第一,取得解额,后于庆元二年(1196)中武榜眼。④ 最后,考入官学(太学、武学等)者。如平阳金舟乡林湾里人林栋于1244年通过混补法考入武学,6年后高中淳祐十年(1250)武举三鼎甲。⑤

　　由此可见,对功名执著追求的宋人在面对考生多、解额少的困境时,文举人员被迫溢出改投武举,如表1所示,福州、温州武进士人数远超他州,婺州、台州则是第二梯队,就是最好的说明。解额制度的约束则是有关科举方面最显著的政治背景。

---

　　① 张维玲:《南宋的待补与待补太学生》,《中华文史论丛》2012 年第 4 期。
　　② 朱熹:《晦庵集》卷六九。
　　③ 范成大:《吴郡志》卷六。
　　④ 闵文振:《宁德县志(嘉靖版点校本)》卷四。
　　⑤ 林希逸:《竹溪鬳斋十一藁续集》卷二十二《永嘉林国辅墓志铭》。

(二)地偏远,经济紧,屡试不第久难支

当大量读书人投身科举获取功名时,首先需要面临大量的学杂费用,即便在太学这样有一定经费保障的官学,个人仍需要花不少费用。华东师范大学 2020 年博士论文《宋代太学研究》(李春燕)对太学给予生徒的补贴等经费支出进行了详细研究。结果发现,宋代太学的津贴可以基本满足学生的日常饮食需求,甚至有些时期还有节余。但是,宋朝廷并不支持太学生的其他杂费,或者说不能够兼顾其他生活、学习的全部开支,诸如灯油钱、薪炭钱等杂费,而且太学生入学时还需纳束修钱二千,所以也常有贫苦不能自持者。诸如《宋史》卷三八〇《王次翁传》载:"王次翁,字庆曾,济南人。……入太学,贫甚,夜持书就旁舍借灯读之。"再如庆元二年(1196)武状元周虎,其圹志中言周虎参加武举考试的原因是"以近世文武太分,勋业不大竞,故弃已成之业而就右科"[1],而学者周兴涛等认为其真正原因是家里的寡母很难继续支持其科举活动。[2] 即使不算日常费用,三年一次的赶考旅费也是一笔沉重的负担。林岩《宋代举子赴考的旅费问题》一文中指出,宋代的很多读书人家境并不富裕,进京赶考的费用对他们来说是一笔很大的负担。贫寒士子往往通过借贷、干谒获取资助,甚至以变卖田产的方式来筹措旅费。[3]

关于宋代偏远县百姓的经济状况,以温州平阳为例。温州知州杨简在《永嘉平阳阴均堤记》曾提到:"平阳东西金舟亲仁四乡,凡四十万余亩,被咸潮巨害,自有江以来至于今,繇水利不治,岁告饥。"阴均斗门于 1209 年建成,县令汪季良奏请朝廷拨款给平阳仿朱熹"朱子社仓"之制,不计利息赈贷给平阳十乡百姓,遇饥荒之年并免其本金。由此可见,当时平阳百姓的经济情况并不是很好。具体如:叶适在《与平阳林升卿谋葬父序》中提到林升卿"好学有文,贫不能葬其父",而且是"士贫

---

① 刘宰:《漫塘集》卷三《故马帅周防御圹志》。
② 周兴涛、董克宁:《宋代科举中的文武举互换现象》,《文山学院学报》2011 年第 4 期。
③ 林岩:《宋代举子赴考的旅费问题》,《中华文史论丛》2012 年第 4 期。

累世",林升卿所在居里是举进士业兴盛的平阳林坳,是有名的"进士
窝",曾出过两名武状元(1193年林管和1271年林时中)。即便如此,好
学有文的林升卿居然窘迫到贫不能葬其父的地步。又如嘉定元年
(1208)进士林善补,字退思,平阳金舟乡林湾里人。叶适为林母写的
《林夫人陈氏墓志铭》里提到林善补家"田不盈一顷,多莱少熟",后频频
遇到死丧之事,家里田都快没了。林善补与朱熹之间有多封书信来往,
朱熹在《答林退思》中也提到了林善补"屈于贫困"而不能亲往朱熹处求
教一事。另,即使是官宦人家,也存在因从事科考而返贫的情形。如平
阳睦程里人缪偘(1182—1255),其曾祖父缪若虚是绍兴八年(1138)进
士,官至福建抚干。《缪偘圹志》提及"(缪偘)季父由监举入右庠登科,
缪偘罄私奁,鬻祖业,供其费,自是家益困"。缪偘季父则通过武举考试
登科。而缪偘虽濡染家族宿学,见闻自异,但仍累试不偶,家里也日渐
困难。

众所周知,当一个人或一个家族长期应举而无所获时就要面临很
大的经济困难,若无经济基础,固守录取率相对低的文举显然是不明智
的。因此,对于身在偏远地带的平阳、长溪、东阳等地学子,面对解额制
度的约束,虽武举待遇不及文举,但总比不中第要好许多。因此,财富
不够充裕,无法支撑长年累月的读书支出,则是偏远县读书人所面临的
最现实的经济障碍。偏远县如平阳、永福、长溪、东阳等的武进士占比
明显高于经济发达县(表4)也正说明了这一问题。

表4 主要县域文进士/武进士比例

浙江			
县域	文进士	武进士	总数	武进士占比
永嘉	525	29	554	5.2%
瑞安	229	18	247	7.3%
乐清	144	3	147	2.0%
平阳	308	262	570	46.0%

续　表

福建				
县域	文进士	武进士	总数	武进士占比
闽县	1257	53	1310	4.0%
长乐	250	26	276	9.4%
福清	300	25	325	7.7%
永福	168	34	202	16.8%
长溪	311	59	370	15.9%

* 数据来源:《宋代登科总录》,含特奏名,部分存在两县双重收录。

(三)武风盛,综合强,文武兼修优势显

自古以来,温州一带颇受起义军或兵祸所害。如唐至德二年(757)进士,曾任永嘉监盐官的顾况在《仙游记》一文中写道:"温州人李庭等,大历六年入山斫木,迷不知路……忽到一处,约在瓯闽之间,云古莽然之墟者。……乍见外人,亦甚惊异,问所从来,袁晁贼平未?时政何若?"此文颇有仿陶渊明《桃花源记》之嫌,但也不失为一段描述温州百姓为避袁晁起义军之患而隐居的较早期记载。到了宋代,(乾隆)《温州府志》有记载:"宋徽宗宣和三年(1121)辛丑三月,方腊寇至处州,……四月,贼迫温州,林绬(兵)具不至,(温州州学教授刘)士英遣鹿西巡简,领土军及平阳、瑞安二县义勇,往拒战。"结合宋人墓志记载,平阳起码在南宋时期就已频频受海寇所扰,如宋理学大师林希逸撰写的《永嘉林国辅墓志铭》提到武举三鼎甲林栋曾在家乡金舟乡一带"团保伍,捍海暴,或请于诸使自为之,或献以奇策,俾行之"。凑巧的是,宋代唯一一对兄弟武状元陈鳌陈鹗家也在金舟乡一带,离林栋家仅数公里远,而武榜眼戴应发(见表5)所在的戴堡也在附近。之后如宋末以来多方出土墓志及宋元明时期文集如林景熙《霁山集》、苏伯衡《苏平仲集》等皆有提及平阳受匪寇所扰之事。到了明朝,朝廷在金乡建卫城,在蒲城建壮所,用以抵御倭寇。这样的环境和经历造就了平阳一带习武自卫的风气和彪悍的民风,甚至还滋生了区域性械斗的土壤。如(民国)《平阳县

志》有"(平阳)海滨喜械斗,山陬多讼争""民间端午龙舟竞渡时借赛舟之名彼此械斗,伤命涉讼常常有之"等记载。远离州治所在地的东阳、长溪情形与平阳类似。

在文举竞争激烈和匪寇困扰等大环境下,一时无法考取文进士的考生只能退一步求其次参加武举考试。在右文政策的影响下,宋代武举考试侧重文化和策略考试,既考程文也考弓马。武举考试对文化的要求一点都不亚于弓马考试。南宋定都临安后,文化中心南移,温州、福州一带迎来难得的发展契机,文化教育大繁荣。本身的习武背景匹配文化教育背景的提升,造就了一大批文武兼修、综合实力相对较强的武举考生,他们在武举考试中更易脱颖而出。如:武举三鼎甲林栋的墓志撰写者、同一时期在国子监任国子录的林希逸称林栋在武学时文声籍籍,既有"永康学派"创始人龙川先生、状元陈亮的气骨,又有"横浦学派"创始人无垢先生张九成的学问,其评价不可谓不高。景定三年(1262)武进士、咸淳四年(1268)文进士林雍,《万姓统谱》卷三十二记载:"林雍诲(外甥曹积孙)以文法,多采《左氏》及《战国》语,积孙遂以文名世。"由此可见林雍擅长《左氏》《战国》,其文化水平也不一般。

此外,在平阳、东阳、长溪一带,武举考试已演变成一个家族的接力事业。如武状元林梦新所在的平阳盖竹林氏,据(民国)《平阳县志》统计(见表5),从淳熙五年(1178)到咸淳七年(1271)的不足百年间,至少15人考取了武进士,其中武状元、武榜眼、武探花各1人,文武双进士2人。值得一提的是,仅开庆元年(1259),林师程及其弟、从子共5人考取武进士。此外,仅仅在平阳,武举繁荣的姓氏还有薛氏、陈氏、朱氏、周氏、黄氏、戴氏等。如:平阳南湖薛氏共有文进士10人,武进士39人,合计49人,武进士占比高达79.6%。平阳戴堡(现苍南)戴氏,1235—1241年间三榜戴应扬从兄弟5人考取武进士(表5)。这种情况还见于浙闽两省其他武举家族。表6统计了浙闽宋代部分武举三鼎甲的家族武举情况(13个家族)。

表5 武举三鼎甲的武举家族(不完全统计)

武举三鼎甲	本人情况		亲属情况			籍贯
陈鳌家族	陈鳌	1138年武状元	弟	陈鹗	1142年武状元	温州平阳(现苍南)
郑釪家族	郑釪	1154年武状元	弟	郑磁	1151年武进士	福州闽县
江伯虎家族	江伯虎	1181年武状元 1184年文进士	弟	江伯夔	1187年武榜眼	福州永福
胡应时家族	胡应时	1199年武榜眼	父	胡光	1184年武进士	临安
李亮家族	李亮	1199年武探花	兄	李师武	1232年武进士	福州闽县
叶澓家族	叶澓	1202年武状元	兄	叶嵩	1184年武进士省试第一	台州临海
孙应龙家族	孙应龙	1205年武探花	弟	孙汝勉	1247年武举特奏	福州长溪(一说为宁德)
黄宋祥家族	黄宋祥	1211年武榜眼	兄 兄	黄宋英 黄度	1208年武进士 1199年武进士	福宁州宁德
陈正大家族	陈正大	1220年武状元	兄	陈清卿	1214年武进士	台州仙居
方枢家族	方枢	1226年武榜眼	父 伯	方审 方寀	1193年武进士 1181年文进士	福州侯官
刘必成家族	刘必成	1238年武状元	兄 兄 侄	刘有成 刘德成 刘困泉	1235年武进士 1244年武进士 1253年武进士	福州长溪
戴应发家族	戴应发	1241年武榜眼	从兄 从兄弟 从兄弟 从兄弟	戴应扬 戴应复 戴应新 戴应龙 戴应极	1235年武进士 1238年武进士 1238年武进士 1238年武进士 1241年武进士	温州平阳(现苍南)
陈亿子家族	陈亿子	1250年武状元	兄	陈仪子	1241年武进士	福州长溪(福安)

* 数据来源:《宋代登科总录》及相关地方志。

表6　平阳盖竹林氏武举情况

武举年份	姓　名	备注	武举情况
淳熙五年(1178)	林拱辰	1181年文进士	文武双进士
庆元二年(1196)	林　栖		武进士
庆元五年(1199)	林正叔		武进士
	林横飞		武进士
开禧元年(1205)	林英叔	正叔弟	武进士
嘉定七年(1214)	林景衡		武榜眼
	林武子		武探花
绍定五年(1232)	林梦新		武状元
宝祐四年(1256)	林千之	1259年文进士	文武双进士
	林世聪	千之弟	武进士
开庆元年(1259)	林师程		武进士
	林师轲	师程弟	武进士
景定三年(1262)	林师愈	师程弟	武进士
	林　新	师程从子	武进士
咸淳七年(1271)	林师吕	师程弟	武进士

* 本表据(民国)《平阳县志》统计。

(四)走捷径,武换文,回归文人不言弃

　　文士出身的武举进士中有许多人在武举登第之后依然会努力寻求途径转换为文官,而宋代科举制度中的锁厅试便无疑为他们提供了这样一个机会。《宋史》卷一五七《选举志》第一一〇载:"武臣试换文资,南渡以前许从官三人荐举,绍兴令敦武郎以下听召保官二人,以经义、诗赋求试,其后太学诸生久不第者多去从武举,已乃锁厅应进士第。凡以秉义或忠翊皆换京秩,恩数与第一人等。"从文中可以看出,由于武臣锁厅"以经义、诗赋求试",正是文士所擅长,故这一制度设计刺激了久

试不第的太学生"多去从武举"。而武举高第所授的秉义郎和忠诩郎在锁厅试取中后,所授"恩数"相当于文举的状元。关系到文官之后发展的前途,这一规定必然会吸引更多的武举进士通过锁厅试换秩为文官。其中,最具代表性的便是宋孝宗淳熙八年(1181)武状元江伯虎,考中武状元后不愿在军中任职,于是参加了下一科锁厅试,中进士第四甲,"遂换承事郎,恩数与状元等"。

周兴涛等就宋代科举中的文武举互换现象进行了讨论[①],认为文举改武举是有"文人武化"的基础,文举难考和经济条件限制是促因。而武举改换文举成功者多以文武双全自居,体现出其根深蒂固的"文人"身份认同感。因此,武举考试取得官人身份后再换文资,就变得顺理成章了。

放弃竞争激烈的文举考试,参加武举是不得已之举,是一条曲线取官之路上的一个节点,甚至是跳板,而非终点。如宋吏部侍郎、平阳人应节严(1211—1300),据林景熙撰写的《故待制吏部侍郎应公墓志铭》记载,应节严自小习《九经》如悬河,过目不忘,7岁即中童子科。即便如此,应节严仍选择先考武举,于淳祐四年(1244)34岁考中武进士,6年后的淳祐十年(1250)才考中文进士,之后一路迁升至吏部侍郎、宝谟阁待制。再如,在中央最高学府国子监任国子录的林希逸在武举三鼎甲林栋墓志《永嘉林国辅墓志铭》里提到"君为鼎魁,不应限此",认为林栋考上武举三鼎甲之后,应该再接再厉考取文进士。当然,并不是所有武状元都能考上文进士的,考上文进士的也是凤毛麟角。如绍熙元年(1190)武状元、婺州东阳人厉仲方(1159—1212),叶适撰写的《厉领卫墓志铭》记载厉仲方与叶适同在官学读书时闭门苦读、勤奋有加,武学博士蔡镐盛赞其文字功底深厚。然而,厉仲方中武状元后再试文举,却屡举进士不中。统计发现,武状元中武举换文的仅有樊仁远、江伯虎、杜幼节3人(表7),占武状元总数的4.7%。

---

① 周兴涛、董克宁:《宋代科举中的文武举互换现象》,《文山学院学报》2011年第4期。

表 7　武状元武举换文统计

序	姓　名	名　次	武举年份	文举年份	籍　贯
1	樊仁远	武状元	绍兴三十年(1160)	隆兴元年(1163)	福州闽县
2	江伯虎	武状元	淳熙八年(1181)	淳熙十一年(1184)	福州永福
3	杜幼节	武状元	嘉定十六年(1223)	绍定五年(1232)	婺州东阳

　　此外,统计发现,平阳共有 17 位武举换文,由武换文时间最短者 3 年,最长者 15 年,平均间隔年数约为 6 年。也就是说,即便对于这一批成功上文举之岸的人,考取武进士后,平均需要再考两榜才能成功换文。平阳武进士武举换文者占比 6.5%,较武状元武举换文的 4.7% 高 2 个百分点。武状元初授官较好,而一般武进士初授官较低。因此,普通武进士换文的需求应更为迫切。

表 8　平阳武进士武举换文统计

序	姓　名	武举时间	文举时间	间隔年数
1	林拱辰	淳熙五年(1178)	淳熙八年(1181)	3
2	国幼闻	不详	嘉定四年(1211)	不详
3	陈宗臣	绍定二年(1229)	绍定五年(1232)	3
4	薛梦龙	嘉熙二年(1238)	淳祐十年(1250)	12
5	陈焕武	淳祐四年(1244)	宝祐元年(1253)	9
6	应节严	淳祐四年(1244)	淳祐十年(1250)	6
7	潘　方	不详	宝祐元年(1253)	不详
8	陈宗亮	宝祐元年(1253)	咸淳四年(1268)	15
9	徐宗斗	宝祐元年(1253)	开庆元年(1259)	6
10	林千之	宝祐四年(1256)	开庆元年(1259)	3
11	林　雍	景定三年(1262)	咸淳四年(1268)	6
12	郑遇龙	景定三年(1262)	咸淳元年(1265)	3
13	戴应雷	景定三年(1262)	咸淳四年(1268)	6

序	姓 名	武举时间	文举时间	间隔年数
14	邹 臻	景定三年(1262)	咸淳四年(1268)	6
15	王有开	咸淳元年(1265)	咸淳七年(1271)	6
16	周仁勇	咸淳元年(1265)	咸淳七年(1271)	6
17	侯于周	咸淳元年(1265)	咸淳七年(1271)	6

三、结论

综上而言,武状元数排名前三的省份分别为浙江、福建、安徽;前三的州府为温州、福州和婺州,属于文举解额紧张程度名列前茅的州,文举竞争激烈,中第希望渺茫;排名前三名的县中温州平阳(12人)、婺州东阳(5人)、福州长溪(3人),皆为远离所属州治的偏远县。从现有行政区域看,武状元人数前三的县为苍南(7人)、平阳(5人)和东阳(5人)。

武状元县域分布高度集中,究其成因有四:(1)政治环境方面。宋代"右文"政策下科举繁荣,应文举学子基数庞大,但受解额制度所限,录取率低倒逼一部分考生文举改武举,导致"文人武化"。(2)经济基础方面。财富不充裕则是偏远县读书人通过科举改变命运的经济阻碍,改考武举可提前摆脱经济窘迫的状况。(3)区域文化方面。浙闽一带良好的习武氛围为"文人武化"培育了良好的先天土壤,使文举换武举变得更容易,武举应试者综合实力更强,更易脱颖而出。(4)武举换文方面。对"文人"身份的认同感促使一部分中武举者进一步换文资,普通武进士换文的需求较武状元更为迫切,体现了"右文"时代的烙印。

徐俨夫

——苍南历史上唯一的文状元

苍南县教师发展中心　姜春雷

一、徐俨夫是哪里人

徐俨夫,1200 年生,1241 年,即宋理宗淳祐元年进士第一,即状元,苍南观美镇桃湖村人。死于 1260 年,享年六十岁。

据《平阳县志·舆地志》载:"松山(今苍南县桥墩镇境内)之东为马家垟山,其北为长寨岭,北临桃湖村。昔有湖,为松山诸水所潴。湖水自桃林中东北流出呑口。春时,两岸芳菲袭人,称为胜境。渡口有状元坊,宋徐俨夫故宅在焉。清道光间,里人于其遗址掘得铜剑,朱铭作歌诗以纪之。"

平阳县志的这段文字,我县已故先贤杨奔老师的《徐俨夫》一文中也有引用。杨前辈进而写道:"这状元徐俨夫,字公望。苍南县桃湖人。"徐俨夫的状元府坐落在桃湖村的桃花渡边,这是明确的。清人于此掘得铜剑,有朱铭歌诗为记。前不久,笔者也到桃湖,还清楚地看到数年前,村民在桃花渡口挖沙时掘出来的府基大条石。据村民回忆,20世纪 60 年代兴修水利,掘出的条石有好多块,有几块上面还有清晰的文字,如今这些石头都断了,筑机耕路时,大多埋在路下了。可见,徐俨夫的"进士第一堂"在桃花渡边无疑。

但是,证明徐俨夫是这里人,未必能够证明徐俨夫就一定出生在这里。关于徐俨夫的出生地,民间的一些传说也是值得重视的。

苍南灵溪镇附近还有一个地名,叫作状元内。现在,状元内开辟了一个规模不小的山庄。这儿为什么叫作状元内,据传也是与徐俨夫有关。根据民间的说法,就是因为出了徐俨夫,这儿才叫状元内,且一直流传至今。笔者走访状元内与桃湖村,听到了几乎一致的故事。我把故事大概记述如下:

徐俨夫的父亲刚娶了妻,一日,一算命先生路过,说他日后必生大富大贵之子,但他自己必须禁门不出,否则有血光之灾。这个年轻人并不在乎,照样上山打柴,果然被老虎给咬死了。好在他死之前,他的妻子已经有了身孕。由于太穷,再加上宋代女人改嫁也是社会所允许的,不像明清时期那样对妇人有那么多禁忌。贵族妇女李清照都改嫁,可视为宋代妇女社会地位的一个证明。于是经人撮合,徐俨夫的母亲嫁到后来叫状元内的那个地方。实际上,徐俨夫是在状元内出生并且长大的。

这当然只是一个民间传说。我国古代一直有以改地名来记载历史事件的传统,如温州的墨池坊、苍南的皇帝墓等地,就是这样命名的。苍南有史以来,有具体文字记载的、迄今已经发现的文状元也就这么一个,状元内这个地名为什么能够跟徐俨夫挂钩呢?我想,这传说也许具备一定的合理性。

中国的文化传统还是讲究血亲,生父大于养父,所以,徐俨夫中状元之后,状元府必须建在桃湖,否则,徐家人是不肯的。状元府建在桃湖,状元内人只能认了,但他们也要沾状元的光,于是把自己的地名改叫状元的后院,内宅,以示他们那儿也是出状元的地方。这是朴素的文化情怀,是完全可以理解的。

但是,若是依据这个传说,以为徐俨夫出身于世代农民家庭,那是错误的。苍南徐氏家谱记载,徐俨夫是世代官宦之后,只到他父亲这一代才没有功名。他也是在他父亲这一代才从福建移居桃湖的。

近年来,随着徐氏宗谱的深入整理与发现,我们了解到,徐俨夫家族历史,其实有着相当厚实的文化根基。其家学渊源可以追溯到他的前十五世祖徐寅状元。

徐寅(860—929),字昭梦,福建莆田延寿溪畔延寿村人。唐乾元元年(894),唐昭宗钦点为状元,因其文章华美,皇帝赐"锦绣堆"之雅号。他是莆田历史上第一位状元。莆田至今还有状元书楼,就是因其而得名。

徐寅第七世孙徐铎(1051—1105),字振文,是徐俨夫状元的六世祖,于1076年中状元。其时,这一支徐氏已经居住在宋代平阳县的"沙卷书楼",这个名称不像地名,倒像是一座楼的名称,具体在哪个位置,已经不可考,在老平阳县城的可能性较大。

徐俨夫的高祖徐任和曾祖徐昉之,都是进士。曾任南宋工部侍郎兼知临安府的徐谊,也是徐俨夫的高祖徐任的兄弟。可以说,徐俨夫出身于状元世家,其家族是儒文化世代传承的大家族。

自徐俨夫的祖父这一代始,这一支的徐氏开始没落,到他父亲时,迁居桃湖,过着贫民的生活。

所有这些,都是近年来,苍南龙港两地徐氏宗亲在省内各地陆续发现的徐氏宗谱全面整理中发现的。有着比较翔实的史据。

民间传说也不能看作完全没有根据,至少能够证实徐俨夫家族在徐俨夫出生的时候,已经过着清贫的日子。

徐俨夫卒于1260年的礼部侍郎的任上,到1276年的正月,元军攻克临安,南宋灭亡,这之间,只隔着十五年的时光。宋亡之后,徐家随之迅速败落。

徐俨夫的同时代人,同乡林景熙,宋度宗咸淳七年,即公元1271年太学上舍释褐,取得进士资格,这一年林景熙三十岁。距徐俨夫逝世才十一年,距徐俨夫中状元之年(1241年),也才三十年。也就是说,徐俨夫逝世的时候,林景熙可能已经在临安的太学就读。而林景熙的族人林嗣孙(林坳人,与林景熙同族),娶的正是徐俨夫的亲妹妹。林嗣孙与徐俨夫妹妹的爱情的果实,苍南道教符箓派创始人,号水南先生的林灵真,就是徐俨夫的亲外甥,林灵真大林景熙三岁,与林景熙同里同宗。即使林景熙与徐俨夫因官位悬殊难以熟识,但林景熙也不可能对这样一位功名显赫的朝中同乡不了解。

宋亡之后,林景熙路过徐俨夫的状元坊,他看到的是一个怎样的情形,我们来读一读林景熙的《过徐礼郎状元坊》:

　　名坊临野渡,曾此产魁豪。湖带诗书润,山增科第高。劫
灰遗断础,鬼火出深蒿。东海扬尘久,无人钓六鳌。

　　这首诗为林景熙晚年所写,林景熙卒于 1310 年,那么,林景熙这次
游状元府的时间距宋亡也才二十余年的时间。徐俨夫的后人,宋亡后
逃难去了,他的外甥林灵真还在,林灵真生于 1239 年,卒于 1302 年。
短短二三十年的时间里,堂堂状元府竟至于"劫灰遗断础,鬼火出深蒿"
的境地。也就是说,宋亡之后,徐俨夫的状元府,也随着宋帝国一起倒
塌了。

　　导致状元府倒塌的最重大的原因是清楚的,正如林景熙所说的"东
海扬尘久,无人钓六鳌"。状元府是巨大的石基建筑,短短的二十多年,
根本不可能自行倒塌,一定是人为拆毁了。也就是说,作为苍南文化的
一座里程碑式的建筑,在元朝初年,就被毁坏了。

　　近年来,我们在苍南藻溪镇的宋时称为"林坳"的区域,发现元初屠
村的历史悲剧。元初对汉人文化的毁灭性破坏,在当时南宋区域内,是
比较普遍的现象。宋六陵、南宋宫殿等的被破坏与焚毁,都发生在这一
时期。徐俨夫状元府的毁坏,是人为的焚毁,桃湖徐氏的逃亡,也是元
初政治重压的结果。

　　林景熙痛心啊,我们不难想象一个孤独的老人,行走在桃湖岸边,
状元府不在了,满眼是宋文化的残破与苍凉:石缝里长出的丛丛野草,
仿佛深藏着鬼火点点。

　　徐俨夫死了,宋帝国完了,作为宋朝的状元,元人是不会重视的,甚
至也没有人敢于提起。这就是徐俨夫这样一位出身状元,官到礼部侍
郎的大人物,竟没有一篇像样的传记文字的深层原因。徐俨夫的文集
《桃渚集》,竟至没有片纸留给后人,实在是太可惜了。目前,我们只在
徐氏宗谱中陆续发现约十来首徐俨夫的诗,就是这仅存的十来首诗,也
未必能够确切证实就是出自《桃渚集》。

　　徐俨夫的墓,也是十几年前才发现的。数百年来,它一直静卧于丛
丛荒草之中,也许是因为状元府的过早毁坏,让它陷入沉思。

　　但我们今天重新追思徐俨夫,绝不仅仅由于他曾取得状元这样

一个夺目的光环,更重要的是他有着与他的状元身份相匹配的伟大人格。

二、徐俨夫的人格魅力

说到徐俨夫的人格,我们就得从徐俨夫中状元这件事说起。

徐俨夫出生于 1200 年,中状元是 1241 年,即宋理宗淳祐元年。这一年,徐俨夫四十一岁。作为状元,四十一岁的年纪不算太大。宋代流传有这样一种说法:"三十老明经,五十少进士。"两宋期间,为选拔更多的人才进入官府,朝廷在三年一次的进士科考试之余,还穿插着由皇帝临时决定的明经科考试,以取得同进士出身的做官资格。而格局比较大的读书人,常常不屑于从明经科入仕途,而视进士为正途。徐俨夫哪怕屡试不第,也不从明经。因此,考中进士是比较难的。

与他同科进士中,名气最大的,要数江西庐陵人欧阳守道。杨奔老师考据,"守道策中述及国事成败与人才消长等问题,辞意十分深切,使徐俨夫自愧弗如。然而考官未必都是明眼人,及至唱名时,徐俨夫反居第一。他当场忍不住肃然起立,歉然握着守道的手,说:'吾愧出君上矣。'欧阳守道及第后,累官著作郎兼崇政殿说书,于学无所不讲,尤深于前代兴废存亡之说,学者称为巽斋先生。——这一点小事上,也可窥见徐俨夫有怎样的识见与胸襟"。

我暂时还没有查到杨奔老师这段文字的出处,文字中有些小问题也还有值得推敲的地方,比如"唱名时,徐俨夫反居第一"。宋代状元的唱名,尤其在宋理宗时期,与考官是无关的。确立状元的事完全是由皇帝钦定。宋代的进士考试分两榜,第一次考叫省试,即礼部考试。这一次只是复试资格考试,接着要参加由皇帝主考的殿试。殿试录取后,按排名,分成一甲二甲与三甲。一甲赐进士及第,二甲赐进士出身,三甲为同进士出身。徐俨夫这一榜,共录三百六十七名。一甲一般为三十名,主考官负责排定顺序,但这个顺序只是提供给皇帝参考。皇帝亲自重新审阅之后,从一甲中确定前三名,即状元、榜眼、探花。所以,状元的确定,完全靠皇帝的好恶。与主考官是否明眼是没有太大关联的。

以文天祥为例,1256 年,即宋理宗宝祐四年二月,文天祥中状元。在礼部原定的名次中,礼部尚书、当时的主考官王应麟因文天祥的文章过于犀利,不敢署在第一,结果皇帝从第七卷中看到,立即署为第一。所以,我以为,徐俨夫中状元,其文章一定自有其过人之处。我们不能因为欧阳守道之后的文名,而否定徐俨夫当时的才气。

但徐俨夫与欧阳守道的个性极为相似,互相推崇也是可能的。史载,欧阳守道为官仅数年,无法承受朝廷的腐败,一定要辞官不做。当时的左丞相是江万里,与欧阳守道是江西的同乡,对他也是极为看重的,但也留不住他。后来,江万里在吉安的白露洲创建了一个书院,就聘请欧阳守道去当山长,也就是校长。欧阳守道最大的成功,还在于他教出了一个伟大的学生,这个伟大的学生就是文天祥。徐俨夫既然是欧阳守道的同门,那么,根据宋代的规矩,文天祥也就是徐俨夫的同门之弟子了。

徐俨夫与江西的江万里、欧阳守道、文天祥等极为投缘,在朝廷的斗争中,他们有共同的敌人。

当时,宋理宗身边的奸佞小人有四个,一个是皇帝宠幸的阎贵妃,一个是内阁大臣马天骥,一个是右丞相丁大全,还有一个权力最大,就是与皇帝一起长大的大太监董宋臣。这四人把持朝政,左右着宋理宗,引导皇帝不理朝政。丁大全引湖妓入宫禁,弄得朝廷乌烟瘴气。元军一来,他们只会叫皇帝迁都。当时的民谣就唱道:"檐马丁当,国势将亡。"这里的"檐马丁当",指的就是阎贵妃、马天骥、丁大全、董宋臣四人。所以,刚刚出来做官的文天祥就曾上书皇帝,请理宗杀了董宋臣,皇帝对他的奏章不予理睬,结果文天祥辞官归里。徐俨夫也一样,宝祐年间,丁大全升任右丞相的时候,徐俨夫气愤异常,当即辞官归桃湖故里。这就是人格,这就叫志趣,这就叫心气相投。

徐俨夫辞归故里后,家里一贫如洗,乃至三餐不继。有人劝他向丁大全认个错服个软,以求生计。当时这样的人一定不少。为了表明心迹,徐俨夫大书一联于门上:"一任证龟成白鳖,那能拜狗作乌龙。"只要丁大全等还把持着朝政,徐俨夫饿死也不会出来做官。什么叫疾恶如仇,苍南的先民有着怎样的脊骨?从徐俨夫身上可见一斑。

富贵近在咫尺,但徐俨夫的手眼是高贵的,因为高贵,所以他的气质也就在生活的穷困里抒写得更为优雅。他在《桃渚山居》一诗中写道:"门掩深春过岁稀,绿荫时复数红飞。疏帘半卷酴醾雨,小立黄昏待燕归。"

这是他极少的传世作品中的一首小诗,在这首诗里,尽管我们看到了赋闲在家的徐俨夫,由于家境的贫寒,年节来临时有些冷清。但诗人却赋这种冷清以清而不冷:你看那绿荫中,不也有数枝红花吗?况且这小雨虽然下得缠绵,却正是告诉了我,燕子的归来不会遥遥无期。徐俨夫这种纯正的预言,整整比英国诗人雪莱那句出名的革命预言早了数百年。雪莱说:"假如冬天来了,春天还会远吗?"徐俨夫说,冬日的小雨尽管缠绵,但燕子的归来却小立可待。他期待,因他有所不甘,然岁月赋予他的持重与淡定在这首小诗里,依然颤动着不绝的遗响。

历史对于敢于预言的正直的人们,总是给出最充分的肯定。

1259年,宋理宗开庆元年,他的预言兑现得有些神速,神速得徐俨夫当时一定有些惊喜。蒙古军进逼鄂州,丁大全故伎重演,隐匿军情。这次却不太走运,被人弹劾。宋理宗因情势危急,也不再保他,结果他被罢了相,流放到贵州,移新州复徙海南。中途被护送军士挤落水中淹死。第二年,朝廷立即起复徐俨夫,任抚州知州,不久,又招他进京任礼部侍郎。如果天假徐俨夫以时日,他正可以大有作为。可惜老天不佑良善,徐俨夫因长期困厄,早已百病缠身,回到朝廷不久就病逝于临安。这也是天要亡南宋,所以不让好人命长。

徐俨夫死时,虽然年过六十,能活到六十岁,对于古人,也不算无福,但徐俨夫出仕较迟,二十年的宦海浮沉,正是他将大有作为的时候,可惜啊。

徐俨夫死后,也如他的生前,灵柩运回老家,只在他的状元府的对面的小山脚下,筑一简单的墓地,这也许是他生前早就设计好的归宿。墓园朝东偏北,正对着桃湖。对于他来说,他就是要守着桃湖,看着春天来时,桃湖边桃花盛开,春意盎然,就满足了。这是他的诗人气质,也是他对身后的最佳设计。

　　然而,他在那儿待了整整七百五十年,世事还是有他始料不及的地方,他的墓前,桃湖早成了桑田,桃花也成了幻想。尽管沧海桑田乃人世之常,可若真有在天之灵,怎能不叫他感慨万千呢。毕竟是一代文魁啊,斯人已逝,可故乡仍在,故乡应该想想!

春风容我共鹏抟

——状元徐俨夫的人格魅力解读

杭州外国语学校　徐启门

据(民国)《平阳县志》第三十五卷《人物志(四)》记载:"徐俨夫,字公望,亲仁乡桃湖人。高才博学,以文章鸣世。淳祐元年进士对策第一,签书某军节度使判官厅公事;秩满,添差绍兴通判;淳祐九年除校书郎转秘书郎著作佐郎,兼沂王府教授,权刑部员外郎,迁著作郎,兼礼部员外郎;十二年除秘书丞再迁礼部郎中。丁大全柄政,徐俨夫忤其意径拂衣归,终其用事,杜门不出。家贫,併日而食,抱膝高吟,声出金石,或勉其抑己谢过,笑而不答。乃自署其门云:'一任证龟成白鳖,那能拜狗作乌龙。'景定初起,召为礼部侍郎,卒。"

徐俨夫状元是苍南县唯一的文状元,他的后裔遍及龙港市、苍南县、平阳县、绍兴市、上海市。他的人格魅力主要表现为以下几方面:

一、胸襟宽阔,高才博学

据《临安府志》记载,淳祐元年(1241)五月,朝廷也按例为徐俨夫等新科进士举行"闻喜宴",戴簪花,并赐下御诗:

淳祐元年赐徐俨夫已下

宋理宗赵昀

七开贡举六临轩,图济时艰取直言。

访问修攘兼内外,敷陈议论有渊源。

学惟正大为标准,志在忠清是本根。

锡宴赐诗隆礼意,勉旃事业报君恩。

《徐氏家谱》记载,徐俨夫作了《及第诗》和《谢恩诗》:

及第

引领群仙上翠微,云中相逐步相随。

桃花先透三层浪,月桂高攀第一枝。

阆苑更无前去马,杏园俱在后题诗。

男儿志气当如此,拂袖熏香天下知。

谢恩

淳祐新更万花弦,至尊宵盱及英贤。

惭无鲠骨三千对,忽听鸿胪第一传。

昭代喜开公道日,此生复见中兴年。

君恩山重蛟难负,一片丹心上有天。

在《苍南历史人物·徐俨夫》上还有这样一段记载,从廷试一事上,表现出徐俨夫卓荦的人品、高尚的气节,可惜留下的史料却是如此简单……宋理宗淳祐元年(1241 年)徐俨夫中状元。这一年,他四十一岁。作为状元,四十一岁的年纪不算太大。同科进士中,名气最大的,要数江西庐陵人欧阳守道。"守道策中述及国事成败与人才消长等问题,辞意十分深切,使徐俨夫自愧弗如。然而考官未必都是明眼人,及至唱名时,徐俨夫反居第一。他当场忍不住肃然起立,歉然握着守道的手,说:'吾愧出君上矣。'欧阳守道及第后,累官著作郎兼崇政殿说书,于学无所不讲,尤深于前代兴废存亡之说,学者称为巽斋先生。——这一点小事上,也可窥见徐俨夫有怎样的识见与胸襟。"

二、教子有方，忠烈传家

据沙岗《徐氏宗谱》记载,徐俨夫妻子黄氏为塘下人,生两子,从举子业。徐俨夫有《送二子赴举诗》:

> 奕叶为儒亦可嘉,既从文学发天花。
> 高科未了名千古,正学须教会一家。
> 月屈天香传桂子,风檐黄色动槐花。
> 着鞭试当万人敌,看取骅骝起迮涯。

意思说:代代成为儒士也值得嘉奖。此处"既从文学发天花"应该是佛教典故"天花乱坠",须菩提菩萨讲经,天花坠落于前。二子徐台也研究佛典,曾经当众讲学,众人为之倾倒。因为"高科未了"就是还没有中举就出名,因何出名? 即是讲经说法出了名。诗中提到:即使没有完成科举高第,也要名扬千古。正统的学问需要传承,领会一家之言。月亮隐约在月桂的香气之中,风檐下飘荡着黄色槐花的香味,手执马鞭,抵挡万人之敌,且看骏马奔腾天涯。

由于时代的艰难,徐俨夫状元寄希望于二子徐台能文也能武,不管有没有中举,练就基本功,奔赴战场,报效祖国。《温州市志》载:德祐元年(1275),元兵南下,文天祥在赣州组织义军,入卫临安;次年由海道南下,驻温州江心寺一月,召集温、台、处三州豪杰,共商恢复大计。徐台没有辜负父亲的遗愿,离开了香林教院,参与了文天祥组织的义军,不久南下福建,与张世杰、陆秀夫等坚持抗元,以身报国,宁为玉碎,不为瓦全。(徐家庄明永乐五年的《徐氏宗谱》记载:二子徐台没有中举,也没有后裔。)

三、为民办事，爱民如子

徐俨夫为官清正，关爱百姓。李之亮著《宋两江郡守易替考》引《永乐大典》载：淳祐十一年辛亥（1251），徐俨夫任抚州知州。《抚州府志》载："平粜仓，淳祐十二年（1252），郡守徐公俨夫籍吏资议立。"即徐俨夫任抚州知州时，设立常平仓，救济百姓。常平仓是中国古代政府为调节粮价，储粮备荒以供应官需民食而设置的粮仓。主要是运用价值规律来调剂粮食供应，充分发挥稳定粮食的市场价值的作用。在市场粮价低的时候，适当提高粮价进行大量收购，在市场粮价高的时候，适当降低价格进行出售。这一措施，既避免了"谷贱伤农"，又防止了"谷贵伤民"，对平抑粮食市场和巩固封建政权起到了积极作用，在一定程度上满足了人民群众的利益和愿望。徐俨夫这一举措受到官民的高度评价，也受到了就在邻县吉安办学的欧阳守道的赞赏。

四、廉洁奉公，两袖清风

淳祐十二年壬子（1252），徐俨夫、赵崇仿《临川志·提举司本州平粜仓记》："权郡通守赵侯又能相与协赞。公及前太守礼部徐公俨夫所籍郡胥家业允之。赵侯，三山人，名崇仿，字叔似。"也许这就是徐俨夫状元的"状元府"竟然是三间破屋的主要原因。

平阳县令陈容有《桃湖》诗：

> 不如坐阅带水随东波，三间破屋供吟哦。
> 桃花开谢事暮朝，我不束带尤其高。

平阳莒溪诗人有诗：

介节徐公望，宁阿丁大全。

证龟犹可癖，拜狗不能巅。

竹径三间屋，桃湖数亩田。

贫居惟抱膝，高咏到今传。

五、宁折不屈，气节耿直

宋理宗皇帝信任的权相丁大全，江苏镇江人，字子万，嘉熙进士。史书上描写他长相"蓝色鬼貌"，为人"奸回险狡，狠毒贪残"，时人称之为"丁蓝鬼"。他娶外戚的婢女为妻，以此来攀附高层权要。后来又靠逢迎阎贵妃、宦官卢允昇、董宋臣等人才逐渐身居要职，升任侍御史兼侍讲。当时宰相董槐为人刚正不阿，丁大全希望巴结董槐以取高位，但为董槐所拒，丁大全由是日夜谋划报复董槐。宝祐四年(1256)，理宗下诏罢免董槐。扳倒了董槐后，丁大全勾结朝臣马天骥。马天骥也是一个不折不扣的小人，理宗之女周、汉两国公主下嫁，马天骥绞尽脑汁送了一份别出心裁的大礼，得到理宗的欢心，从而被任命与丁大全同时执政。从此，阎、马、丁、董四人内外勾结、专擅弄权，引起很多正直人士的不满，有人在朝堂门上写下八个大字："檐马丁当(董)，国势将亡。"意在警告理宗如果再信用奸佞，国家前途堪忧。"阎马"谐音"檐马"，乃屋檐下悬挂的铃铛，此处暗指阎贵妃、马天骥。"丁"为丁大全，"当"音似"董"，指宦官董宋臣。

丁大全的作恶多端引起了朝中正直之士的愤慨，曾受到皇帝要求直言进谏的徐俨夫与程元凤等大臣一起，纷纷上奏请求罢免丁大全，但是丁大全任用党羽，陷害和排挤徐俨夫与程元凤等大臣。"安能低眉折腰事权贵，使我不得开心颜"，在朝中失势的徐俨夫选择辞官，回到家乡桃湖隐居。

经历过宦海沉浮的徐俨夫看透了功名利禄，深味人生得失。因清正廉洁，回乡时宦囊空空。在桃湖生活拮据，三餐都难以为继。但是他并未灰心丧气,而是"抱膝自吟,声振金石"。有好事者见堂堂大宋状元如此凄凉落魄,就劝他稍做屈服,向丁大全认错,荣华富贵即唾手可得,何乐不为?

徐俨夫是有气节的官员,为了谢绝有人上门游说,就于自家门前贴出了一副对联:"一任证龟成白鳖,那能拜狗作乌龙。"全联针对丁大全。"证龟成鳖"语出《东坡志林·贾氏五不可》,其实就是颠倒黑白,是非不分之意。后一句语出《搜神记》,在此,徐俨夫将乌龙取"走狗"之意。

在当时,生活的贫困无法摧毁徐俨夫的意志,或许举世滔滔,知音难觅,所以他写下了"听者或酣卧,岂识君子心"。能识徐俨夫"君子心"之人何在?

在徐俨夫隐居桃湖五年之间,南宋朝廷发生了一系列大事,惯于"证龟成鳖"的丁大全迎来了末日。

六、尽忠报国,鞠躬尽瘁

公元 1259 年,蒙古兵分三路大举攻宋,第一路由蒙古大汗蒙哥自攻四川,第二路由他的弟弟忽必烈(后为元世祖)攻鄂州,第三路蒙元帅兀良哈得由云南入广西攻湖南。朝廷内外震动,边关报急的文书传到朝廷,但是丁大全隐而不报,以致战事日益转向不利。特别是蒙元帅兀良哈得由云南入交趾,从邕州攻广西破湖南,直逼京师。丁大全再也无法隐瞒,才上报理宗,宋理宗如梦初醒,不知所措。此时朝中大臣借机纷纷弹劾丁大全,其中监察御史饶虎臣指出丁大全四大罪状:"绝言路,坏人才,竭民力,误边防。"此时的理宗只得罢免丁大全的相位,命其以观文殿大学士知镇江府,接着再削其官。此后丁大全的官职一降再降。另有记载,开庆元年(1259),蒙古军进逼鄂州,丁大全因隐匿军情被流放到贵州等地,中途被护送将军挤落水而死。景定元年(1260),光明磊落的徐俨夫重新被任用为抚州(江西)知州,尚未赴任,朝廷又召为礼部侍郎,当诏书下达的时候,徐俨夫满怀"春风容我共鹏抟"之喜悦,踌躇满志地走马上任,却在礼部侍郎的任上病逝,鞠躬尽瘁,被诏赠礼部尚书,朝廷厚葬。

状元徐俨夫宁折不屈的品德,铮铮风骨,彪炳青史。身后列入平阳先贤祠,受人祭祀。其坚贞的人格魅力更为后世敬仰传颂。

南宋状元徐俨夫家族简述

苍南县林灵真文化研究院　陈剑秋

南宋状元徐俨夫家族,是有名的进士家族,世居桃湖村,《徐俨夫状元家谱的新发现》[①]一文称,通过各版本的《府志》《县志》与多种版本《徐氏家谱》比较,发现桃湖徐俨夫家族,在南宋年间,至少走出 13 名文武进士。而状元徐俨夫的妹夫林嗣孙,世居本县林坳,为官宦富人之后裔。同族亲房曾走出 20 多名文武进士和林管[②]、林时中两名武状元[③]。当年的徐俨夫妹妹嫁林坳的林家,也算是门当户对。

徐俨夫外甥林灵真,在儒学与道学的思想上,无不受到徐氏家族的影响,这也是本文论述的一个重点。

一、徐俨夫状元的家族

灵溪小亭清同治壬申年(1872)重修的《徐氏宗谱》、龙港市清同嘉庆丙寅年(1806)重修的《徐氏宗谱》与民国《平阳县志》弘治《温州府志》可以做对照。《徐氏宗谱》载:平阳徐氏一世祖徐方俭,于唐时随王审知入闽。"……公薄其官,遂由赤岸遁于温之昆阳,自号处士。常有惠及

---

① 林子周:《徐俨夫状元家谱的新发现》,《今日苍南报》2015 年 2 月 15 日。
② 民国《平阳县志·选举志》"林管居林坳"。
③ 《中国历代武状元》,解放军出版社 2002 年版,第 144 页。

人,人留之。遂居沙岗之麓。"他们的世裔是:徐方俭(一世)—徐善(二世)—徐照(三世)—徐宝(四世)—徐玄、徐棠(五世)—徐毯(六世)—徐科元、徐登元(七世)。

第七世徐科元、徐登元是两兄弟。徐登元"由沙岗迁居桃湖"。桃湖,今苍南县灵溪镇桃湖村。

徐科元,是徐谊的祖父。徐谊是一个大名人,《宋史·徐谊传》载,"徐谊,字子宜,一字宏父,平阳人。乾道八年进士,累官太常丞"《宋会要辑稿》:"为枢密院编修官……三年,为吏部员外郎。五年,兼知临安府。"①著名学者叶适先生,专门为他写了墓志铭。徐谊之从父徐正夫,绍熙四年癸丑科登"陈亮榜"(1193)进士。

第九世徐任(桃湖三世祖),于绍兴十二年壬戌科登陈诚之榜进士,民国《平阳县志》上记为"宁德县令"。他就是徐俨夫的高祖父。

徐任之后的世系是:徐任—徐玤之—徐如方—徐昶—徐俨夫。徐昶,就是徐俨夫的父亲,徐迪彝是徐俨夫叔叔。徐迪彝为嘉定四年辛未科"赵建大榜"进士,无为军教授。此外,还有与徐俨夫同辈的徐嘉亨与儿子徐从龙父子,是父子进士。徐思良、徐仲南(淳祐七年丁未科、"章梦飞榜"武进士)为父子进士。

明隆庆《平阳县志》记载②:"徐俨夫有传昕子"。编者认为徐俨夫是徐昕之子。《温州状元》一书的《南宋淳祐状元徐俨夫》③一文的作者认可了这一说法。徐昕是一个大人物。徐昕字景大,叶适先生有《送徐景大》一诗:"桃湖避秦之远孙,绕湖桃叶遮桃根。父子声名动场屋,绿衫手板桃花村。相随入南访灵迹,九日山重海深碧。韩公文高大册印,秦系诗清小砖刻。我已衰残书不成,有语安能为重轻。子今自出琼瑰句,南伯南侯倒屣迎。"④民国《平阳县志》后边有个注:"考九日山在泉州南安,昕盖官泉州也。"

叶适是文科榜眼出身的大儒,对桃湖这一徐氏家族倍加赞赏。许

---

① 《咸淳临安志》卷四八。
② 明《平阳县志》,隆庆五年刊本,台湾成文出版有限公司 1983 年影印本,第 412 页。
③ 《温州状元》,中国文史出版 2016 年版,第 196 页。
④ 叶适:《水心文集》第卷二十九《送徐景大》。

多人也认为"父子声名动场屋"的是徐昕与儿子徐俨夫,但林子周先生不这么认为。徐俨夫状元及第时间是公元1241年,而叶适先生去世的时间是公元1228,这是非常明确的。徐俨夫状元及第时,叶适先生已经去世13年了。他查找了几本徐氏族谱,认为徐俨夫是徐昕的从子,而不是儿子。徐俨夫是桃湖徐氏的大房,而徐昕是桃湖徐氏的二房。徐俨夫的父亲是徐昶。几本的状元家谱都清楚地做过记录,不会把徐状元的父亲搞错了。

民间传说中,甚至提到徐俨夫的父亲原是农民出身的打柴郎(传说被老虎给吃了),我们认为这仅仅是传说,不能作为史实,应予以否定。

但不管怎么说,徐俨夫家族是一个非常有名的进士家族,徐俨夫是出自一个赫赫有名的书香门第。

二、徐俨夫状元的仕途

徐俨夫(约1200—1260),字公望,号桃渚,平阳亲仁乡(今灵溪镇观美社区)桃湖人,宋理宗淳祐元年辛丑(1241)进士对策第一。

当年与徐俨夫同科参加殿试的,还有江西庐陵的欧阳守道。欧阳守道策中述及国事成败与人才消长等问题,辞意十分深切,使徐俨夫自愧弗如。但唱名时,徐俨夫反居第一。他当场忍不住肃然起立,握着欧阳守道的手,"吾愧出君上矣,君文未尝不在我上也"。[①]从这件事中,也可见徐俨夫坦荡的胸襟、谦让的态度。

徐俨夫历任的官衔是:某军节度使判官厅公事;秋满,添差浙江绍兴通判;淳祐九年(1249)除校书郎转秘书郎著作佐郎兼沂王府教授,权刑部员外郎,迁著作郎,兼礼部员外郎。

淳祐十二年(1252)任秘书丞,再迁礼部郎中。就在这时,丁大全与阎贵妃、马天骥等在朝廷里应外合,狼狈为奸。民谣就唱道:"檐(暗示阎贵妃)马(指马天骥)丁(指丁大全)当,国势将亡。"宝祐年间(1253—

---

① 《宋史列传》卷一百七十《欧阳守道传》。

1258),丁大全居然擢升为右丞相,徐俨夫对这种豺狼当道的现状,非常气愤,毅然辞官回桃湖故里。他是个清官,官囊空空,回乡后有时三餐甚至不继。有人劝他向丁大全谢过,委曲求全以存活。俨夫笑而不答,大书一联于门上云:"一任证龟成白鳖,那能拜狗作乌龙。"这是俏皮的讽刺。"证龟成鳖"原为民间俚语,意谓众口所惑,可以颠倒黑白,初见于《东坡志林》。下句用了《搜神后记》里的典故:说晋代张然有狗名乌龙。其妻与他的家奴私通,想谋杀张然。乌龙就咬伤了这家奴,救了主人。乌龙是能救主的狗,不是一般的狗。他用这一对联来体现自己的骨气。

他为官刚正,不畏权贵。曾因直言忤怒奸相丁大全被降职,遂回乡"杜门不出",潜心学问。徐俨夫状元的仕途并非一帆风顺,而是经历了起伏不定的人生。

三、徐俨夫的诗歌及思想

徐俨夫曾有《桃渚集》传世,可惜的是此诗集已佚。现在总共找到了他的十四首诗歌,其中就有四首诗歌的内容十足地带有道家"仙气"。

乾隆《平阳县志·山川》有徐俨夫两首古诗,一首为《仙人迹》:

> 树古薜荔生,云去岩扉辟。
> 仙翁何处来,蹑印苔痕迹。

另一首是描写南雁荡山风景的《漱水岩》:

> 谁把银河天半倾,随风碎漱冷人冰。
> 虽然未济苍生旱,聊洗四维尘世情。

上边这两首写风景的诗,带着描绘山川的佛影仙踪一点也不奇怪,也很平常。"仙翁""苍生""尘世"等词语,都是道教的专业术语。但是他写于状元及第后的诗有道教思想,就比较特殊。《及第诗》:

> 引领群仙上翠微,云中相逐步相随。
>
> 桃花先透三层浪,月桂高攀第一枝。
>
> 阆苑更无前去马,杏园俱在后题诗。
>
> 男儿志气当如此,拂袖熏香天下知。

第一句就是引"领群仙上翠微,云中相逐步相随",不用多解释。诗中还有"阆苑"一词,也称阆风苑、阆风之苑,传说中在昆仑山之巅,是西王母居住的地方。

徐俨夫的另一首《卜神诗》,是他状元及第前的作品:

> 合郡生灵赖尔宁,书生特地问前程。
>
> 还当皓首耕和钓,毕竟少年公与卿。
>
> 富贵前缘由分定,功名此去赖神明。
>
> 明年倘有□云手,霹雳风雷借一声。

徐俨夫的《及第诗》与《卜神诗》,是林子周发现的,他于 2015 年受温州市政协文史委之托写作《徐铎状元》时,特地约平阳的徐志村、徐显光两位老师,到福建省莆田市区延寿村采访,并要求他们带去民国版本的《徐氏族谱》与莆田市区的徐氏对接。他惊奇地发现了《徐氏宗谱》中的七首诗。《及第诗》与《卜神诗》就是其中七首之二。

四、徐俨夫与林灵真的时间交集

徐俨夫于宋理宗淳祐元年状元及第,是公元 1241 年。林灵真出生于公元 1239 年。徐俨夫状元及第时,林灵真才 2 岁,无所谓什么影响。再说徐俨夫自从中了状元之后,就到外地赴任了。民国《平阳县志》载:"秩满添差绍兴通判(淳祐)九年除校书郎。"从这句话中可以知道:(淳祐)九年(1249)以前,他担任过"绍兴通判"等职务。而这个时间点,他的外甥林灵真也才年满 10 周岁,不太可能跟着状元舅舅去学习什么文化。

至淳祐十二年(1252)他任秘书丞,再迁礼部郎中。就在这时,丁大全与阎贵妃、马天骥等在朝廷里应外合,狼狈为奸。民谣就唱道:"檐(暗示阎贵妃)马(指马天骥)丁(指丁大全)当,国势将亡。"丁大全居然擢升为右丞相,徐俨夫看不下去,毅然辞官回桃湖故里。

徐俨夫约于宝祐年间(1253—1258)辞官回家,一直到丁大全落马,再次出山。以这个时间段推算,林灵真出生于公元1239,已经15—20岁,按照过去的标准已经是成年人了。两地相差不足20里,水陆交通方便,他不可能不去拜见状元舅舅。

从徐俨夫的诗句中,我们可以证明他有明确的信仰。而他的外甥林灵真也有可能来向他学习一些文化,请求为自己修改一些文章,指点一下自己的人生都是有可能的。林灵真又是一个大孝子,因为母亲怀他前后,曾做了一个梦"洪水自南之梦,'自号水南',遂榜其门曰:'水南福地'"。所以他对舅舅状元徐俨夫不可能不敬重。

徐俨夫辞官在家的时间不短,不然不会到了"三餐不继"的程度。(民国)《平阳县志》:"丁大全柄政,俨夫忤其意,径拂衣归。终其用事,杜门不出,家贫并日而食,日抱膝高吟,声出金石,或勉其抑已谢过,笑而不答。"状元舅舅日子过得这么清苦,作为家庭富裕的妹妹一家,不可能不给他救济。状元徐俨夫与外甥林灵真在生活时间上有交集,这是完全可以确定的。林灵真在儒学上的成就,也可能受到状元徐俨夫的一定的影响。

后来,丁大全落马,徐俨夫状元再次被起用。不久,徐俨夫状元便去世了(1260年,林灵真才21岁),这对林灵真来说,在精神上有着极大的冲击。

五、"弃儒从道"的影响变化

徐俨夫状元去世(1260)时,林灵真才21岁,正常情况下他父母应该还健在。虽然林灵真的父亲是"老来得子",但林灵真在"舍宅"之前,还是要征求父母同意的,可以推测,这时他还不会"舍宅"。21 岁的他,也不可以说"屡试不中",至少可以再推 10 年到 31 岁,但由于父母走了("吾祖、父寿不满花甲",即父亲和祖父没有活到 60 岁),于是下定了舍宅为观的决心。《水南先生事实》一文的记载如下:

> 追感先夫人洪水自南之梦,自号水南,遂榜其门曰:水南福地。投礼提点复庵先生戴公熀为师,取丹元方诸之义,扁其宅曰丹元观。安抚肖梅徐公嗣孙寔为书之。观宇内外,威仪一新,雕泯盘础,镂檀𬤊棻,与新宫之境何以异。公每曰:予学道于虚一先生林公,东华先生薛公,于兹有年,多幸造道域,参玄律,诅可辐所学而不济于世。乃绍开东华之教,蔚为一代真师。以度生济死为己任,建普度大会者不一。书性合真筌,道开幽键,监观有赫,来格来宁,猗欤盛哉。

上边的"追感先夫人洪水自南之梦"句,不仅仅是因回忆往事而感触。母亲去世了,他的这种思念和感慨更为强烈。"自号水南,遂榜其门曰:水南福地。""扁其宅曰丹元观。"之后"以度生济死为己任,建普度大会者不一……来格来宁,猗欤盛哉"。然而,好景不长,1276 年(林灵真 37 岁),蒙古兵攻下临安了。不久之后,又长驱直入到温州平阳。状元舅舅的房子也被烧成了"劫灰",而自己精心打造的丹元观也付之一炬。

同乡的林景熙在《过徐礼郎状元坊》一诗中有:

> 名坊临里渡,曾此产魁豪。
> 湖带诗书润,山增科第高。
> 劫灰遗断础,鬼火出深蒿。
> 东海扬尘久,无人钓六鳌。

特别是"劫灰遗断础,鬼火出深蒿"之句,证明了元兵对中华文化的恶意践踏。

"会元厄于劫火,公曰:无何有之乡,广漠之野,有是乎。乃深隐蕃芝山修洞,将弥千日。"他没有离开故土,而是到东北边的蕃芝山深隐,"将弥千日",一边为死去的亲人做法事,一边带徒弟著书立说。

但从《水南林先生》一文看,林灵真以上的两代人,"……祖粲,官至武经郎。父嗣孙,官至保义郎"都是八九品地方官员,并非专业的道士。自己"屡试不第",就可以说,他青少年时期十分注重于考取功名,希望将来能像他的状元舅舅徐俨夫一样,做上大官。

之后,状元舅舅徐俨夫仕途一波三折……文科状元出身的舅舅在朝为官却受到当朝奸相丁大全的排斥,也只能回家"并日而食",落了个这样的下场,通过科考做官还有什么前途呢?舅舅和母亲的思想,给他打下了深刻的烙印,让他原有的道学思想有了质的提升。于是他"弃儒从道",他不但专心向本族的"林公虚"学道,还向"东华先生薛公,于兹有年矣。幸造道域,参玄律,讵可韫所学而不济于世"。

林时中

——南宋咸淳七年武状元

苍南县民间文艺家协会　林子周

　　林时中（约 1230—约 1278），字、号不详，祖籍温州府平阳县林坳（今苍南县藻溪镇繁枝社区元店至温州岙一带）人，后迁徙沪山八丈（今苍南县灵溪镇沪山社区百丈村）。（弘治）《温州府志》、（民国）《平阳县志》都记载他为南宋度宗赵禥咸淳七年（1271）辛未科武状元，但内容非常简单。笔者在乾隆辛亥年（1791）重修的百丈《林氏宗谱》中，发现了关于林时中的许多信息，由于正史与方志没有这些记录，本文对这些新发现的重要信息，予以详细介绍。

一、史料中的林时中

关于林时中的史料记载：

(1)《中国历代武状元》一书的记载：

　　林时中，温州府平阳县林坳乡（今浙江省温州市平阳县境内）人，字、号、生卒年不详。南宋度宗赵禥咸淳七年（1271）辛未科武举第一名。该科录取武进士人数不详。同年，录取正奏文进士 502 人，文状元是著名的抗元将领张镇孙。

在正史中无林时中的传记。查有关的宋人传记资料索引，无林时中条目。现仅从地方志中知道一些该科武进士的人名。《弘治温州府志》载："咸淳辛未林时中榜。林时中，状元。金行甫，朱永玉，陶起潜，陈郁，郭钦夫，黄梦龙，焦绍祖，郭拱辰，蔡南，曾肖望，陈斌，朱梦桂，林雷震，程一飞，林师吕，以上俱平阳人。陶元龙、陶元虎，瑞安人。"

清人所编的《平阳县志》除记载有以上武进士外，又有"林景新第二，陈龙发第三"的记载。①

此书在引用《弘治温州府志》时，做了重新编辑。如原文中的"郭钦夫知高州"把"知高州"省略了。将原文中的"已上俱平阳人"的"已"改为"以"。上文的"林坳乡"有错。查明隆庆《平阳县志》、乾隆《平阳县志》、民国《平阳县志》等地方志和族谱，从来没有将"林坳"称作"乡"。宋时，"林坳"属于平阳县亲仁乡②。

《中国历代武状元》中的"清人所编的《平阳县志》除记载有以上武进士外，又有'林景新第二，陈龙发第三'的记载"这一句也有出入，全文是"林景新，居林家步，廷对第二；陈龙发，廷对第三。案通志不载"。编者没有看见下边还有"咸淳十年甲戌"六个字。

《中国历代武状元》一书的资料来源于各种方志。

（2）明《弘治温州府志》的记载。

《温州文献丛书·弘治温州府志》记载的第 368 页有以下两个地方：

咸淳辛未，林时中，金行甫，朱永玉，陶起潜，陈郁，郭钦夫知高州，黄梦龙，焦绍祖上鄂州路分，郭拱辰，蔡南知高州，曾肖望，陈斌终路分，朱梦桂终公安令，林雷震，程一飞，林师吕，已上俱平阳人。

---

① 王鸿鹏主编：《中国历代武状元》，中国人民解放军出版社 2002 年版，第 144 页。
② 乾隆《平阳县志》有"林景熙……号霁山世居亲仁乡之坳中，实林坳"的记载。

陶元龙、陶元虎俱瑞安人。[①]

同一页的"武科状元"栏又有：

陈鳌、陈鹘、蔡必胜、黄襄然、林管、朱嗣宗、林梦新、项桂发、章梦飞、朱熠、林时中，已（以）上俱平阳人。

（3）明隆庆《平阳县志》的记载：

林时中
金行甫，路钤
朱永玉
陶起潜
陶元龙
陶元虎
林师吕
郭钦夫，知高州
黄梦龙
焦绍祖
郭拱辰
蔡　南，知高州
曾肖望
陈　斌，路分
朱梦桂
林雷震
程一飞
陈　郁[②]

---

① 《温州文献丛书·弘治温州府志》，上海社会科学出版社 2006 年版，第 368 页。
② 《平阳县志》(明隆庆五年刊本)，台湾成文出版有限公司 1983 年影印，第 443 页。

明隆庆《平阳县志》没有写明林时中"廷对第一"或者"状元",倒是比它还要早一点的《弘治温州府志》写明"武科状元"。

(4)雍正《浙江通志》的记载:

> 林时中,平阳人,状元
>
> 徐必胜,天台人
>
> 谢　发,临安府人
>
> 林震炎,临安府人
>
> 陈文翁,临安府人
>
> 章　炜,临安府人
>
> 郑士庆,临安府人
>
> 俞梦水,临安府人
>
> 杜士贤,临安府人
>
> 陈应酉,临安府人
>
> 王应午,临安府人
>
> 戴松龙,临安府人
>
> ……①

近代人认为,林时中于正史无传。这种说法也不大合适,雍正版本的《浙江通志》也是官方比较权威的史籍。当中就记录着"林时中,平阳人,状元"还有同科的临安府的一大批武举人。

此外,同治《苏州府志》也有一段记载:"咸淳七年(1271)辛未林时中榜,(吴)徐云鳞从龙忠翊郎九江帅府幹管。"②

(5)民国《平阳县志》有如下记载:

> 咸淳七年辛未,林时中榜
>
> 林时中,居林坳

---

① 雍正《浙江通志》卷一百二十九,清文渊阁四库全书本。

② 同治《苏州府志》卷六十七,清光绪九年刊本。

金行甫,居坊郭路钤

朱永玉,居三桥

陶起潜

陈　郁,居新阳

郭钦夫、镇孙,知高州

黄梦龙,云龙弟

焦绍祖,居湖窦鄂州路分

郭拱辰,居坊郭

蔡　南,居旸奥知滁州,案通志作黔州

曾肖望,居坡南

陈　斌,秀兄路钤,案陈秀无考

朱梦桂,居三桥

程一飞,居下程

林师吕,师程弟

陶元龙

陶元虎

林雷震,案通志不载

陈　元,见陈镐传,案旧志阙今据平仲集玄逸子碣铭补[①]

民国《平阳县志》写得比较清楚,还注明了"林时中榜""居林坳"。林时中的祖籍在林坳,之后又迁居到八丈。显然,民国版本的《平阳县志》编者,已经比较全面地看过各姓的宗谱,然后在他们的"出生地"等的基础上再做了补充。明隆庆《平阳县志》记载为 18 人,民国《平阳县志》记载为 19 人,增加了"陈元"1 人。

《中国状元大典》[②]也认为林时中是南宋"咸淳七年辛未"的武状元。

① 王理孚修,符璋、刘绍宽纂:《平阳县志》卷二十八《选举志一》,1925 年刊。

② 毛佩琦主编:《中国状元大典》,云南人民出版社 1999 年版,第 12 页。

二、宗谱中的林时中

(一)关于林时中的身世

清乾隆辛亥年(1791)版本《林氏宗谱》中有如下一段记载:

> 有绎公三子:讳时中,宋咸淳七年辛未科廷对第一武状元,钦赐御葬西洋漈下。

还有他们两兄弟的信息:

> 有绎公长子:讳宜中,字中行,咸淳间同弟自中诸榜补遗职任知县。娶鲍氏,附葬弟状元西洋漈下。有绎公次子:讳自中,字系孙,生于绍定元年戊子(1228)八月十四卯时,职任制干,娶徐氏,不禄,随弟状元附葬西洋漈下。

查《林氏族谱·五服支图》又发现林时中的祖父是"林祐",曾祖是"林嵩"(宋文进士,任刺史),高祖"林梗",职任迪功郎、东阳县尉。林时中是唐末苍南林氏始迁祖林护的第十三世孙,而住在林坳的武状元林管,则是林护的第九世孙。武状元林管的辈分要比林时中高四代。

还有关于与林时中房亲,同地同科的武进士林雷震的信息,可以作参考。

> 公之子:讳雷震,宋咸淳七年辛未科武进士,除授中山府知府卒任所。

　　与林时中状元同地同科的林雷震,当上了广州中山府知府。林时中的大哥林自中,"诸榜补遗"也当上了知县。林时中中了武状元的 7 年后,南宋就灭亡了,在他中武状元前后,当时国家正值用人之际,林时中一定为官不小,为什么没有记载呢,这是一个谜。

　　关于林时中的生卒年问题,文献中一直没有记载,宗谱中也没有。在三兄弟中,他排老三。他的二哥是"生于绍定元年戊子(1228)八月十四卯时"。这就基本上可以推算出,林时中大约生于 1231 年。至咸淳七年(1271)辛未科,他考中了武状元,年龄大约在 40 岁(林管也是 40 岁中状元的)。

　　还有一点需要说明的是:在民国《平阳县志》中,提到林时中是林坳人。而在《苍南县林氏通览》的①第 338 页、113 页,根据主编林振法的考证,林时中前辈已迁居至"八丈"(现八丈)定居。只是当年"林坳"的名气,远远大于"八丈"。就是当年林时中在世时,也不反对称自己是林坳人。

(二)现存的林时中诗词与赠送林时中的诗词

　　在已知的苍南的境内 7 位②武状元中,武状元出身的林时中,却能留下至少 4 首诗词。他在当前苍南境内的武状元中,是属于留下诗歌作品比较多的一位,现摘录于下。

　　其一:　　　　　　　荷　亭

　　　　　　高枕方塘四面开,人闲六月此徘徊。
　　　　　　花侵红盏灯光溜,叶并栏杆翠色堆。
　　　　　　冷浸葛衣山月上,清幽湘簟水风来。
　　　　　　凭君说与溪耶女,莫折刺茎鸥鹭猜。

---

　　① 林振法主编:《苍南县林氏通览》,中国社会出版社 2006 年版。
　　② 杨道敏、林子周主编:《苍南状元》苍南县文史资料,2014 年编印。有苍南境内武状元陈鳌、陈鹗、黄褒然、林管、项桂发、章梦飞、林时中的记载。

其二：　　　　　　　　　兰

骚佩如今不可收，得留①丹颖吐清秋。

庭前一阵香风入，吹动压帘双海中(舟)。②

其三：　　　　景炎丙子孟秋晚游新兴寺

眼底年光似水流，昏昏醉向半乡投。

偶来徙倚新兴寺，还意朝参丹凤楼。

露泻鹤翻松径晓，云闲僧定竹房秋。

人生如梦宁无语，扫笔留题记胜游。

第四首写的是词:《梅》用的是《临江仙》调:

老去惜春今已懒。爱梅犹绕江村，一枝先破玉溪春，更无花态度，全是雪精神。

胜向空山餐秀色，为渠着句清新。竹根流水带溪云。醉中浑不记，归路月黄君。

此外,还有平阳县南湖进士写林时中荣归之后的事。全诗如下:

时中公荣归以所赐之金创建奉先神主于其中

荣归重建继前修，一迳萦纡水竹幽。

追远慎终终不忝，联蝉子姓祀春秋。

诗礼传家号大林，一门十个竹纶音。

凭渠争献河东赋，自愧相如得赐金。

---

① 得留:诗人林英才认为原文中"留得"因不符合平仄,当改为"得留"或"但留"等其他合韵的词。我们期待着有第二种版本的发现,方便加以印证。

② 族谱原文为:"吹动压帘双海中","中"与本诗韵不合,疑为"舟"字之误。

还有同乡浦边（今灵溪镇灵江社区）人，专门为八丈的"二宅""二翁"写了一首诗。

水门桥

二翁唱和爱临清，新架桥梁水面横。

自是林章连地脉，往来人在镜中行。

为什么这个地方叫作"八丈"呢？相传，章梦飞与林时中两状元的状元府府第东西面最近的地方，只差八丈。故此，这个地方就叫作"八丈"。诗中的"二翁"是指"林章"。古人比较谦虚，诗人章仲彬自己是姓章的，喜欢将自己的姓放在后边，因而写作"林章"而不是"章林"。章梦飞出生于1216年，林时中出生于公元1231年，章梦飞比林时中年龄大15岁。章梦飞31岁就考中武状元（淳祐七年丁未科，1247）。林时中41岁考中武状元（咸淳七年辛未科，1271）。两人考取武状元的时间相差24年。他们都住在同一个地方，都是武科状元，诗歌水平不错，"二翁唱和"并非不可能。

还有一则资料，来自《四朝诗·宋诗》，题目是《遇樵川林时中》。

遇樵川林时中

建水樵川隔几重，相逢孰意大江东。

客行芳草斜杨外，春在柔桑小麦中。

细雨疏田流水碧，残霞拥树远林红。

浮生聚散浑无定，有酒何妨一笑同。①

作者赵若槸，字自木，号霁山，崇安（今福建武夷山市）人。度宗咸淳十年（1274）进士。入元不仕。福建樵川位于今福建省南平市邵武市一带。

许多文献把"遇"字，当成了"过"字，因为繁体的"过"字与"遇"字很

---

① 《四朝诗·宋诗》卷五十五，文渊阁四库全书本。

像。如以《过樵川林时中》为题目,与诗歌内容不相符,必定是《遇樵川林时中》。樵川在福建,在今福建省南平市邵武市一带。《遇樵川林时中》诗中的林时中,是樵川当地的"林时中",还是与"状元林时中"同名,或是当年"状元林时中"把家眷都迁到了闽北的山区邵武市樵川去了?诗人赵若槚是度宗咸淳十年(1274)进士,而"状元林时中"是度宗咸淳七年(1271)的状元,他们是同一时代的人,在同一朝为官,他们之间相识也不是不可能。查遍浙南现存的《林氏宗谱》,已经找不到状元林时中的嫡系后人。

《遇樵川林时中》诗中的林时中,到底是不是"状元林时中",这事还不能肯定,先给一个线索,留待之后研究。

三、墓葬与后裔去向

(一)关于《林氏宗谱》中的"钦赐御葬西洋漈下"

据记载,林时中的前辈,从"林坳"迁居到"八丈"这个地方。"林坳"在东面,现属于藻溪镇管辖。"八丈"在西面,属于灵溪镇管辖。两地距离大约 10 里的路程,这两个地方,都是历史上名人辈出的地方。

当前保存完好的清代乾隆辛亥年重修的《林氏宗谱》,已经有了 200 多年的历史,这本谱一直放置于"八丈"林氏古民宅中。《林氏宗谱》中还记录了林时中去世后"钦赐御葬西洋漈下"等文字。

先说一说《林氏宗谱》中"钦赐御葬"4 个字。

林时中是南宋度宗咸淳七年(1271)辛未科武状元。1279 年,南宋王朝灭亡。在他考中状元的 7 年后,南宋王朝就灭亡了。南宋灭亡之后,南宋王朝的皇帝也不存在了,还有什么"钦赐"?

我们可以先来一个推论:"钦赐御葬"有 3 种可能:一确实是宋末皇帝给他"钦赐御葬"。二是《林氏宗谱》后人有意加了上"钦赐御葬"4 字,借以"光宗耀祖"。三是元帝给他"钦赐御葬"。如果是元帝给他"钦赐御葬"。这种情况,他必有倒戈反宋之举,而且安葬时应该轰轰烈烈,并留下一定规格的墓葬,他的后裔也会在族谱中记载得很清楚。

相反,现在连他的墓都找不到,极有可能是他的后裔们怕元兵清算旧账,与林管的墓一样,将它填埋了起来。后裔再迁往外地,逃避元兵的追查。剩下的只有前面说的一二两种可能了。我们放在后边再研究讨论。

再说一说"西洋漈下"。

这个"西洋"就是当今的藻溪镇的西洋坡,确认无疑。"漈下",就是这个地方在墓地周边曾经有过"水漈",即小瀑布。藻溪镇的西洋坡地方,现在的地域范围不是很大,但宋时就不一样,包括了当今元店的一些地方。具体以 1988 年出土的《处士林君墓志》为证。

> 宋嘉定十一年春三月壬申,林氏之孤应龙奉考妣之枢,葬于本乡西洋上岙之麓。
>
> 应龙窃惟墓有志铭,必托诸闻望以昭不西朽,人子之至情也。委曲攀附以求之,卑辞恳请而得之,非其亲故之私,即其势利之交,其事或不核,其文祇益欺。应龙非惟不暇,亦不敢。
>
> 先君讳己千,字仲能。先世居闽,八世祖徙温平阳,乡曰亲仁,里曰林坳。曾祖德宣,祖宗颜,考硕,世种其德。生于绍兴辛亥,终于淳熙乙巳。娶同邑白砂陈氏,生于绍兴乙卯,终于嘉泰癸亥。长男应龙,次炜。女一,适士人陈允武。孙男汉,孙女艮。外甥二,曰晔、曰山。先君秉德不回,以勤谨昌家,以诗书诏后。母氏温淑,内外无间言。应龙泣血百拜敬叙源委,措之幽壤,以识终天之哀。
>
> 男炜百拜书

碑文中有"葬于本乡西洋上岙之麓"。这个墓地就是现在的藻溪镇繁枝社区元店村。上文的"本乡"就是"亲仁乡"。这个地方还有上岙、中岙、下岙。可见宋代的"西洋"范围比现在的西洋坡地方,要大得多。

从东面一直延伸到北边的接近于横阳支江口。

这些地方有瀑布的也不少,我们却无法找到武状元的墓。

估计有如下原因:(1)地质原因,状元墓因自然下降而完全沉没。(2)后人填埋状元墓,时间久了,让大家淡忘了武状元曾经的存在。

这第一种可能性还是不大,因为他们的后裔就在附近,或者周边,不可能让状元墓完全沉没。一个墓要完全沉没,需要很久很久的时间,而且族人就在非常近的地方居住,每一年族人都会去上坟,状元墓作为一个家族标志性的墓,不会无人去修理。那么,会不会突然的地质灾害,导致整个墓区在很短的时间内沉没?这个可能性还是不大,因为自然下降了还是会有遗迹的。剩下的就是第二种可能,后人填埋了状元墓,并在相当长的一段时间不再去祭扫这个墓,有意让大家淡忘了武状元曾经的存在。

还有一个问题是林时中是什么时候去世的。

如果确实是清代乾隆辛亥年重修的《林氏宗谱》所记载的"钦赐御葬西洋漈下"内容可靠,林时中就必然在南宋灭亡的前夕,为国战死沙场,这才能有"钦赐"。之后,他的哥哥林宜中"补遗职任知县"。朝廷给他大哥一个县官的官职,好给抗元的人一个交代。如果是这样,我们有理由,将他的去世时间,大约确定在公元 1278 年。因为 1277 年秋天,他还留下一首诗《景炎丙子孟秋晚游新兴寺》。此诗的内容,表明自己有明确的政治倾向。特别是"偶来徙倚新兴寺,还意朝参丹凤楼"之句,描写自己虽然今日暂居"新兴寺",但还是想着当年状元及第之后参访"丹凤楼"的盛况。

(二)关于林时中后裔问题的探究

武状元林时中的后裔在什么地方? 与武状元林管一样,林氏族谱无载。

林时中与林管同宗同脉,林管考中武状元的时间是 1193 年,林时中考中武状元的时间是 1247 年,比林管中武状元的时间晚了 54 年。林时中当年的亲房在灵溪百丈居住,林管的亲房在藻溪林坳居住,后来林管的亲房又搬迁到灵溪镇的夏林地方,两地相距约 10 里。虽宗祠不同，但宗谱完全一样。两个支脉同属于"林氏济南郡"，清代乾隆辛亥年重修的《林氏宗谱》就是完全相同的一式两份。当今，我们在寻找这两位武状元的墓葬和他们的后裔时，《林氏宗谱》中有状元墓具体的地名，没有遗迹，他们有宗祠但宗谱中却没有直系，这个问题发人深思。

是他们的后裔离开了他们的出生地，还是怕元兵报复而远走他乡，改名换姓？这还是一个谜团。

可以肯定的是林家有丰厚的产业和肥沃而广阔的田地。世居在灵溪百丈（原来的"八丈"）旗杆内，农业大学毕业现退休的干部林德敖和退休教师林德义（92岁）说，我们的亲房中，还有在周边的福鼎、泰顺、温州各地。虽然他们搬出去若干年，几乎每年都会派代表回家乡探亲、上祖坟。如果他们的田园由亲房代为打理了，亲房还是会为他们管理好坟墓的。而且外迁的后裔，也会不时地派人来探祖。元朝不到100年，后裔也只有三四代人，回迁的可能性还是比较大的。但这仅仅是可能，还有待于考证。

武状元林时中与武状元林管，他们同是唐始迁祖林护的后裔。林时中与林管虽然不是直系，但也是房亲。自唐始迁祖林护开始，谱系都比较清楚。而到了武状元的这一代，他们的后裔谱系却不清楚了。这种情况，是反常的情况，应该说完全是其后裔所为。同样的群体，处理的手法类似，留下的结果也一样。当然，这仅仅是推测，等待着今后在考古方面有新的发现。

最后，笔者尝试做一个小结论，在元兵南下之前，即南宋还没有完全灭亡之前，后人有意识地销毁了家谱中与武状元直接关系的证据，并有意识地填埋状元墓，其嫡系进行了避难性迁移。在元代统治的近100年中，统治者们生怕国人造反，收缴民间刀枪器械，取缔所有民间武馆，严禁民间武术传授，后人也不彰宣传武状元事迹，结果时间久了，结果把状元墓隐藏得连自己的后裔也找不到了。当然这些推论是建立在林时中是抗元的分子，而不是投降派的基础上的，不然的话这种推论是不会成立的。

附：清乾隆辛亥年重修百丈《林氏宗谱》

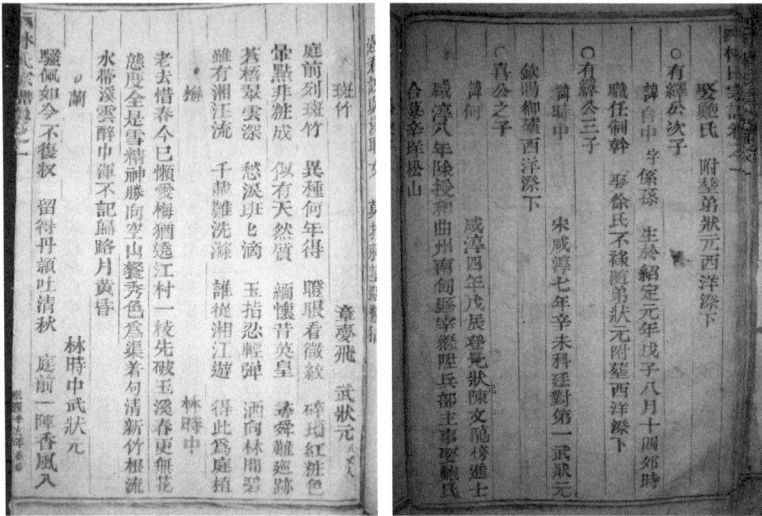

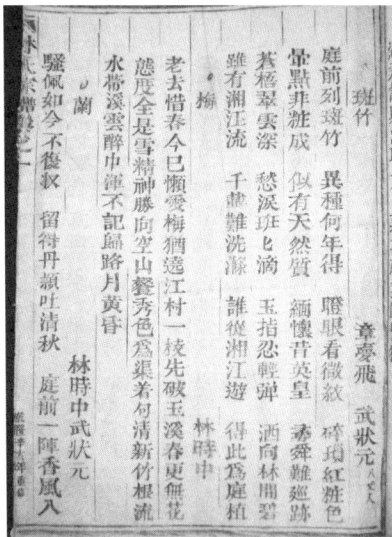

章梦飞

——南宋淳祐七年武状元

苍南县民间文艺家协会　林子周

　　章梦飞(1216—1278),字云翔,南宋淳祐丁未科右榜进士,廷对第一。他是一个有过争议的历史人物。明代的《弘治温州府志》错载,20世纪90年代的《苍南县志》无载。笔者经过多年的努力,收集了章梦飞的各种资料,澄清了模糊的历史,还章梦飞真实的面目。

一、身世传说

　　灵溪百丈这个地方,南宋时代出了个武状元章梦飞。这些事已经过去好几百年了,但在他的家乡至今还流传着一个比较动听的民间传说:章梦飞在他还没有出生时,就有神灵护佑着他的母亲。

　　相传章梦飞快出世的这一个月,他的母亲一连两夜做了两个梦。头一天夜里,他的母亲梦见有个和尚要她到寺院里住,和尚要为她念经保佑她平安。他的母亲醒过来后,心想:自己是信佛人,和尚要请她到寺院去,她当然要去。可是天一直下着大雨,自己又有身孕,不方便去寺院啊。第二天晚上,又梦见有个老人家跟她说:"明日你们家中有灾难,下大雨之时,家里不能住人,你们要到门口的大埕院去,你肚子里的状元公还没有出生呢。"

　　他母亲把这个梦当成平常事,没有任何的警觉,反正自己身体一直不好,做梦也是正常的事。她想:下大雨,要我到大埠院去,不是要淋大雨吗?我这个孩子,出生以后平平安安地过一辈子就拜天谢地了,还要什么"状元公"?说我肚子里的孩子是个"状元公",是要被别人笑话的。

第二天,雨越下越大。他的母亲心里有点慌。她想,反正一家人都不在家,要出事也无办法。她拿起一把平时最喜欢的木梳,只管自己梳头,压压心头的慌。这时,一只狗跑过来,叼了她的木梳,就向外面跑。这条狗,是她自家养的,平时很听话,今日却突然叼走了她的木梳,她很生气,顺手拿起一根柴棍就追。追到门口的大埠院时,后门山的大坎崩了下来,整座房子都被压在了下面。

后来他的母亲才想到了,头一天晚上梦中的这个和尚,请她到寺院住,为她念经,是怕她会死在这座房子中,只是天机不可泄漏。第二天晚上,又梦见有个老人家跟她说,这也是神灵保佑着她,怕她出事啊。这个孩子一定不简单,出世以后,一定要好好培养!

不久之后,她生了一个男孩,给这个孩子取名"章梦飞"。章梦飞这三个字,中间带有"梦"字,跟他母亲做的这两个梦有联系。若不是他上辈人有德,当年他母亲已经一命归西了,他也就胎死腹中了,还有什么状元公呢?

孩子出生之后,长得很快,力气又大,聪明过人,母亲经常带他到寺院拜佛。师父要求他刻苦读书,行善积德,不要伤害生灵。

后来,他习文练武,品学兼优,高中了武状元,官拜抗元大元帅。在潼关一战中,杀敌无数。章梦飞虽是为国杀敌,取得了战功,他还是不愿看到尸横遍野、血流成河的场面。他总是想起小时寺院师父的交代,"行善积德,不要伤害生灵",于是他就主动向皇帝请命,说自己身体不好,要求解甲归田。最后,朝廷又派他到广东任职去了。不久之后,他又主动提出告老还乡。

回到老家,他还专门在横渎浦修建了"云福寺",也是对他母亲的一种交代,对他故乡的"守护神"的一种回报吧。

二、史料记载

关于章梦飞状元的相关记载：

(1)《中国历代武状元》一书的记载：

  章梦飞,温州府平阳县八丈乡(今浙江省温州市平阳县)人。字、号、生卒年均不详。南宋理宗赵昀淳祐七年(1247)丁未科武举第一名。该科录取正奏文进士527人,文状元是张渊微。

  对于此科的状元,不同文献的记载略有不同。《弘治温州府志》认为章梦飞是淳祐庚戌科,即淳祐十年(1250)的武状元,而《状元大典》"宋代武举登科表"认为淳祐十年的武状元是陈亿子。章梦飞是淳祐七年的武状元。

  笔者比较赞同《状元大典》说法,因笔者在查找资料时,发现有些地方文献明确写有"陈亿子,淳祐十年武状元……"[①]

  上文的"八丈乡",有错。查明(隆庆)《平阳县志》、(乾隆)《平阳县志》、(民国)《平阳县志》等地方志和族谱,从来没有将"八丈"称作"乡"。"八丈"这个地方,就是现在的"百丈"。"百丈"范围不大,中华人民共和国成立后,属于平阳县灵溪区沪山公社管辖,相当于一个自然村的范围。百丈是一个名人辈出的地方,南宋以来出了二十多名进士和举人。武状元章梦飞、林时中都在这个村居住过。《中国历代武状元》认为章梦飞是淳祐丁未科的武状元,并持肯定的态度是对的。把"平阳八丈人"当作"平阳县八丈乡人",又在后边加了括号说明"(今浙江省温州市平阳县)",这又搞错了。此书2002年3月出版。1981年6月,苍南县从平阳县析出,"百丈"这个地方,属于苍南县管辖,不再属于平阳县。

---

① 王鸿鹏主编:《中国历代武状元》,中国人民解放军出版社2002年版,第138页。

错误原因是作者未对地域的行政辖属关系的沿革情况进行深入调查。

(2)明弘治、万历《温州府志》的记载：

明弘治《温州府志》的记载：

> 淳祐甲辰，项桂发，知雷州；淳祐庚戌，章梦飞状元，终肇
> 庆守。①

明弘治《温州府志》记载的内容非常简单。从淳祐甲辰（1244）至庚戌（1250），前后共六年，中间正好少了"丁未科"（1247）。宋咸淳《咸淳临安志》把章梦飞列入丁未科，而《温州府志》《章氏宗谱》误把章梦飞列入"庚戌科"。因为"庚戌科"是福建福宁府的"陈亿子"，这是后人争议的一个焦点。

明万历《温州府志》的记载：

> 庚戌，章梦飞状元，肇庆守。裴正夫、徐密、徐德威鄂州将
> 领、薛时兴、朱时兴六合县令、曾持纲，俱平阳（人）。②

明万历版本的《温州府志》，内容明显来自明弘治《温州府志》。只不过增加了同科的武进士姓名。这些武进士到底是真正与章梦飞同科，还是与淳祐庚戌科的陈亿子同科，有待考证。

福建的《八闽通志》《福州府志》都记载了：陈亿子，字则大，福宁州二十二都廉林（今属福建省宁德市）人。南宋理宗赵昀淳祐十年（1250）庚戌科武举第一人。陈亿子有一个弟弟叫陈仪子，也是陈亿子一榜的武进士，两人同科高中武举，影响比较大，在当地传为美谈。

《八闽通志》《福州府志》影响面很大，也是比较权威的地方志。"淳祐庚戌科"不可能有两个武状元，所以章梦飞自然不是淳祐庚戌科武状元。

---

① 王瓒、蔡芳编纂：《温州文献丛书·弘治温州府志》，上海社会科学出版社 2006 年版，第 368 页。

② 万历《温州府志》卷十《选举志》，明万历刻本。

（3）民国《平阳县志》记载：

民国《平阳县志》编者查阅了《咸淳临安志》和《延祐四明志》之后，提出了如下意见：

> 章梦飞，居八丈，知肇庆府。案旧志列庚戌科，通志不载。府志亦云庚戌状元，今据咸淳临安志改列丁未。[①]

对于这个问题，民国《平阳县志》编者已经有了很深的了解，并对史料的错误地方做了全面的更正，这是非常难得的。

笔者还查到了《钦定四库全书·延祐四明志·卷六》其中有"武举章梦飞榜，汤大全、戴元质……"，不知《平阳县志》编者当年看到的是不是这部书。

笔者还从民国《杭州府志》中找到一段记录："……戴必可、谢宗卿、沈朝望、李实夫，《成化志》'夫'作'之'，以上丁未章梦飞榜……"[②]文章大体说：戴必可、谢宗卿、沈朝望、李实夫等，在明代《成化志》的记载中，考中了丁未科章梦飞状元这一榜的武进士。可见，明代成化年间编写的《杭州府志》，已经说到有杭州人在南宋淳祐年间参与丁未科的武举考试。章梦飞考中了第一名即武状元，杭州的好几个人也在这一科考中了武进士。民国十一年（1922）版本的民国《杭州府志》完全可以与民国《平阳县志》互为印证了，杭州与平阳两地相距甚远，过去交通极为不方便，而史志记载了章梦飞中了"南宋淳祐丁未科武状元"。

（4）《中国状元大典》的记载：

《中国状元大典》也认为章梦飞是南宋"淳祐七年丁未科（1247）"武状元，图1是该书第1220页的"续表"的一部分截图：

---

① 王理孚修，符璋、刘绍宽纂：《平阳县志·选举志》，1925年刊本。
② 李榕撰：《民国杭州府志》卷一百七，1922年刊本。

1220　　　　　　　　　中国状元大典

续　表

年　　　　　代	状　元	籍　　贯	登科人数
嘉定十三年（1220）庚辰	陈正大		44
嘉定十六年（1223）癸未	杜幼节		58
宝庆二年（1226）丙戌	杨必高	临　安	
绍定二年（1229）己丑	焦焕炎	太　平	
绍定五年（1232）壬辰	林梦新		
端平二年（1235）乙未	朱　熠	温州平阳	
嘉熙二年（1238）戊戌	刘必成	平江府昆山	
淳祐元年（1241）辛丑	赵国华		
淳祐四年（1244）甲辰	项桂发		
淳祐七年（1247）丁未	章梦飞		
淳祐十年（1250）庚戌	陈亿子		
宝祐元年（1253）癸丑	程鸣凤		
宝祐四年（1256）丙辰	张宗德		
开庆元年（1259）己未	朱应举		

图 1　《中国状元大典》截图[①]

　　毛佩琦教授主编的《中国状元大典》，与王鸿鹏主编的《中国历代武状元》相比较，毛佩琦教授要谨慎得多，对于许多状元的籍贯并没有标明。是他没有到过平阳，还是对平阳宋代出了这么多的武状元表示怀疑？我们还是不可知。但书中的这个表格做得比较全面，让人一目了然，并且姓名、时间等关键的信息都没有出错。

三、族谱记载

　　既然古籍《温州府志》《咸淳临安志》《延祐四明志》都记载了章梦飞是武状元，笔者认为，章梦飞的状元身份，不是凭空臆造出来的。如果章梦飞武状元的身份得以确认，那么清光绪版本的《章氏宗谱》就非常

---

　　① 　毛佩琦主编：《中国状元大典》，云南人民出版社 1999 年版，第 1220 页。

具有参考价值。但是,认为章梦飞是"淳祐庚戌科"的说法,可能来源于弘治《温州府志》。

(1)清光绪版本《章氏宗谱》的记载:

梦飞字云翔,淳祐庚戌科右榜进士,廷对第一。敕封建昌侯。事实详载墓志。生宋嘉定乙丑(1216)十一月初九酉时。卒于景炎戊寅(1278)四月初二未时,寿享六十三。夫人龙江高黎黄氏,生宋嘉定丁丑年四月十三日辰时……次配萧氏……合葬十九都桃源洞坑马鞍腰山。

特别是《章氏宗谱》对于章梦飞的字号、生卒年时间,记得比较清楚,弥补了《中国历代武状元》提出的章梦飞"字、号、生卒年均不详"之不足。

章梦飞有两个妻子,其一是平阳高黎黄氏,其二是当地的萧氏,两妻生有四个儿子。

图2　清光绪年间《章氏宗谱》中绘制的章梦飞像

(2)平阳县萧江《黄氏宗谱》的记载:

既然《章氏宗谱》中说到"夫人龙江高黎黄氏",我们就到平阳县萧江镇高黎,查一查《黄氏宗谱》。现存的老版本的《黄氏宗谱》是清同治丁卯年(1868)和民国己未年(1919)重修编的。谱中记载了始祖廷纶公自福建迁徙松山(今苍南桥墩),后再迁居高黎。

高黎黄氏是一个人才辈出的大家族。黄有正、黄民望,还是两代父子双进士。高黎黄氏家族与武状元章梦飞家族算是门当户对。在清同治丁卯年(1868)重修的《黄氏宗谱》中又有这样一段文字:

> 讳瞻,字民望……登大宋嘉泰三年壬戌科进士,先任归州教授,后升太常寺司农,簿配林氏孺人,生卒俱失。子三:长仲蒙、次仲芬、三仲苓。女一,适八丈状元章梦飞。

苍南县灵溪的《章氏宗谱》与平阳县高黎的《黄氏宗谱》内容上可以相互印证。这两个家族就是因为有这个层面的状元姻亲关系,所以过去在状元祠修建时,黄氏依照古礼,一直都跟章家有密切的交往。

四、征战记录

1988年,杨奔先生曾在《苍南历史人物》中,写了关于章梦飞的一篇文章,现节选如下:

> ……理宗淳祐七年(1247)科右科廷对第一,这时已三十多岁了。理宗看了他的试卷,赞赏道"此君吐词雄伟,凛凛有忠义声拂露笔墨间,朕亲擢之,必无愧于得人矣"。但此后不知由于皇帝的健忘,或别的原故,直到宝祐二年(1253)才担任了御苑统卫兼左司马事。
>
> 宝祐二年(1253)十一月,潼关陷落。木怀多贴木儿所率一支蒙古军直逼燕京。告急的文书到了京都成了"捷报"。最后瞒不住了。朝议委派人选,君臣没有发言的。兵部侍郎何中行(本县人)推荐了章梦飞。理宗喜道:"朕早已得其人矣,

何患无能耶。"便赐以节钺,授以帅印,诏令群臣于北门外饯行。左右捧酒奉献理宗,理宗不授,转让于梦飞,说:"'闻以外,将军主之。闻以内,寡人主之'。"梦飞跪谢,饮讫,立即督领大军出发。在行军中,他处处以身作则,虽劳累也不坐乘,虽火热也不张盖。又能体贴下情,爱抚士卒,关心他们的寒热,分甘共苦。从而赢得了群情的爱戴,士气十分高涨。

宝祐三年(1255)七月初,梦飞部与蒙古军仍然处于相持状态。军情上报时理宗不耐烦了,怀疑选错了人手。却不知章梦飞用的是缓兵之计,以多方麻痹敌人松弛他们的斗志。及至时机成熟,他立即下令三军:"'不入虎穴,焉得虎子',今日之事当以死争之。"便挥戈直指敌阵,将卒皆成为死士,一往无前。敌军出于意外,溃不成军,狼奔豕突,披靡而退。一举收复了潼关的捷报传到了京师,理宗大喜。君臣又纷纷上表皇帝用人得当。理宗就赐给彤弓卢矢及车服酒帛,由贾似道赍旨劳军。擢拔章梦飞为京湖宣抚使,充国信使。节制五城大司马兼督饷事。梦飞早已痛恨贾似道的作为,他未忘百年前惨痛的史实:1140年,岳飞"郾城大捷"后,完颜宗弼准备退兵,却有宋朝卖国书生拉住他的马说:"太子勿走,岳少保且退矣。"完颜宗弼说:"岳少保以五百骑破五十万,京师日夜望其来,何为可守?"那书生答:"亘古未有权臣在内而将立功于外者。岳少保祸且不免,况欲成功乎?"于是完颜宗弼留下,岳飞被十二道金牌召回,被杀于风波亭。而当今皇上未必贤于赵构,贾似道的劣迹却无异于秦桧,这正好是他的前车之鉴。于是他立即叩阙上书乞休,没有得到批准。

……就在这时(开庆元年公元1259年),同县径口(在今平阳县水头区)的朱应举也中了武状元,在琼林宴上与章梦飞相见,谈到国家形势,倾吐了肺腑,彼此扼腕抚膺……梦飞却被改授肇庆(广东)府宣抚使。[①]

---

① 《苍南文史资料·苍南历史人物》,1988年内部印刷,第37、38、39页。

　　杨奔先生参考清光绪版本《章氏宗谱》后写的这篇文章,内容与宗谱《墓志碑铭》记载的一样,只不过做了一些白话的翻译,对《章氏宗谱》一些有明显怀疑的地方做了一些删除。《墓志碑铭》原文的落款为"同里龙江高黎黄有正谨撰文拜"。学界对《章氏宗谱》中《墓志碑铭》有一定的看法,根据苍南县档案馆提供的材料,黄有正出生的时间比章梦飞要早些。到底是《章氏宗谱》有出入,还是县档案馆引用的材料有误,不得而知。除非今后章梦飞后人在修缮状元墓时,再有新的发现加以证实,不然的话,此文还是存在一些疑问。

　　特别是宗谱《墓志碑铭》中说到的潼关大捷中,"斩首二万余级",这一说法有出入。是文章夸大了事实,还是真的有这回事?如果是真的,那么这是一次非常大的战役。用现在的话说,就是杀死敌人二万多人,相当于两个师的兵力。笔者查了宋代的战争史,没有发现这一场战争。

　　笔者曾经拜访了曾任《温州市志》主编,对章梦飞深有研究的苍南人章志诚老先生。他同意了笔者的看法,认为宗谱中的这篇《墓志碑铭》可能对当时的战争场面有所夸大。但最后老先生又说:"宋史是谁编写的?是元人编写的,他们不会把金兵惨重的失败写入书中。"

　　有学者认为:此时潼关之地已不属于南宋王朝管辖,章梦飞带兵到潼关作战是不可能的。这一战事是否发生在另外一个地点,还有待考证。

五、传世作品

(一)各种族谱中保留下来的章梦飞作品

清光绪版本中《梦飞公〈赠朱公宗谱小引〉》:

　　吾章氏与朱氏,号称同里,吉赴庆吊之相往来,姻亲故旧之相聚会,与今三百余年矣。朱氏族大而故老先生彬彬不坠。予少时受业其长者之教,若叔翰、叔美诸大人,皆予所从学者

也。开庆己未年(1259)予宦籍肇庆,为予言此温郡朱公之祠
也,凤擅政治第一。予幼秘知其为人,今又见其政治文章于吾
邑,与有光焉称盛事也。夫古有世官世家者矣,而皆覆□□遗
几当事旷官求其称良吏者,盖意鲜矣。而君之身后显名久而
不减,其与甘棠碑媲美,又何愧焉。信乎,朱氏先生之教有以
遗之也。予览之宗乘之书,不护对赘一词,惟附所见善,善欲
长万一云。

　　时大宋景定癸亥冬十月初旬之吉
　　赐状元及第出身敕迁肇庆同里受业章梦飞顿首拜赠

(二)清代两种不同姓《宗谱》中的章梦飞诗词

(1)清光绪版本《章氏宗谱》中章梦飞的诗词:
录梦飞公《咏本县北港南雁荡山铁瓮洞》诗一首:

　　　　　　神居玉宇一壶天,铁瓮犹藏亦自然。
　　　　　　开盖石门云往复,伐毛何处问长年?

(2)清乾隆版本的八丈《林氏宗谱》中章梦飞的诗词:

斑　竹

庭前列斑竹,异种何年得?
瞪眼看微纹,碎琐红妆色。
晕点非妆成,似有天然质。
缅怀昔英皇,寻舜难巡迹。
苍梧翠云深,愁泪斑斑滴。
玉指忍轻弹,洒向林间碧。
虽有湘江流,千载难洗涤。
谁从湘江游?得此为庭植。

这首诗保存在清乾隆辛亥年重修的百丈《林氏宗谱》中,而不在清光绪版本的《章氏宗谱》里,显得非常宝贵。原因是百丈《林氏宗谱》中记录有大量的宋人古诗,而且《林氏宗谱》中注着"章梦飞,武状元,八丈人"。这是因为章梦飞曾住在百丈(八丈),百丈的人早就把他的作品收集保管起来了。

六、遗址遗物

(一)章梦飞"状元祠"

《章氏宗谱》记载,章梦飞原为百丈(今苍南县灵溪镇沪山社区百丈村)人,后迁居苍南灵溪镇横渎浦村。状元祠在今灵溪镇渎浦社区,即县城新区范围。笔者于 20 世纪 80 年代采访过状元祠,当时这个地方是渎浦乡横江村,属于灵溪区公所管辖。

图 3　20 世纪 80 年代"章氏宗祠"的旧照片

状元祠坐落于横阳支江的北岸,坐北面南,五间两进。前座是 20 世纪 70 年代修缮过的,两边为厢房。状元祠始建于宋祥兴二年(1279)二月,明洪武元年(1368)冬重建,明清期间多次重建,最后一次,是在 20

世纪 50 年代,因河道疏浚,向后移动大约 10 米。20 世纪 70 年代,再次进行修缮。状元祠占地面积 550 平方米,建筑面积 400 平方米,2004 年 8 月被县文化局列为"苍南县文物保护点"。

状元祠前边有一对旗杆石,因为时间比较久,没有文字,故年代无考。门台之内有"状元及第"的匾额。下面是一对楹联:

源流赤岸古风在,派衍横江世胄长。

正面的门台两边还有两对楹联,不过不是写武状元章梦飞的,而是写章氏家族迁徙到渎浦横江等情况的。另外一对楹联,也与章梦飞的身世无关。原来用灰塑做的字,估计是有出入了。大门两边,有灰塑塑造的图案,西边为虎,东边为龙。上面也是用灰塑塑造的图案,两边各有戏曲人物两个。

下边有两个石鼓,石鼓上雕刻着非常精美的狮子图案,可惜前年被盗。

状元祠塑章梦飞像是近代塑的。两边是历代章氏家族的神主牌。柱子上有许多楹联,内容非常丰富,有写章氏家庭迁徙情况的,有写章梦飞奔战沙场的。有关章氏家族迁徙的楹联,多数是过去留下来的古联,而写章梦飞奔战沙场楹联多为当代人所撰。

状元祠五间两进的规模大约在 100 年前修建,当地 90 多岁的老人,都说自小时记事开始,状元祠已经是五间了。但在清光绪版本《章氏宗谱》中,可以见到当时用手工绘制的图纸,内容非常清楚,两进各三间,左右各有厢房。

是状元祠还是章氏宗祠,实在也说不清楚。"文革"期间,曾经作为章氏宗祠,有许多香火牌位。现在又改为"章梦飞状元祠",几个铜字十分耀眼。

2016 年下半年,灵溪状元公园拆除了原来的章梦飞状元祠,重新修建了"状元章梦飞纪念馆",于 2019 年完工。纪念馆两进五间,仿古砖木结构,由温州市政协副主席章方璋题字。主体工程完成之后,又把章梦飞状元传说雕刻在两边的走廊上,为县城增加了一道亮丽的风景线。

图 4　清光绪年间重修的《章氏宗谱》中绘制的章梦飞状元祠

（二）章梦飞"状元墓"

清光绪年间《章氏宗谱》记载了章梦飞的去世时间和安葬地点：

> 卒于景炎（1278）戊寅年四月初二日未时，原配夫人龙江黄氏生于嘉定丁丑年四月十三日辰时，卒于德祐乙亥年十一月初三日未时。次配夫人萧氏生于嘉定壬申年，卒于咸淳庚午年七月二六亥时，合葬桃源洞坑马鞍腰山。

桃源洞坑马鞍腰山在平阳县境内。原来南宋武状元章梦飞的墓葬规模比较大，因年代久远，已慢慢沉没。但清光绪年间重修的《章氏宗谱》中，清楚地绘制了状元墓所在的地理位置。

20 世纪 70 年代，后裔对状元墓进行了修缮。今年 75 岁的老人章昌会回忆："当年修墓的时候，我是泥水师傅。由于平阳县桃源洞坑马鞍腰山离我们这边比较远，过去交通不方便，所以相当一段时间没有去上坟。改革开放以后，当地人跟我们说，这里曾经有个章氏状元墓，我们才去修。听上辈人说，这个墓以前有一对石柱，非常高。"章昌会老师傅还说："我看到整个状元墓已经沉没了，早已成为一片荒地。到我们 30 年前去修墓时，石柱沉下去了，只有一段尾巴了，高度只有椅子这么高,人可以在上面坐。我们决定修墓时,发现盗墓的人挖了大约2米深的盗洞,还是挖不到任何东西。这个墓起码下沉2米以上。"

我们没有按照原来的宋墓形式进行修缮,而是按照现代墓葬修缮,这是因为按照现代的方式做墓比较容易,再说当时也没有宋式的状元墓的图纸可以参照,不好做。一个现代的墓在那里,别人就不会轻易地去挖了。

笔者最近再去采访章氏的族人有关武状元章梦飞墓的信息时,得到好消息,他们正在准备办理有关手续,请求文物部门帮助,按照修旧如旧的原则对章梦飞墓重新进行修缮,还其本来面目。

(三)关于文物石马槽

现存于章梦飞状元祠的石马槽,长1.2米,宽约0.5米,厚约0.4米,是一个喂马的石质马槽。当地老人认为这是武状元章梦飞留下的遗物。"文革"期间,有人把马槽拿去用来架接水田水渠,导致一头出现破损。由于没有任何文字记录,就说不清这是什么年代的东西了。有可能是宋代,也有可能是明代。因为明代成化年间,这个地方还出了个"赈饥状元",名字叫章仕昌,也许这是他的,也许既不是宋代也不是明代的东西。

除非用碳-14等现代科学考古手段加以检测之后,再进一步认定,否则不好猜测。

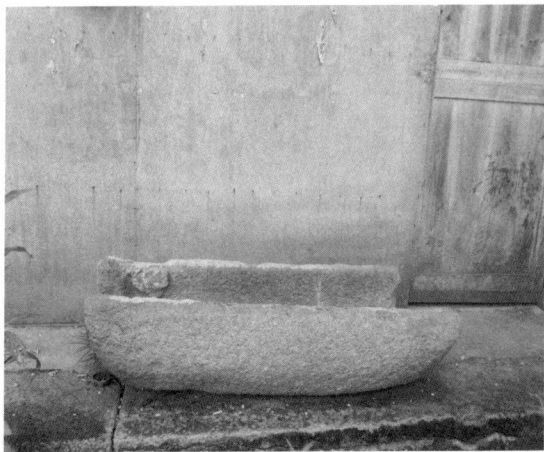

图5 章梦飞状元祠的石马槽,相传是章梦飞的遗物

　　综上所述:章梦飞是南宋淳祐丁未科右榜进士,廷对第一,是无可
非议的。最有说服力的是《咸淳临安志》《四库全书·延祐四明志》。清
《杭州府志》还可以做重要的佐证。至于明代《弘治温州府志》、清代的
《章氏宗谱》,记录他中状元的时间是"淳祐庚戌",也不是特别令人感到
意外,史志个别地方有出入也是可能的,需要将不同内容、多种版本的
史料做比较,这就是笔者大量搜集史料,尽量以原文加以对比的原因。

　　以上论述若有不妥之处,请大家不吝赐教。

黄褒然

——南宋淳熙十四年武状元

苍南县总工会　黄正瑞

　　武状元黄褒(yòu)然(约1145—1217)，浙江平阳松山(今苍南县桥墩镇)人。南宋孝宗淳熙十三年(1186)上舍释褐。丁未(1187)科廷对第一武状元(《温州市志》第784页)，被朝廷任命为武学谕。绍熙中(约1193)除武学谕迁博士。

一、黄褒然的名字

　　(1)黄褒(bāo)然。见《中国历代武状元》、弘治《温州府志》、民国《平阳县志·人物志二》。

　　(2)黄襃(bāo)然。见[宋]吴自牧《梦粱录》卷十六。

　　(3)黄裒(bāo)然。见《中国历代状元榜》等。

　　(4)黄裒(póu)然。见《温州市志》(1998年版第784页)。

　　(5)黄褎(xiù)然：见《咸淳临安志》卷六十一的《中兴右科进士表》。北京东城区图书馆网页上的科举人物武状元名字也是黄褎然。①

---

　　① 据《康熙字典》等:(1)褒,赞扬;(2)襃,同褒;(3)裒,同襃;(4)裒,同襃。(1)—(4)古代通用。(5)褎(xiù),"袖"的古字,衣袖。但作为形容词时,(4)(5)通用读音都是褎(yòu)。如:褎然(裒然。枝叶渐长的样子)、褎然举首(裒然居首,褎然冠首,出众,超出同辈而居首席)。

宋代陈傅良编《淳熙三山志》卷第三十《人物类五》武举：黄(4)衮然榜[底本、库本作"(4)衮"，崇抄作(5)"褒"]。

《咸淳临安志》卷六十一的《中兴右科进士表》中记载："孝宗""(咸淳)十四年丁未""黄褒然"。可见是在咸淳年间，当时的记载可靠。同时，也可以看出黄褒然家庭的文化背景是十分深厚的。为方便，以下有关黄褒然名字的记载保持原貌。

二、黄褒然的文献记载

《中国历代武状元》一书的记载：黄褒然，字号生卒年均不详，温州府平阳(今浙江省温州市平阳县)人。南宋孝宗赵昚淳熙十四年(1187)丁未科武举第一人，该科录取武进士47人。同年录取正奏文进士435人，文状元是王容。黄褒然曾在武学学习，是武学上舍生，他以武学生的身份夺得武状元后，即被朝廷任命为武学谕。不久升为武学博士，亦有声望，余事不详。

民国《平阳县志》中记载：淳熙十四年(1187)丁未，黄褒(衮)然榜，黄褒(衮)然(武状元)，以上舍生廷试第一，见黄石传。《黄石传》主要写黄石的一生事迹。最后一句："同族黄褒然淳熙十四年(1187)右科进士，廷对第一。绍熙(1190—1194)中除武学谕迁博士，亦有声。"下面注明"《旧志·选举》及《止斋集·外制》。《旧志·选举》说的是过去的《平阳县志》，明代隆庆《平阳县志》提到："黄褒然，丙午(1186)上舍释褐，(1187)廷对第一。"

宋代陈傅良编《止斋集·外制》评："博士与范仲任(武举，知金州，后为利路钤辖)为时所称重。"

从以上记载可知：

黄褒然原是武学的上舍生，淳熙十三年(1186)上舍释褐，丁未(1187)廷对第一，绍熙(1190—1194)中除武学谕迁博士。(注：《说文解字注》中说："凡去旧更新皆曰除。")

太学是中国古代的一种大学，始设于汉代。宋代太学仍为最高学府。宋代武学始于仁宗庆历三年(1043),作为中国古代唯一的军事教育制度,推行100多年。当时对武学入学的资格有不同规定:在京无品位低级使臣、门荫子弟、平民,经京官荐保及考核入学;由地方官员荐举武举人得免试入学。

宋室南渡后,政事多纷乱无序,武学也随之废弛。南宋高宗赵构绍兴十六年(1146)于临安府重修武学,四月兵部呈武学条格,摒弃了荐举免试的旧例。从此,参加入学考试就成为谋取武学生员资格的唯一途径。宋代武学教学体制实行王安石的三舍法,即上、内、外三舍。

绍兴二十六年(1156)宋廷定武举名额。四月,宋廷下诏,规定武学生以80人为额(上舍15人,内舍25人,外舍40人),置博士、学谕各一员。不久,又改为以100人为额(上舍10人,内舍20人,外舍70人)。绍兴二十六年(1156)宋行六科举士法。四月,宋廷下诏,规定以后举士分为六科。其名目为:一、文章典雅,可备制诰;二、节操公正,可备台谏;三、法理皆通,可备刑狱;四、节用爱民,可备理财;五、刚方岂弟,劳绩着闻,可备监司、郡守;六、知机应变,智勇绝伦,可备将帅。并命侍从每年举荐。

南宋时期,将武生员额限制在百名。

在京武学外舍生、非在学人员以及诸州学生通过一年一度的公试(步射以九斗,马射以六斗,策一道,《孙》《吴》《六韬》,义十道五通)补内舍生。

内舍生三年一度的补上舍试(步射以一石三斗,马射以八斗,矢五发中的;或习武技,副之策略,虽弓力不及,学业卓然,补上舍生)。

上舍生不再参加公试。按每年考试成绩分为:上等上舍生,即释褐授官;中等上舍生,准予免兵部试;下等上舍生,准予免解试。

可见黄褎然是通过武学考试成为20个武学内舍生之一,再经过三年一次的考试晋级为10个上舍生之一,1186年在考试中被评为上等上舍生,即释褐授官。具体职务不详,按当时的惯例,徽宗(在位1101—1125)时建设的诸州武学,又别置教谕主持之,多以武举或武学上舍出身者充任。黄褎然可能到地方州一级武学去当教谕,但时间很短。

宋代武举考试最大的特色就是文武兼顾。省试即兵部试,一般有

70人左右参加,其考课内容因循比、解试,分为弓马武艺和程文策问。殿试武举一般有12人左右参加,虽也有阅视弓马武艺一项,但以策问为主。

南宋高宗(1127—1162)时,武举"殿试第一,与同正将,二、三名同副将,五名以上和省试第一并同准备将"。仁宗庆历到神宗熙宁年间(1041—1077)武学教职称教授,选文武官员中知兵法者充当。神宗元丰年间(1078—1085)改制后,改教授为博士,并增设武学谕。高宗绍兴二十六年(1156)规定:"武学博士、学谕各置一员,内博士于文臣有出身曾预高选人充任,其学谕差武举人。"

南宋孝宗淳熙十四年(1187),黄褒(襃)然廷对第一。五月十四日,尚书省言,拟到正奏名进士黄褒(襃)然以下四十七人推恩,第一名补东义郎,第二名补保义郎,余皆平等补承义郎。

廷对第一,与同正将(约从七品),被授予武太学唯一的武学谕。经过5—6年时间的绍熙年间(1190—1194)升迁为全国武学最高地位的唯一的武学博士。

武学谕,宋学官名,简称武谕。属武学。掌以兵书、弓马、武艺教诲学生,位次武学博士。绍兴二十六年(1156),规定武学谕以武举人充任,后又以文臣出身者充任。

据民国二十五年(1936)龟山《黄氏宗谱》附《松山谱》黄襃然行实:"讳褒然,字德政,公少有臂力,精究孙吴韬略,更擅穿杨之技,淳熙丙辰科(注:应为1187年淳熙丁未科)进士,对策明敏,赐状元及第,迁武经郎(总六十阶之第四十阶)右岭军中郎将,升武德大夫(总六十阶之第十六阶)知合门事,转授殿前司正加功武烈侯。生于绍兴乙丑(1145),卒于嘉定丁丑(1217),配陈氏,继娶李氏,并封夫人,侧室朱氏,合葬于驸马山东湾大墓,有石、羊、马、将军在墓前。"

从目前情况看,黄襃然墓在苍南县桥墩镇桥墩酒厂后面,与文探花黄中墓一起。

《余姚进士录》前言

浙江省慈溪市地方志办公室　王孙荣

　　余姚地处浙东,枕山临海,四季分明,物产丰阜,人文荟萃,素有"文献名邦"的美誉。

　　早在 7000 年前,这里就有人类生息繁衍,创造了灿烂的河姆渡文化,是世界水稻主要发源地和我国最早的陶瓷产地之一。先秦时,相传为虞舜支庶封地。秦时置县,东汉建安五年(200)筑城,农业、手工业和商品贸易逐步发展,所产"越布"闻名遐迩。两晋南北朝时期,浙东运河贯通,余姚凭借姚江之利,以及北方人口、生产技术的大规模南移,社会经济加速发展。唐五代,随着北部沿海涂地的开发、中部浙东运河的进一步成型、东部青瓷产业的全面鼎盛,余姚渔盐和航海业日益兴盛,商贸远通外洋,其俨然成为浙东壮县,故唐武德年间一度升为姚州,长庆年间则兼并邻县上虞。

　　宋太平兴国三年(978),余姚县随越州正式归并入宋。安定的政治环境以及整个国家经济中心的南移,为余姚社会经济的持久发展提供了保障。尤其是因钱塘江口泥沙淤涨,外商来华多由明州今宁波取道浙东运河,余姚得通衢要津之便,农工商贸蒸蒸日上。至大中祥符四年(1011),余姚人口达 21063 户、41913 人,可见当时社会的繁荣富足。因此,范仲淹在送谢景初出任余姚知县时称赞余姚:烟水万人家,东南最名邑。谢景初抵任后,整顿县学,扩建学宫,扩招学生,余姚教育得到蓬勃发展。不久,云柯柏山胡穆考中皇祐元年(1049)己丑科冯京榜,成为余姚历史上第一位文献足征的进士。此后至北宋末年,余姚累计有 12

人考中进士。①

南宋定都临安,北方衣冠之族多渡江而南,其中一部分融入余姚县,客观上促进了余姚地方教育和科举的繁荣。同时,宋金对立使得京杭大运河北部与江南联系中断,致使浙东运河和江南运河成为南宋皇朝的生命线。余姚依临姚江两岸,得天独厚的地理优势加之商贸频繁的时代因素,社会经济飞速发展,农业、手工业、商贸业有了长足进步,为文化的繁荣提供了坚实的物质基础,而教育的不断发展又促进了经济和文化的大发展,科举英才联翩而翔。一科同登五六人,已然习以为常,同榜考中 7 进士,也多有所见,嘉熙二年(1238)戊戌科甚至出现了10 人同榜的盛况。所以,嘉熙间余姚知县王佖在《进士题名续记》中称:"天步南渡,越为陪京,其登名天府常盛于越之诸邑。及赐第天子之廷,又盛于浙之诸邑。"②终南宋之世,余姚先后培养出 98 名进士。

元代 50 多年未举行全国性科举考试,科举录取歧视、排斥和压制汉人、南人,实行分行省配给会试名额,每榜录取蒙古、色目、汉人、南人各 25 人。因此,余姚尽管升格为州,"俗多商贾,不以奢侈华丽为事,而有鱼盐之饶"③,但作为南人的余姚士子仅有上林乡三山的岑良卿、岑仕贵 2 人考中进士。

明代前期 100 多年,余姚经济逐步恢复发展,农、工、商业繁荣,经济实力增强,读书人随之增多,民众"好学笃志,尊师择友,诵弦之声相闻,下至穷乡僻户,耻不以《诗》《书》课其子弟。自农工商贾,鲜不知章句者"④。发展到明代中期,热衷于科举功名的余姚人应试者倍增,录取率也随之大幅度提升,"浙额九十人,越每居三之一,而姚两之。其以两都及他籍举者,不与焉"⑤,"其试于春官成进士,则海内以为前茅矣。成嘉之际,胪唱比肩,纪鸿渐者,侈为盛事"⑥。万历年间,"余姚科第最多,

---

① 该数据为绍兴府余姚县进士数。原属宁波府慈溪县、绍兴府上虞县今属余姚市者,《前言》均未列入统计范围。

② 嘉靖《余姚县志》第十一卷《选举谱》,明嘉靖二十一年(1542)刊本,第 3 页。

③ 光绪《余姚县志》卷五《风俗》,引《元一统志》,清光绪二十五年(1899)刊本,第 1 页。

④ 嘉靖《余姚县志》第六卷《风物记》,第 1 页。

⑤ 万历《新修余姚县志》卷十三《选举志上》,明万历三十一年(1603)刊本,第 12 页。

⑥ 万历《新修余姚县志》卷十四《选举志下》,第 1 页。

兼之巨宗盘互"①。及至明末,一朝累计出进士 374 人,位居全国县级第一,解元 12 人,居浙江全省各县之最,列全国第三位。最为隆盛者当数嘉靖十四年(1535)乙未科,状元韩应龙、榜眼孙陞均为余姚人,二甲、三甲又有 14 名余姚士子上榜,出现了一科十六进士的盛况。该科全国共录取进士 325 名,其中余姚人占 5.5%,可谓空前绝后。有明一代,余姚出状元 3 人,占全国总数 87 人的 3.7%,占浙江总数 20 人的 15%。另有榜眼 4 人,探花 2 人。至于翁大立《余姚县重修儒学记》所谓"乃今称艳姚士,第曰:三科二状元也,二榜四鼎甲也,乡会元魁肩相比,祖孙父子兄弟进士踵相接也,科而进士十六或十五也"②,更是比比皆是。父子鼎甲、兄弟榜眼、翁婿会元,一时传为佳话。

清代余姚进士数量,虽然在浙江诸县名列前茅,登科人数、巍科人物和进士出身的显宦名家却明显减少。96 名进士,将近一半属于外地籍贯,有些甚至入籍外地已达五六代、百余年之遥,如大兴邵氏、仁和诸氏、会稽姜氏诸家后裔,光绪《余姚县志》编纂者出于乡邦情结依然将其算作余姚人,确实有些勉为其难了。

但不管怎样,明代中期至清代中期,余姚科举的确堪称辉煌。姚江文化在此基础上得到大发展、大繁荣,涌现出一批影响巨大的文化群体,以致梁启超有"余姚以区区一邑,而自明中叶迄清中叶二百年间,硕儒辈出,学风沾被全国以及海东"的赞叹。③

值得注意的是,这些硕儒大家,无一不是出自衣冠望族、科举世家。心学大师王守仁是成化十七年(1481)辛丑科状元王华之子,本身则为弘治十二年(1499)己未科会魁,堂侄王正思为嘉靖八年(1529)进士,堂玄孙王业浩为万历四十一年(1613)进士。启蒙主义大家黄宗羲和实学家朱之瑜,尽管由于时局并非出身科甲,但他们所属的竹桥黄氏和龙山朱氏家族都是科举世家。前者明清二代出进士 7 人,黄宗羲的父亲黄尊素是万历四十四年进士,为"东林七君子"之一;后者明清二代出进士

---

① 万历《绍兴府志》卷十二《风俗志》,明万历十五年(1587)刊本,第 4 页。
② 万历《新修余姚县志》卷七《建置志二学校》,第 12 页。
③ 梁启超:《复余姚评论社论邵二云学术书》,见《梁启超全集》第十九集《函电一》,中国人民大学出版社 2018 年版,第 725 页。

10人,其中武进士3人,朱之瑜长兄朱启明为天启五年(1625)武进士。

至于其他望族,首推姚江八族。"八族者,前四族为毛、邵、徐、韩,而后四族则孙、王并吕、谢也。后四胜前四,而孙为尤胜。"①

丰山毛氏在南宋即有嘉定十六年(1223)进士毛遇顺。至明代,文风鼎盛,甲第连云,出进士8人。毛吉、毛杰,叔侄同科进士;毛吉、毛科,父子进士;毛杰、毛宪、毛绍元、毛悖元,祖孙父子叔侄兄弟进士;毛悖元又为会魁、榜眼,故"吾姚科第盛一门者,遂以毛氏称首"②。

江南邵氏后来居上。明清二代出进士36人,邵晋涵为乾隆三十六年(1771)辛卯科会元、浙东史学中坚,邵瑛为乾隆四十九年(1784)甲辰科榜眼。邵氏自第七世邵宏誉中永乐二十二年(1424)进士,至二十一世邵垍、邵曰濂分别中咸丰十年(1860)、同治七年(1868)进士,绵贯明清二朝450年,连续15代金榜题名,可谓古今罕俪!邵宏誉、邵赟,邵藩、邵漳,祖孙进士;邵德久、邵陞,邵炼、邵基,邵灿、邵曰濂,父子进士;邵大业、邵自昌、邵自悦,父子兄弟进士;邵德容、邵德久,邵大生、邵大业,兄弟进士;邵之旭、邵自镇、邵庚曾、邵葆醇、邵葆祺、邵葆锺、邵甲名,连续5代直系进士。俞樾称赞邵氏"科第蝉联,指不胜屈,巍然为浙东望族"③,诚非虚誉!

徐氏望族有学后、马堰二支,明末联宗。学后支明清进士11人,弘治十五年(1502)进士徐天泽为王守仁高弟,徐守诚、徐执策为祖孙进士。马堰支明清进士8人,正德三年(1508)进士徐爱为王守仁妹婿、高弟。双雁韩氏明清二代进士7人,其中韩应龙为嘉靖十四年(1535)乙未科状元。

邵廷采称:"余姚人物之盛,自宪、孝、武三朝始。其著姓多莫盛于孙、王、谢,而孙氏尤盛。孙氏自燧及嘉绩六世,世以文章忠孝嗣其家绪,蔑有废坠。海内高仰之,为当代宗臣"④。其实早在南宋时期,孙家

---

① 毛奇龄:《孙监州君墓志铭》,见《西河合集·墓志铭十六》,清康熙刊本,第12页。
② 谢迁:《进士赠刑部主事蒴斋毛公墓表》,见《光绪余姚丰山毛氏谱》卷首下,清光绪三十年(1904)永思堂木活字本,第44页。
③ 俞樾:《重修余姚邵氏宗谱序》,见《余姚邵氏宗谱》卷首,1934年铅印本,第9页。
④ 邵廷采:《姚江孙氏世传》,见《思复堂文集》卷三,浙江古籍出版社2010年版,第150页。

境即有孙应时、孙祖祐叔侄进士。明清进士 24 人,其中武进士 7 人。孙燧、孙陞、孙钂、孙铤、孙錝、孙鑛、孙如游、孙如法、孙如洵四代直系祖孙父子兄弟叔侄进士,孙堪、孙钰、孙如津、孙应枢四代直系武进士,孙堪、孙陞兄弟文武大魁,孙清、孙陞兄弟榜眼,孙佳、孙坊兄弟进士,孙陞、孙鑛父子元魁,孙如游、孙嘉绩祖孙进士台阁。自孙燧殉国以还,孙氏子弟出为忠臣,入为孝子,不仅有三代三品九卿、六代五人得谥,更有祖孙父子兄弟叔侄尚书,所以沈德符称"国朝二百余年来,海内仅此一家而已"[1],徐阶盛赞"凡称世家,未有过焉者也"[2]。

王即王守仁所属秘图山王氏。吕指新河吕氏,出大学士吕本、南京太仆寺丞吕胤昌祖孙进士,吕胤昌之子吕天成为明代著名曲论家。四门谢氏明清进士 4 人,谢迁成化十一年(1475)乙未科状元,弟谢迪弘治十二年(1499)进士,子谢丕弘治十八年(1505)乙丑科探花,兄弟父子叔侄进士尚有可见,父子解元、会魁、鼎甲,明代仅此一例。

"姚中名族以十数"[3],竹桥黄氏、龙山朱氏及"八族"之外,余姚的衣冠望族中甲科连绵、登第联翩者尚有南城诸氏,明清进士 11 人,其中榜眼 1 人,诸正、诸让兄弟进士,诸绚、诸大圭和诸让、诸大伦祖孙进士。咸池姜氏明清进士 9 人,姜荣、姜子羔祖孙进士,姜子羔、姜镜、姜逢元、姜一洪祖孙父子兄弟进士。天香桥胡氏与烛溪胡氏同源于柏山,柏山胡氏宋代进士 7 人,胡沂、胡衡、胡衍祖孙兄弟进士。天香桥明清进士 7 人,胡恭、胡赞兄弟进士,胡东皋、胡旦父子进士。烛溪明代胡轩、胡安、胡维新、胡敬辰直系 4 代进士。学东杨氏明清进士 7 人,杨荣、杨大章祖孙进士,杨世芳、杨世华兄弟进士。姚江闻人氏,南宋有进士闻人知名,明代进士 7 人,闻人诠、闻人诅父子进士。学西陈氏,明代陈焕、陈垲、陈墀、陈陞、陈觐、陈□祖孙父子兄弟叔侄进士,其中陈墀、陈陞兄弟为嘉靖二十年(1541)同科进士,且乡试、会试均同榜。样山邹氏明清进士 6 人,邹儒、邹轩父子进士。浒塘宋氏明清进士 6 人,宋大武、宋大

① 沈德符:《三世得谥》,见《万历野获编》卷十三,中华书局 1959 年版,第 349 页。
② 徐阶:《明故南京礼部尚书赠太子少保谥文恪季泉孙公墓志铭》,见《世经堂集》卷十七,明万历刊本,第 21 页。
③ 孙鑛:《寿朱母冯太君八十序》,见《姚江孙月峰先生全集》卷八,清嘉庆静远轩重刊本,第 28 页。

勺、宋岳兄弟叔侄嘉靖二十年(1541)同科进士。东门叶氏明代进士 6 人,叶洪、叶敬愿祖孙进士,叶选、叶逢春、叶宪祖祖孙父子进士。义井巷张氏明代进士 6 人,张岳、张尅、张集义兄弟父子叔侄进士。历山陈氏明清进士 6 人。其余一门五进士、祖孙父子兄弟叔侄进士者尚多,兹不罗列。

相对于稳固的宗族血缘而言,基于联姻产生的姻缘对科举世家的形成发展同样具有举足轻重的作用。如烛溪胡氏,弘治十五年(1502)进士胡轩之子胡安,配四门大学士谢迁孙女、礼部员外郎谢正长女。胡安之子胡维新,配学西陈氏,与岳父陈觏同登嘉靖三十八年(1559)己未科进士。胡维新之女适维新同科进士、义井巷张岳之子张集义,张集义为万历十四年(1586)进士。姑且不论优秀的基因遗传和良好的家风母教,单从胡、谢、陈、张 4 家都世代专注于《礼记》的研习来看,科举世家相互间的错综联姻在客观上也助推了"专经"向精深发展,从而使更多的子弟在激烈的科举竞争中脱颖而出。同样,在以东门叶氏为中心的联姻圈中也可以见到类似的例子。嘉靖十七年进士叶选之子叶逢春,为嘉靖四十四年(1565)进士,配嘉靖十一年(1532)进士吴至之女。生子叶宪祖,为万历四十七年(1619)进士,配万历八年(1580)进士邵梦弼之女。生女叶宝林适万历四十四年(1616)进士黄尊素之子黄宗羲。其中除邵梦弼家族专治《礼记》外,叶氏祖孙父子 3 代进士以及吴氏、黄氏,都以《易经》为本经。可见,科举世家联姻不仅仅只是基于政治、经济、社会地位等因素的考虑,有时候文化背景也在其中起着互为因果的作用。

鉴于文化是以符号为基础的一种动态过程,具有复合性、象征性、传递性和变迁性,因此尽管前言叙述以余姚县域为准,内文所录则并不局限于余姚县旧境,也一并收录了今余姚市境域范围内原属慈溪县的进士,以期较为全面地反映"余姚"进士及进士文化。

可惜唐宋史料多有湮灭,王佖《余姚县进士题名记》载,"嘉熙戊戌,合宗姓、庶姓凡十人"①,经查考宝庆《会稽续志》和景泰《寰宇通志》,仅

---

① 嘉靖《余姚县志》第十一卷《选举谱》,第 3 页。

戴得一、钱绅、戴浩、杨珤、孙矗、袁灏等6人被注明为余姚籍,另据嘉靖《余姚县志》增加宗姓赵嗣贤1人,尚缺3人无从考证。即便是科举制度更为完善、标准更为规范、时代与现代更为接近的明清两朝,也难免会有文献缺失、讹误夹杂等情况,更因进士祖籍、本贯和徙居地异同,进士录取名额有限转而寄籍甚至冒籍参加考试,私家谱牒擅自伪造进士信息而为方志采信等,要想完整确认余姚的进士数量,无疑困难重重。

目前,只能利用已搜集到的谱牒、方志、科举录等文献对个别家族予以考证,剔除了钱塘杨氏、仁和邵氏等清代初期因同姓联宗而掺入宗谱,进而为方志所误收的进士;剔除了部分乡贡进士、特用出身、会试未经殿试,以及误将"余杭"作"余姚",将外籍作姚籍者。同时,又根据近年新出土的碑志、新发现的谱牒、新公布的科举录等,增补了一些光绪《余姚县志》失收的进士。至于晚清科举制度废止后被赏给工科进士的陈祖良和法政科进士严鹤龄,自然不作科举进士论,其余文献不足征者,也只能缺疑待考。兼之统计口径不一,如外迁6代以上的非余姚籍进士,《光绪志》收录者本书未予剔除,《光绪志》未收者亦未予增加,因此本书列举的进士数量只是相对完整的约数,基本反映了余姚进士的整体概貌。①

诸焕灿先生、鹤成久章先生、朱帅先生、刘京臣先生等都曾有专文论述余姚科举,叶晔先生和陈时龙先生分别在论著中设专章论及余姚科举望族和科举专经。褚纳新先生则是有志对余姚科举做全面调查整理的第一人,他凭一己之力创建的看云楼科举文化博物馆,集中展现了以余姚科举为核心的浙东科举文化。其精心撰著的《余姚科举研究》是第一部公开出版的关于余姚科举的著作,毛佩琦先生在《序》中称"足以

---

① 如明万历二年甲戌科进士孙健,七世祖孙齐贤于洪武十七年充军云南大理卫,贯鹤庆府军籍,《进士登科录》作"贯云南鹤庆府军籍,浙江余姚县人",《磁州志》之《秩官》《宦迹》皆作"孙健,浙江余姚人",且历代《余姚县志》俱见载,故本书仍作为余姚进士收录。又如明崇祯元年戊辰科进士胡钟麟,其先世成化、弘治间迁居湖州武康县,世系不详,因历代《余姚县志》俱见载,故本书亦作余姚进士收录。明崇祯十年丁丑科进士庄宪祖,虽有《崇祯缙绅录》作"江北恤刑庄宪祖,栩庵,北直东光籍,浙江余姚人",但因历代《余姚县志》俱未见载,其《进士履历便览》仅作"东光县人",其祖于《隆庆五年进士登科录》仅作"庄惟举,贯直隶河间府景州东光县,民籍",故包括嘉靖二十六年丁未科进士庄莅民在内的东光庄氏一门三进士,本书均未收录。至于1993年版《余姚市志·人物》收录的叶恭绰,其祖父叶衍兰为清咸丰六年丙辰科进士,因叶衍兰高祖已迁居绍兴山阴谢墅,光绪余姚县志未收叶衍兰,故本书亦未收录。

展示余姚科举历史的全貌,而且为多角度的深入研究提供了极大的方便"①。然而迄今为止,真正意义上的余姚进士文献整理尚付阙如,本书或可填补这个空白。

笔者僻居海隅,识见鄙陋,尽管做了种种努力,书中依然有许多我思而不解的疑点以及因才疏学浅造成的错误,真诚希望学界前辈和同好批评指正。

---

① 毛佩琦:《余姚科举研究序》,见《余姚科举研究》,中国文史出版社 2020 年版,第 4 页。

余 姚

——明代科举第一县

余姚市社会科学界联合会　谢建龙

　　余姚位于浙江省东部、杭州湾南岸,历史上因远离中原政治经济文化中心,一度被视作蛮荒之地。表现在科举考试上,自隋大业元年(605)开科取士,唐朝近 300 年,有文献记载的余姚籍进士仅 3 人。直至两宋之际,由于战乱等原因,大量中原人士迁居姚江流域,余姚进士人数骤然升至 153 人,从而为明代余姚科举的兴盛奠定了基础。

　　据统计,明代共开科 89 次,全国共中进士 24862 人。按籍贯统计,其中浙江籍 3444 人,排名全国各省第一,而绍兴府进士 836 人,排名浙江各府第一。明代余姚作为绍兴府 8 县之一,进士人数达 388 人,远超其他 7 县,又排名绍兴府第一。从全国范围来看,明代余姚进士人数占全国进士总数的 1.6%,排名全国 1400 余个建制县之首,余姚由此被誉为"明代科举第一县"。

　　纵观明代余姚科举史,一次中进士 5 人以上的有 36 科。具体为:洪武十八年(1385)6 人,景泰五年(1454)9 人,成化二年(1466)5 人,成化五年 8 人,成化八年 6 人,成化十一年 5 人,成化十七年 9 人,成化二十年 6 人,成化二十三年 7 人,弘治六年(1493)7 人,弘治九年 7 人,弘治十二年 5 人,弘治十五年 8 人,弘治十八年 6 人,正德三年(1508)5 人,正德十二年 5 人,正德十六年 9 人,嘉靖二年(1523)6 人,嘉靖八年 7 人,嘉靖十一年 8 人,嘉靖十四年 17 人,嘉靖十七年 7 人,嘉靖二十年 14 人,嘉靖二十三年 8 人,嘉靖二十六年 7 人,嘉靖三十五年 7 人,嘉靖三十八年 8 人,嘉靖四十一年 6 人,隆庆二年(1568)11 人,隆庆五年 8 人,万历二年(1574)5 人,万历十一年 10 人,万历二十年 6 人,万历四十一年 5 人,万历四十七年 6 人,崇祯十年(1637)5 人。

尤其是嘉靖十四年(1535),全国进士共 325 人。而仅 10 万余人口的余姚县,进士多达 17 人,占总数的 5.2%,且状元韩应龙、榜眼孙陞皆为余姚人。自科举制度建立后,余姚一个县一科中 17 进士的全国纪录,一直保持到清光绪三十一年(1905)科举制度废止时。相隔 6 年,即嘉靖二十年,余姚又中进士 14 人,是科共录取进士 298 人,而余姚进士数占总数的 4.7%,时人无不称奇。

科举仕宦先后造就明代余姚毛、邵、徐、韩、孙、王、吕、谢八大望族,尤以孙家境孙氏为胜。明代孙氏合族共有进士 16 人,而其中孙燧一支就占 10 人。分别是:孙燧(弘治六年),子孙陞(嘉靖十四年),孙孙鑨(嘉靖三十五年)、孙铤(嘉靖三十二年)、孙鋐(隆庆二年)、孙鑛(万历二年),曾孙孙如法(万历十一年)、孙如洵(万历四十一年)、孙如游(万历二十三年),来孙孙嘉绩(崇祯十年)。明代中后期,孙燧子孙中官至尚书者 6 人,位至大学士者 2 人,创明代"一门五代得谥"的最高纪录,被史家誉为"海内仅此一家"。

明代余姚直系四代中进士的除孙家境孙氏,还有烛溪胡氏,分别是:胡轩(弘治十五年)、子胡安(嘉靖二十三年)、孙胡维新(嘉靖三十八年)、曾孙胡敬辰(天启二年)。直系三代中进士的则有 3 个家族。开原陈氏,为陈焕(正德十二年),子陈埠(嘉靖二十年)、陈陛(嘉靖二十年)、陈觐(嘉靖三十八年),孙陈镂(万历十七年);北城叶氏,为叶选(嘉靖十七年),子叶逢春(嘉靖四十四年),孙叶宪祖(万历四十七年);姜家渡姜氏,为姜子羔(嘉靖三十二年),子姜镜(万历十一年),孙姜逢元(万历四十一年)、姜一洪(万历四十四年)。

父子进士更是数不胜数,如泗门谢氏的谢迁、谢丕父子,不仅父子鼎甲(父状元,子探花),且父子皆为解元、会魁,在明代科举史上仅此一例。

余姚在宋代就有赵崇揄、赵崇㙊、赵崇据 3 兄弟于宝庆二年(1226)中同科进士。明代兄弟中同榜进士则有 3 例,为嘉靖二十年,开原陈氏陈墀、陈陛兄弟,姚江宋氏宋大武、宋大勺兄弟,以及万历二十年,眉山陈氏陈治本、陈治则兄弟。

余姚第一个状元为南宋理宗景定三年(1262)状元方山京,而民间相传邑人莫子纯早在南宋宁宗庆元年间已中状元。清光绪《余姚县志》"莫子纯传"记载:"莫子纯铨试及试江东运司俱第一,庆元二年(1196)礼部奏名复第一。"这年未进行殿试,按会试序次赐进士时,因莫子纯已有官职在身,按宋朝律法规定,只能屈居第二,故民间相传的"莫状元"实为"莫榜眼"。

明代余姚籍状元 3 人,而全国状元 90 人(有一科为南北榜,南方、北方各取状元 1 人),其中浙江籍 20 人。余姚状元人数占浙江状元总数的 15%,占全国状元总数的 3.3%,位居浙江各县之首,排名全国各县第二。

明代余姚第一个状元为成化十一年状元谢迁,官至谨身殿大学士,赠太傅,谥文正。相隔仅 6 年,即成化十七年,再有余姚人王华中状元。王华官至南京吏部尚书,其子王阳明封新建伯。嘉靖十四年,又有韩应龙中状元,为余姚历史上最后一名状元。明代余姚有榜眼 4 人,为黄珣(成化十七年)、孙清(弘治十五年)、孙陛(嘉靖十四年)、毛惇元(嘉靖三十八年),榜眼人数占全国榜眼总数的 4.45%,名列全国各县第二。探花 2 人,为谢丕(弘治十八年)、胡正蒙(嘉靖二十六年)。

明代科举考试分童试、院试、乡试、会试、殿试 5 级。每年童生经院试合格,取入府、县学的生员(俗称秀才)有固定名额。余姚历来属一等县、繁县,按例每年录取生员名额 40 人。嘉靖年间之后,因有先贤王阳明之故,再增生员名额 10 人。

乡试时,在五经(《诗经》《尚书》《礼记》《周易》《春秋》)的考试中各取第一名,称"经魁"。明代余姚有经魁 51 人。乡试第一名俗称解元,明代余姚有解元 14 人,人数居全省各县之首。嘉靖三十年,年仅 14 岁的谢迁之孙谢用模中举人,是余姚乡试中年纪最小者。

礼部会试时,五经的考试中各取第一名,称"会魁"。明代余姚籍会魁有 16 人,为陈嘉猷、陈清、谢迁、华福、邹轩、王守仁、黄堂、谢丕、汪克章、陈垲、诸燮、顾廉、陈陛、周佐佐、胡安、邵稷。会试第一名称"会元",

明代余姚籍会元有 2 人,为胡正蒙、孙鑛。

清代余姚进士人数虽不及明代,仍有 107 人,其中榜眼 2 人、探花 2 人。尤其姚江邵氏直系五代中进士人数创余姚科举史上的最高纪录。为邵之旭(康熙四十八年),子邵自镇(乾隆二十六年),孙邵庾曾(乾隆二十六年),曾孙邵葆醇(乾隆五十五年),玄孙邵甲名(嘉庆二十四年)。其中,邵自镇、邵庾曾父子为同榜进士。

清末科举废止后,尚有 2 名余姚人获进士名衔。一是陈祖良,光绪二十九年由京师大学堂派遣到法国罗盎(里昂)高等工业化学校留学,宣统二年(1910)学成归国,在学部举办的留学生考试中列最优等,赏工科进士;另一是严鹤龄,宣统三年在美国哥伦比亚大学获法政科博士后回国,在学部举办的留学生考试中列最优等,赏法政科进士,民国时期曾任清华大学校长。

上述进士皆指文进士。明清二代,余姚还有武进士 64 人。其中,明代孙燧的长子孙堪,在嘉靖五年中武会元后,其子孙钰、孙孙如津、曾孙孙应枢,直系 4 世皆中武进士,也算是科举史上的美谈。

近代大学者梁启超说:"余姚以区区一邑,而自明中叶迄清中叶二百年间,硕儒辈出,学风沾被全国以及海东。"之所以余姚在这段时间人才辈出、文化昌盛,被学术界称作"姚江文化现象",科举在其中起了极大的作用,堪称中国文化史上的奇迹。

温州文史研究

Wenzhou Cultural and Historical Research

CANGNAN

明清沿海卫所道教宫观运作与地方互动

——以温州金乡卫为例

温州大学马克思主义学院　宫凌海　刘　岩

卫所制度是明清史研究中的重要命题。目前学界关于卫所制度的研究,主要集中在军屯、军户、军役、军制诸方面,从宗教信仰的角度展开研究的成果不多。明代沿海卫所均建有独立的卫城或者所城,在独立的地理空间中,军户群体可以重新建构自己的生活空间。依官方祭祀的规制或个人信仰的需要,卫所军城内建造了各种祠庙,而后依照信仰变迁而增建或改建各种宫殿。卫所的宗教信仰一直处于动态的变化过程,在明清国家与地方的互动中,受到国家典章、人群流动、地方治乱等因素的影响,从而呈现出复杂而多元的面向。本文试图通过对明清温州金乡卫道教信仰的历史考察,描述不同的历史背景下,卫所道教宫观运作的差异性,探讨军户移民群体如何融入地方宗教传统之中,以揭示卫所军户地方化的发展轨迹。

一、明廷对卫所道教事务的管理体制

明朝历代诸帝对道教皆相当尊崇敬奉,对道教教团管理十分严格。政府设置道教管理机构,发端于南北朝。元代集贤院是朝廷管理道教事务的主要机构,"掌提调学校、征求隐逸、召集贤良,凡国子监、玄门道教、阴阳祭祀、占卜祭遁之事"①。在地方上亦设立管理道官与道务的机构,吸收全真道、龙虎山张天师和玄教三个道派参与管理道教事务,各道派门下设有路道录司,州、县道正等职,即路设道录司,州设道正司,县设威仪司。明承元制,明代道教管理机构,在借鉴、吸取元代经验基础上,在制度上又有所创新。

洪武元年(1368)正月,置玄教院作为统一管理道教的机关,"以道士经善悦为真人,领道教事"②。洪武四年(1371)十二月,"革僧道善世玄教二院"。洪武十五年(1382),置僧箓司、道箓司,分别管理僧道事务,"僧道箓司掌天下僧道。在外府州县有僧纲、道纪等司,分掌其事,俱选精通经、戒行端洁者为之"③。道箓司作为明廷总管天下道教的机构,隶属于礼部,衙门职官设有:左右正一,为正六品,秩同翰林侍读、京县知县;左右演法,为从六品;左右至灵,正八品;左右玄义,从八品,职专道教之事。道箓司初设于南京朝天宫,靖难之役后,明成祖迁都北京,建灵济宫于小时雍坊,遂置道箓司于内。宣德八年(1433),诏令仿南京式样建朝天宫于阜城门内,移置道箓司。天启六年(1626),因朝天宫遭遇火灾,又将道箓司始迁入东岳庙,终明之世,未有改变。在地方上,府设道纪司,都纪一名,从九品,副都纪一名,未入流;州设道正司,道正一名;县设道会司,道会一名,俱未入流,俱不给禄。凡道士有二等,"曰全真、曰正一,在外道士府属道纪司、州属道正司、县属道会司管领,皆统于本司"④。另外,又先后于江西龙虎山设正一真人一名,正二名,法官、赞教、掌书各二名,以佐其事;阁皂山、三茅山各置灵官一人,正八品;武当山设提点一人,分管各山道教事宜。从明代实际情况看,道箓司主要从以下几个方面实施对全国道教的管理:其一,定期核实各府州县宫观、道士名数,结集成册,上报礼部;其二,各宫观住持若有空缺,从道官举有戒行、通经典者,送道箓司进行考试,合格者具申礼部奏闻方许;其三,道童申请度牒,亦从本司官申送如前考试,果谙经

① 宋濂:《元史》,中华书局 1983 年版,第 2192 页。
② 姚广孝:《明太祖实录》卷二九,台湾"中央研究院"历史语言研究所 1962 年版,第 500 页。
③ 张廷玉:《明史》,中华书局 1974 年版,第 1817 页。
④ 申时行:《大明会典》卷二二六,《续修四库全书》第 792 册,上海古籍出版社 2002 年版,第 656 页。

典,始立法名,礼部类奏出给,不通者罢还为民;其四,负责约束天下道士,使之恪守戒律清规,违者从本司理之,若犯与军民相干者,则需送有司惩治。

洪武十五年(1382)明廷在中央设置道箓司后,在一些道教信仰传统深厚,宫观和道士数量众多的地区相继建立起府道纪司、州道正司、县道会司,从而形成与行政体制相适应的由中央到地方的四级道官体系。以浙江地区为例,诸府县均有相应的道官进行统辖,"凡府州县僧道司并洪武十五年设,或在各寺观,亦无定所"①。其中杭州府道纪司在佑圣观,嘉兴府道纪司在玄妙观,湖州府道纪司在玄妙观,严州府道纪司在玄妙观,金华府道纪司在玄妙观,绍兴府道纪司在长春观,衢州府道纪司在玄妙观,处州府道纪司在玄妙观,宁波府道纪司在冲虚观,台州府道纪司在栖霞宫,温州府道纪司在真华观。下辖各县亦置有道会司,比如宁波府慈溪县的道会司在清道观,奉化县道会司在虚白观,定海县道会司在渊德观,象山县道会司在栖霞观。温州府平阳县道会司在广福宫,瑞安县道会司在东北隅集真观内。

然而,不同地区道官体系的设置情形亦有差异。浙江诸府县的道官大多设置于洪武年间,如江山县的紫微道院,"去县西南三里,元皇庆二年隐士璩可道建,明洪武间设道会司"②。明代中后期,伴随着明廷进行的政区调整,又析置产生新的县级区划,道官机构亦重新设置,如嘉兴府平湖县的佑圣宫,"在治西梯云桥,北宋景定间道士陈道正创建,明宣德五年设道会司"③。台州府太平县,"弘治十一年建僧会司道会司,各随僧道官所住寺观"④。另外,洪武以后,明廷还在一些卫所新设道官机构,以管理当地的道教事务。列表1如下:

---

① 胡宗宪:《嘉靖浙江通志》,《中国方志丛书》,(台北)成文出版社1983年版,第737页。
② 嵇曾筠:《雍正浙江通志》,《中国地方志集成》,上海书店出版社2000年版,第3985页。
③ 嵇曾筠:《雍正浙江通志》,《中国地方志集成》,上海书店出版社2000年版,第3906页。
④ 胡宗宪:《嘉靖浙江通志》,《中国方志丛书》,(台北)成文出版社1983年版,第884页。

表 1　明代卫所地区道教管理机构情况表

时间	卫所	情形	是否卫所
永乐七年	四川盐井卫	道纪司	是
宣德八年	万全都司	道纪司都纪一员	是
正统元年	陕西西宁卫	道纪司	是
正统十二年	甘州左卫	道纪司都纪副都纪各一员	是
景泰七年	陕西宁夏卫	道纪司都纪副都纪各一员	是
成化十九年	潼关卫	阴阳医学及僧纲道纪司	否

资料来源:《明实录》,台北"中央研究院"历史语言研究所,1962 年。

　　纵观以上所列设置道纪司的卫所,多位于边疆地区,可归于"实土卫所"这一类型。关于"实土卫所",谭其骧先生如是解释:"其初本与地方区划不相关。洪武初或罢废边境州县,即以州县之任责诸都司卫所;后复循此例,置都司卫所于未尝设州县之地,于是此种都司卫所遂兼理军民政,而成为地方区划矣。"①周振鹤先生则将明代实土卫所归入"军管型的特殊地方行政制度"。盐井卫、万全都司、西宁卫、甘州左卫、宁夏卫均为实土卫所,不仅统帅军兵进行驻防,同时管辖民户兼理民政。而潼关卫虽不属于实土卫所,但是亦具有很强的"实土性"。其一,该卫具有独立的管辖区域。康熙《潼关卫志》中就专门设有"疆域"条,将潼关卫的行政边界描述得相当清楚。其二,潼关卫城居民中除卫所军户外,约有半数为地方民户,"卫所宿者兵耳,城墉亦我幅员中地也,我民错居其中者半"②,在日常管理中就不可避免会涉及对民政事务的处理。那么,这些卫所为什么会奏请设立道纪司? 我们或许可以从万全都司道纪司的设置情形中找到答案:

　　(朝玄观)毁于元季,芜废有年矣。洪熙改元,中军都督府左都督谭公广以雄武长才恭被仁宗皇帝命佩镇朔将军印,出

---

① 谭其骧:《长水集》,人民出版社 2011 年版,第 159 页。
② 王九畴:《万历华阴县志》卷八,明万历四十二年刊本,国家图书馆藏。

镇于兹。今皇帝嗣位,宠任益隆,于是边备具修,士卒安于无
事。公惟内地郡邑皆有浮屠老子之宫为祝厘之所,以致臣僚
岁时之恭,以备群庶水旱疾疫之祷,而兹境乃阙焉。遂因农
暇,以士卒余力,具群材即观之故址中建三清殿,左右翼以廊
庑,而龙虎台、玉皇阁居其后,缭以周垣,树以重门,高卑位次
各得其所,金碧辉煌,□度伟壮,像设皷钟,方丈庖廥,莫不毕
具。经始于岁辛亥之七月,毕工于癸丑之九月。斯役亦大矣,
盖人之德公也深,而公之使人也义,故其于役也人不以为劳。
而复请设万全道纪司如内郡,授道士萧志渊为都纪,且度其徒
以阐玄教,而维持于永久,其用心不亦至乎。况公之为政,可
书者不特是而已。①

　　实土卫所作为军民兼管的区划单位,在职能机构的设置上亦要做
到两者兼顾:既要有完备的军政设施,同时也要有完备的民政设施。道
教是明代十分重要的宗教信仰,备受统治者推崇,在百姓日常的精神生
活中占据着重要的地位。实土卫所多处于边疆或者民族地区,当地的
道教发展多不成熟,就需要一方面建筑一定数量的道教宫观,以满足辖
区军民的精神诉求,另一方面则添设道官制度,以实现必要的管控和约
束。万全都司道纪司设立之后,辖下卫所的道教宫观都归其统辖:"其
所属有天成观,在永宁城东北十里,有崇真观,在怀来北城上,有储祥
观,元时建在保安州城东南二十里,有玉真观,在蔚州卫城南关,有明真
观,在马营北门东,有灵真观,在云州金阁山。"②置于内地和沿海的卫所
或与府县同城,或者建有独立的卫城,统领卫所军户,专责地方防卫,管
理职能单一,对府县民户没有管理权限。笔者在翻阅史料的过程中,并
未发现这些卫所有设置道纪司或道会司的记录。在这里我们似乎可以
这样理解:在内地与沿海的诸多府州县,道教传统相当深厚,宫观林立,
信徒众多,已然形成约定俗成的宫庙层级关系,明初地方道官体制的建

① 孙世芳:《嘉靖宣府镇志》卷一七,《中国方志丛书》,(台北)成文出版社1983年版,第168—169页。
② 孙世芳:《嘉靖宣府镇志》卷一七,《中国方志丛书》,(台北)成文出版社1983年版,第169页。。

立,其实只是对这种层级关系的吸纳与改造。军户群体跟随卫所进入地方后,虽可能会建造新的宫观,然由于本身人口数量和管理区域有限,自然无须专门设置道官,只能遵循地方传统,被纳入府县道官体制予以管理。

二、明代金乡卫道教宫观的日常运作

卫所军兵都是从他地调拨来到陌生的驻地,他们定居下来后,需要建立祠庙,岁时焚香祭祀,一方面可以满足信仰的需求,另一方面也可以在心理上提供安全感。卫城祠庙的修建实际上是需要一个时间过程,他们往往采取两种方式来解决自己的信仰问题。第一种,卫所军兵中以一户或者数户之力建起小规模的家族性的庙堂。这样的小宫庙在地处乐清地区蒲岐所中有好几处,如积庆堂,"明永乐间建,相传胡官军、王军兵捐资倡立"。积善堂,"旧名钟庵,明初建"。第二种,卫所军官参与修缮或者创建一些规模较大的寺观,具有强烈的官方色彩,浙江沿海卫所中这种性质的寺观不在少数。临山卫的城隍庙就是卫所军兵在建卫初期假借修缮古刹福田寺的时机,借用寺庙的剩余空间修建城隍祠:"凤山东北陬有寺曰福田,枕面据岩岫之胜,是刹肇于祥符,新于至正,其迹旧矣。迨今建设戍卫,创城隍祠于间。"[①]

金乡卫中最有名的道观当是环绿观,乃是卫所军官指挥张麒创建。张麒在草创之时,原本是拟建德清道观:

> 温之横阳东南,实濒大海,相厥攸宜,筑于金乡,山川清淑,聿为大藩。继而指挥张侯麒来镇,居岁余,政通人和,庶务毕举,且以拜恩祝釐,允资释道,寺有观无,庸非欠事。访探幽胜,宅于云屿之阳,峰峦秀结,林木蕃蔚,即与□世□草创道观,命名"德清",移文有司。辛未(1391)十一月初三日,礼部

---

① 耿宗道:《临山卫志》卷四,《中国方志丛书》,(台北)成文出版社1983年版,第152页。

右侍郎张智奏准,将附近废额移置允当,寻改"环绿,盖乡之三洋,故有是名,今废也,又难其人以领祠事"①。

张麒建造道观,是因为当时金乡卫"寺有观无",举行"祝釐"等大规模的祈福仪式,配置不足,因此"移文有司",申请建立道观。明初道教得到了明太祖的尊崇,他命令道士编纂斋醮仪范,确定玄门格式,严格管理道教宫观。由此可见,张麒此举并非个人行为,而是官方行动,后来该观经礼部批准,将环绿观废弃之额移置德清观中。环绿观的日常事务则是专门聘请本地道士杨伯实主持:"邑有杨氏伯实,夙以孝闻,学道于龙虎山中,遂礼聘之。既至,刻苦精勤,一以兴复为己任,撤其草创旧规,揆度经营。穹殿邃堂,崇阁夹庑,元爽扑致,丹漆黝垩,仑奂一新。像设尊严,彩饰华丽,四众具瞻,瓣香函经,念兹在兹。上祝圣寿,下泽军民。"②

宋元以来,平阳一带道教以东华派为主,其主要代表人物为林灵真,龙虎山第三十八代天师张与材非常器重林氏,命其为温州玄学讲师,后来林灵真又至龙虎山,张与材亲授"灵宝通玄弦教法门高士"尊号,命其主持温州天清道观,出现了道教史上著名的"水南派"及"水南家学"。可以说,东华派以温州为中心,形成了自成体系的传承系统,且与龙虎山一直保持密切联系。杨伯实"学道于龙虎山中",即为"水南派"道统传承,受牒龙虎山。在杨伯实主持下,道观内建筑修葺一新。明代的"水南派"在平阳较为兴盛,第十八代嗣师林仕贞在平阳城南东岳观修炼,于洪熙元年(1425)年赴京师修荐场大斋,受到嘉奖。东岳观为县道会司所在地,属于管理道教的官方机构。永乐年间,居住于环绿观的郑伯宗法力也不匮。苍南金乡的《郑楼郑氏世谱》中有《赠洞虚先生祷雨有感文》为证:

南楼郑伯宗者,蚤通老氏学,号洞虚,屏去世氛,以金乡环录(绿)观居焉。操心练性,戒行夐出于人。其平时禳集祸福,

① 李一中:《环绿观碑记》,杨思好《苍南金石志》,浙江古籍出版社2011年版,第154页。
② 李一中:《环绿观碑记》,杨思好《苍南金石志》,浙江古籍出版社2011年版,第154页。

应捷影响,尤精于雷法。尝游江汉间,名公巨人,凡遇灾旱,必罗而致之,一祷辄应。故其声誉赫赫然,昭人耳目。吾邑今年夏旱魃为虐,郊原如赭,民且彷徨奔走,无能为存活计。卫使陈侯顾而怜之,具以是故言于师,且与期躬致斋被,去宿祠下,以供晨事。师乃衔命归,而戒于其徒。即移文走檄,刻期以俟昭报。明日,登坛作法,雷声震慑,上下肃然,罔不祗畏。越三日,投诚诔于龙湫,辞令严切,鬼神丧魂。翌明下山,甘澍大作,河源充溢,枯瘁者于焉以苏,饥困者于焉以保,侯及宾属皆俯首以谢。余以是知师之才,急于世用也大矣。……今师之能事已造乎其极,则声名之传,固将与翰相、灵素同垂不朽……①

上文撰于"永乐二年甲辰夏六日下浣",作者为"前青州府通判陈端"。陈端,字执中,为金乡卫城外坊下村人,为永乐壬辰年(1412)进士。郑伯宗为南楼人,字瀛洲。郑氏为南楼世家,南楼亦称"郑楼"。"环录"即"环绿",郑伯宗与杨伯实同为"伯"字辈,应出于同一师门。可见卫所自身没有道教师承传统,仪式专家则由地方宗教派别支撑,府县道纪、道会司进行管理。文中所记之事是金乡卫指挥使陈鉴因全县旱灾,请求郑伯宗作法求雨。仪式表明,环绿观虽是卫所的宗教场所,但神圣功能是可以延伸至军城之外,并且与城外民众共享仪式。

明代环绿观一直作为金乡卫所军人叩拜皇恩、拜神赐福、举行重大社区仪式的重要场所,香火曾颇为旺盛。但是宣德之后,卫所出现了财政危机,可能也无暇顾及宗教场所,因此出现了倾颓之象,于是成化弘治年间予以重修。现存的碑文——弘治癸亥年(1503)陆健所撰《郑真人重兴环绿观记》有这样一番描述:"平阳邑治南行二舍许有环绿观,在金乡卫城中东隅。乃冲素郑真人所居也。……且以为阖卫将校岁时拜恩祝釐之所。……天顺甲申(八年,1464),郑真人是观奉老子法,慨然

---

① 陈端:《赠洞虚先生祷雨有感文》,郑笑笑、潘猛补《浙南谱牒文献汇编》,香港出版社 2003 年版,第 279—280 页。

有兴复志,清修苦节,蓄有余赀,揆度经营,次第起废。成化戊戌(十四年)春建立三门,缭以周垣,踵之而整。弘治戊申(元年),筑室五间,泊小楼厢房于正殿左偏为炼丹处,且以延纳官员、使客之往来者。岁庚申(十三年)复市材傀工,撤故殿而一新之。壮丽宏敞,恢复旧观,且更严像设,金碧荧煌,廊庑坛壝,并以修饰。观者咸啧啧叹曰:冲素真人诚道家者流之表表者,非斯人,其曷克兴复是观邪?真人辛勤效力,积二十春秋有奇而观乃完美,呜呼!亦艰矣哉!其所厚义官喻天赐以公务来京,具以告予,请书其事,余不得辞。"①主持道士郑真人出身于平阳南楼郑氏,可能是郑伯宗等人的再传弟子:"真人名祍,字德延,世居邑之南楼,族大,望于乡,自幼凝重,好清静,故父母命为道士,讼函经,讲玄教,得乎正印之传。其除不祥、劲鬼物,驱飚走霆,厥应如响,实足以主斯观。"②他捐己资对环绿观进行了整修,工程持续了二十多年的时间,并且另置田地以满足道观日常开销:"观故有田若干亩,真人续置田若干亩,皆以充香灯斋疱之需。"③郑德延修复道观,不仅仅是扩大宗教场所,以为修炼之地,同时也执行了公共职能,"且以延纳官员、使客之往来者",充当官方旅舍之用。

环绿观日常事务由专门礼聘的道士主持,专为金乡卫军服务。与此同时,它也常常作为卫所将官商量军务的场所。在嘉靖倭乱的冲击之下,毁坏情况甚为严重。于是环绿观道士对此有所不满,才要求重新恢复环绿观,具体过程见于《勒建奏复环绿观碑》:

> 有司、阃臣、有事于卫者咸馆于是,岁月既久,总戎事循于沿袭之旧,遂以为公宇而夺之,启闭出入皆掌于官。道士项云鹏官执中,惧其废而莫之辨也,乃以嘉靖戊申岁辩之于朝,奉命复归之道,距德延所修时适一周历数矣。予承乏是邑,数以公务至卫,实馆是观,最后项氏云鹏请记于予。予谓:"观为老

---

① 陆健:《郑真人重兴环绿观记》,杨思好《苍南金石志》,浙江古籍出版社2011年版,第156页。
② 陆健:《郑真人重兴环绿观记》,杨思好《苍南金石志》,浙江古籍出版社2011年版,第156页。
③ 陆健:《郑真人重兴环绿观记》,杨思好《苍南金石志》,浙江古籍出版社2011年版,第156页。

子之宫,本无足记者。"鹏乃为予历(述)其始末,且为已复之之
难,欲得予言以杜夫后之夺之者。夫予言恶能为观之存亡哉?
顾其废失兴复之机亦有可书焉。盖是观始于伯实,而鼎新增
拓于郑德延,至于云鹏之手复,凡再变矣。岂物兴复之有时果
有待于其人耶? 然德延之增新,犹在道教□□之时,且为难
矣,云鹏乃能复之于垂失之后,又必辩之于朝而后可得,其为
事不为益难乎? 予因考兹观始终之变,而慨云鹏道家者流,犹
克复其旧物,矧业于名教者,其兴废继绝,当有大焉。于是乎
有感而书之,而非敢以言为观之存亡也。虽然,兹观也,为祝
圣之地,为官府往来之地,则后之有司必忍于终废之。吾于是
又知观之足赖以永存也。①

　　道士项云鹏申诉的理据是:虽环绿观是金乡卫军人所建,然而道观
日常维护与修缮则都是由历代主持负责,卫所军人很少染指。如若没
有道士们的悉心管理,环绿观可能早已倾塌废弃。该碑记由平阳县知
县李伯遇撰写于嘉靖三十五年(1556)冬天,这是环绿观道士与卫所
官员进行八年财产诉讼后的结案,朝廷最终认可了道士对于环绿观
的控制权。从碑刻留有的其他署名看,温州府和平阳县的各级官员
均卷入其中,如温州知府龚秉德、同知黄钏、通判熊梅、推官秦涵,平
阳县知县张仲孝、县丞唐雅,还有主簿、典史等,另外,由温州知府贺
泾捐俸助修。道观被卫所占有并非偶然,与整个沿海倭乱格局有关。
嘉靖二十七年(1548)开始,温州沿海局势骤然紧张,朱纨对宁波一带
的海寇进行剿灭后,率军南下至闽浙交界的温州,金乡卫作为防倭核
心卫所,军务也比往常繁忙,环绿观也常常作为商议战备之处。金乡
卫战绩不佳,嘉靖三十五年四月,与申辩之事有关的温州府同知黄钏
死于桐山,温州知府贺泾、平阳知县李伯遇被夺俸三月。② 在此态势
之下,李伯遇的心态是比较复杂的,他并不认为卫所不能使用道观,而

---

　　① 李伯遇:《敕建奏复环绿观碑记》,杨思好《苍南金石志》,浙江古籍出版社 2011 年版,第 160 页。
　　② 王士骐:《皇明驭倭录》卷 7,《四库全书存目丛书》史部第 53 册,齐鲁书社 1996 年版,第 123 页。

是认为两者可以兼备。换而言之,即便项云鹏胜诉之后,也应予以支持公用。不过,李伯遇作为主事官,认可了环绿观的产权申诉,环绿观由道士控制,他人不得染指。

三、卫所裁撤与金乡宫观道统传承的重塑

入清之后,在迁界与展复之间,沿海卫所被悉数裁撤,具有官方祀典性质的环绿观被废弃,其实已不复存在,"清初卫废而观亦毁,顾氏清标诗所谓'断碣犹留劫火余'者是也。自是二百余年,无人过问,碑仆荒榛丛厝间,遂无有知之者"①。直到光绪丁酉年(1897)才由台州道士林志广来此,募款重修,得到恢复:"发愿欲兴是观,夜宿其旁古庙中,日则出街拜募,凡二年余,都司陶锦华与志广同乡,为之延接诸士绅,始有起而应者。招人领埋诸棺,芟夷其地得古碑三,乃据以请于县令,谋所以兴复之。己丑,正殿落成。"②翌年,飓风大作,屋瓦皆飞,宫观仅存柱石而已,林志广在门人杨理盛、吴宗兴的协助下克服重重困难,矢志重新修建宫观:"得徒杨理盛,又明年,理盛收徒吴宗兴,皆栖息古庙,共营斯观。至是志广、宗兴复出分募於永嘉、福鼎。盖僧道之拜募赀财,其事至为艰苦,只身适异地,举目不相识,风餐露宿,日膜拜市集中,久之,人鉴其诚始稍稍出赀予之。志广自辛卯春往永嘉,至五月始以赀购木材而归。宗兴至九月始遇施主,邀志广与同往募。明年而正殿复完。初观未有产业,理盛日出募米,夜归锄地种菜,以供众食。志广既殁,理盛主观事二年,即畀其徒宗兴,而仍自出募米,积十有七年,乃闭户清修,谢绝人事。宗兴善心计,得于其间增构前后两庑,置田园二十余亩,于众始不艰於居食矣。"③林志广来到金乡重建环绿观,其性质与明代卫所时期的环绿观已截然不同,其目的就是建立

---

① 刘绍宽:《重建环绿观记》,杨思好《苍南金石志》,浙江古籍出版社2011年版,第289页。
② 刘绍宽:《重建环绿观记》,杨思好《苍南金石志》,浙江古籍出版社2011年版,第289页。
③ 刘绍宽:《重建环绿观记》,杨思好《苍南金石志》,浙江古籍出版社2011年版,第289页。

道教传播据点,因此广开门墙,收有杨理盛、吴宗兴等徒弟,并分香到永嘉、福鼎。

从道教派别看,他们属于全真道龙门派。该派别元末在平阳即有所传播,代表人物为刘修真,"号静趣。自幼通经史、诸子,年二十余始有入道志。师横舟、虚白二真士,受东华方诸上道,爱飞霞洞烟水之胜,即莲渚构屋以居。水莲万柄,周遭环绕,因号莲花博士"①。因为明廷全真道与元朝的关系过于密切,统治者认为全真道士唯独修一己之性命,不如正一道的社会性广,因而对全真道不甚重视。有明一代,全真道的社会地位比较低,大多数全真道士都隐居修炼,在传教弘宗方面比较消极,因此全真教在浙江显得较为沉寂,主要集中在杭州、湖州和嘉兴三个地区,有名的道观有:杭州葆真观、湖州金婆楼道院、湖州祥应宫、嘉兴郁秀道院、嘉兴清真道院、嘉兴棲真观。

清代是浙江全真道的复兴和大发展时期,全真宫观数量大为增加,以杭州、湖州、台州宫观最为集中和活跃。至晚清,湖州金盖山成为江南全真道重镇,台州大有宫则为浙东南全真道重镇。台州道教历史悠久,晚明开始,以孙玉阳为发端,通过天台山桐柏宫为传播基地,全真道龙门派在台州发展很快。嘉庆以后,台州道教的中心逐渐转移到黄岩委羽山大有宫,并以此为据点向周围扩散。《云笈七笺·天地宫府图》中记载,十大洞天中的第二洞天就是黄岩委羽山洞。促成大有宫兴盛的乃是杨来基,嘉庆元年(1796)正月望日,他在委羽山大有宫传戒,受戒弟子共十四房。门下弟子著名者有陈复朴、张永继、沈永良、凌圆佐、褚圆图、章本旭、陆致和、金理筌等人,此后大有宫人才辈出,声名远播。杨来基所传十四房弟子中,陈复朴和翁复泉即传法于平阳。光绪年间,龙门派第十九代弟子林圆丹、薛圆顺,自黄岩委羽山大有宫南下平阳创立龙门道场。林圆丹复传吴明善、蔡明全,吴明善再传方至通、林至金、林至广。其中方至通授徒多至十八人。薛圆顺则传薛明德,薛明德传吴至荣、石至鹤。石至鹤授徒二十一人。吴至荣传王理湘,王理湘授徒更多,有七十三人。其中林圆丹为温岭人,来平阳后,曾居住在环绿观。

---

① 马蓉:《永乐大典方志辑佚》,中华书局 2004 年版,第 695 页。

民国年间,平阳名士刘绍宽因校刊县志,曾留宿环绿观中,在道观主持的邀请下撰写了碑记——《重建环绿观记》。刘绍宽仔细阅读了明代李一中、陆健、李伯遇撰写的碑文,同时亦十分明白林志广等人重建环绿观的宗教意图。

> 独是前明之创斯观,固以为祝圣之地,官府往来之所,今兹之兴,果何为哉?非以道教之兴废继绝,有其举之莫敢废耶?夫道教之兴,岂惟是崇其垣宇,赡其资粮而已,必将有坚深卓绝、能负荷老氏清净无为之道者之始为贵也。今志广苦心孤诣,力创斯宇,理盛复能以苦行济之,澄观十余年,寝不帖席,食不甘味,一出祷雨,诚格穹苍,卒悟大道,委顺而化,是岂不足为道侣矜式哉?宗兴善承志广之弘愿,复亟称理盛之苦行,求为之记,其所欲诏示后人者,岂不在是?若夫侈房宇之崇饰,矜田畴之广辟,遂谓尽弘法之能事,是岂所以求记之意哉?①

在刘绍宽看来,新建的环绿观与明代的旧宫观在社会功能上有了很大的差异。明代的环绿观乃是为满足卫所军兵的信仰需求,同时也作为接待官员的临时驻脚点。而林志广师徒为重建环绿观历经艰辛,矢志不渝,令时人钦佩不已,然其目的则是道法的传承,使其成为全真教龙门派新的传播据点。因此刘绍宽在碑记中强调了环绿观重建的宗教意义,正所谓"以道教之兴废继绝","尽弘法之能事",全真龙门派与环绿观原有的道教传统已经存在很大的差异。

民国二十七年(1938),刘绍宽认为自己原来碑记对于环绿观重建的重要参与者杨理盛事略而未详,故而重新撰写了新的碑文追述了他的生平事迹,题为《书杨理盛尊师碑阴》:

> 师邑东门杨人,少即茹素,居其里社庙中。年四十五,闻至广师名,来乞为徒。初不识字,积静生悟,能读《道德》《黄

---

① 刘绍宽:《重建环绿观记》,杨思好《苍南金石志》,浙江古籍出版社 2011 年版,第 289—290 页。

庭》《性命》《主旨》等书。至六十二，悉却诸事，坐一室，冬不棉，夏不葛，不炉，不扇，不酸面，不濯足，日再食，不问多寡旨否。或缺不馈，亦不索。蚊噬不搏，盗入室攫其物，不禁亦不呼。专壹心志，遗外形骸，盖十有一年。民国三年旱，乡人请其求雨，应以往。甫建坛狮山上而微雨至，三日大雨，野田沾足。民欢呼，惊谓神。逾年忽却粒不食，或诊其无病，劝之食，曰："吾合坏矣，食之，徒增秽耳。吾将去矣！"惟时略饮水而已。迄十有五日，自起旋于门外，还坐而化。是年七十有二。床前置一木榻，斧痕纵横，上床则以蹑足去垢，岁久光滑如沐。今尚存云。绍宽又识。潘诚忠敬立。[1]

同时，刘绍宽在自己修纂的《平阳县志》补遗还另载："杨理盛，东门杨人，居金乡环绿观，观自清初毁于寇。光绪间，道人台州林志广募重建之，初无产业，理盛为之徒，募米供食者十有七年。"[2]虽然环绿观是台州道士倡导重建，具有十分浓厚的外来色彩，然而刘绍宽将杨理盛的事迹写进碑文和收入方志之中，意在突出本土人士在其中所起的作用。从这个层面而论，环绿观虽由原来的正一道统变为新的全真道统，然而依然可以视为本土宫观，以此彰显环绿观的地方传承。

四、结语

明代东南沿海卫所大多拥有独立的城池，拥有独立物理空间，亦会形成独特的宗教信仰空间。由于统治者的推崇备至，道教信仰在卫所军户的宗教生活中占据着十分重要的位置。笔者不厌其烦地考证了明代是否存在设置管理卫所道教的专门机构，发现明廷只是在边疆的具有实土性质的卫所专设道纪司，而并未在内地与沿海的卫所中设置，这

---

① 刘绍宽：《书杨理盛尊师碑阴》，杨思好《苍南金石志》，浙江古籍出版社 2011 年版，第 315 页。
② 刘绍宽：《民国平阳县志》，《中国方志丛书》，（台北）成文出版社 1983 年版，第 619 页。

些非实土性质的卫所的宗教事务乃是直接纳入府县管理系统中。卫城当中道教宫观的修建,一方面出于日常的信仰需求,另一方面亦要严格遵循国家的宗教礼制。在宫观初建之时,作为专供军户使用的设施,从经费到劳力,可能都是由卫所来承担,然而,宗教仪式主持、宫观日常维护则就需要聘请专门的仪式专家——道士才能够完成。沿海卫所道教宫观的日常运作往往是由本地道士负责,统属于府县道纪、道会司来进行监督和管理。由此可见,在军户群体迁居异乡后,随着沿海卫所道教宫观运作的本土化,在信仰层面已经受到府县宗教传统的"牵引"作用,在潜移默化里逐渐融入地方社会之中,这可以视为军户群体地方化的第一步。随着海防压力的陡增和卫所军力的衰颓,本地道士逐渐掌握了宫观的控制权。进入清代,沿海卫所悉数裁撤,体制樊篱被打破,城中的宫观亦经历了沧海桑田,有废弃,有重建,甚至道统传承亦发生了改变。在新的制度背景下,这些道教宫观的"卫所"色彩已经褪去,与城外府县的宫观并无二致,完全融入地方道教的传承系统之中。不同王朝体制背景下,卫所宗教宫观发展呈现多歧性的特质,它们会因时而异,而且因人而异,已然成为地方社会演进的组成部分和缩影。

儒家仁爱思想与晚清温州士绅的
动物保护观念

温州大学马克思主义学院　孙邦金　周如意

明清温州,佛教一直非常兴盛,士大夫佞佛多有之。即使是不信奉佛教之人,也大多受其影响,积极参与佛教组织的活动。诸如戒杀、放生、护生等有组织的行为,可以说是儒、释、道三教共举的事业。① 绝大多数儒家学者对于戒杀放生皆持肯定的态度,并且能够积极参与其中。诗人何白(1562—1642)有《渔潭砌路募缘疏》云:"庶生命共泳于慈波,物我同归于寿域。畴非帝仁之普覆,象教之中者哉!"②清初李象坤《护生品小引》一文曾记载,明末何白、李象坤等人皆曾参与放生会,立愿"各省一匕箸,令生趣广溢"③。晚清王德馨《雪蕉斋诗话》中认为,"佛家戒杀之说,拘守之固不必,痛斥之亦不可"。他虽然坚持了儒家弱人类中心主义的立场,然对于佛教完全戒杀吃素的行为并没有过激的反应,只是抱有一种听之任之的中庸态度。他同时指出,"尝诗黄山谷诗云:'我肉众生肉,形殊理不殊。原同一种性,只是别形躯。苦楚从他受,肥甘为我输。暮夜阎老判,自揣更何如?'……及'爱鼠常留饭,怜蛾不点灯'等句,皆仁人之言"④。护生之举乃是人有仁及禽兽的仁爱表

---

①　有关明清时期的护生观念与放生结社等组织化实践,请参看孙邦金:《明清时期的护生观念与动物保护实践》,《中原文化研究》2014年第4期。

②　何白:《渔潭砌路募缘疏代复禁网罟修觉大师放生池》,《何白集》,上海社会科学院出版社2006年版,第734—735页。

③　李象坤:《芻庵选集》,黄山书社2012年版,第255页。

④　王德馨:《雪焦斋诗话》卷五,《王德馨集》,王妍点校,黄山书社2009年版,第495页。

现,可以理解,完全不必大惊小怪。

当然,在观念和行为等层面上,也有儒家学者对此颇有微词,甚至有公开抵制的行为。清初王钦豫组织的"大生会"就是其中一个显例。晚清王岳菘(1847—1924)也站在儒释之辨的高度,将佛教信众中十分流行的放生结社及其行为视为"佞佛"。他特别写诗讽刺和挖苦了这种行为:"吾乡习尚佞佛多,声声共念阿弥陀。蛇珠雀环膺美报,放生获福喜相告。或谓生命盈万千,放一遗百爱殊偏。圣如宣尼犹钓弋,煦煦为仁岂盛德?今日放之脱网罗,明日捕之将奈何?度尽众生方成佛,博施济众力亦屈。"①他一方面批评佛教信众有选择性地放生是"爱殊偏"——仍旧不符合众生平等的佛教信条,另一方面他站在儒家的立场上,从根本上怀疑这样做的必要性。孔子当年也只是说"钓而不纲,弋不射宿"(《论语·述而》),主张有节制地利用动植物,保持生态永续发展和循环利用,但从来没有枉顾人类利益而主张一律戒杀放生。上述儒家士大夫对于佛教信众放生行为的不同态度,不仅反映出儒、释两家在如何对待动物的问题上,立场有明显的距离,同时也突显了儒家自身在这个问题上存在一定的理论张力。

到了晚清时期,西方人士曾经在中国设立动物保护组织,并以"恐伤造物之和,且恐禽类灭绝"的名义,敦促中国政府禁绝珍稀禽鸟羽毛的出口贸易。但是近代温州著名学者刘绍宽,在其日记中记述这一事件时却将西方人的动物保护举动片面理解为以动物保护之名行贸易保护之实。事隔多年以后,刘绍宽才肯定了西方文明在动物保护方面的贡献。结合同一时期宋恕的"兼爱异类"的动物保护思想,则可以管窥近代温州学人乃至整个中国在动物福利方面的进步与缺失。回顾这段历史,对于破除人道主义思想中偏狭的人类中心主义成见,彰显儒学"亲亲而仁民,仁民而爱物"的仁爱精神,不无借古讽今的启示意义。

---

① 王岳菘:《四月初八日永嘉宿觉寺看放生》,转引自潘猛补编:《塘河历代诗选》,中国对外翻译出版有限公司 2012 年版,第 242 页。

一、西人"于人类异种且不恤，复何爱于禽鸟哉？"

刘绍宽（1867—1942），浙江平阳人，字次饶，号厚庄，近代浙南教育家、文史学者。著作有《厚庄文钞》三卷、《厚庄诗钞》二卷、《厚庄诗文续集》、《东瀛观学记》、《籀园笔记》等，主纂民国《平阳县志》，身后还留有 1888 年 2 月—1942 年 3 月的日记手稿 2043 大页（分订为 40 册，今藏温州图书馆，即将整理出版），成为研究晚清民国温州的重要史料。

在刘绍宽的日记中，光绪二十五年（1899）九月十五日有一段有趣的记载：

> 西人设会，保护禽鸟。盖以华人猎取五色珍禽，取其羽毛，运售欧洲为贵妇冠上之饰，海关册籍每季出口多至数十万或数百万金。因纠集会中同志，禀请驻京钦使，照会总署尽力玉成，行将示禁鸟羽出洋矣。按西人通商，于进口出口之货物，必通盘筹算，唯此鸟羽一宗，实为彼国漏卮，故特为严禁，可见西人商务经营严密如此。若云，则饰辞耳。不然，彼舰坚炮利，日新月盛，生存竞争之说日腾于口，于人类异种且不恤，复何爱于禽鸟哉？[①]

刘氏在这段日记中说了三个问题。一是记载了当时的一个历史事件，西人成立了专门保护野生禽鸟的动物福利组织，以"恐伤造物之和，且恐禽类灭绝"——动物福利和生态安全两大理由，纠集会中同志力促中国政府及海关禁止国际间禽羽贸易。二是解释了动物福利组织敦促政府禁止禽羽贸易的真实原因。刘绍宽认为，"惟此鸟羽一项，实为彼国漏卮，故特为严禁"，即上述两大理由仅是"饰辞"，实质是西方国家为

---

① 苍南县政协文史委编：《刘绍宽集》（苍南文史资料第十六辑）2001 年版，第 132 页。

了减少禽羽贸易所造成的贸易逆差而故意设置的一个贸易壁垒。三是解释了为何西方国家并没有爱护禽鸟的真实意愿。刘氏认为,西方进化论奉行"物竞天择,适者生存"的人类生存竞争学说,对于不同种族和国家的人们尚且不能予以平等尊重与爱护,遑论爱护禽鸟?正所谓"于人类异种且不恤,复何爱于禽鸟哉?"。

刘氏所表现出来的对西方近似本能的抵触与不信任情绪,在当时中国人之中具有普遍性、代表性。晚清中国不断遭受外国列强欺凌,作为弱者一方的中国人从骨子里不相信外国人,有过分敏感的心理和举止失当的行为是可以理解的。但是,对于西方人的言行,如果一概简单地以"非我族类,其心必异""匪夷所思"等心理积习衡量而不加以客观冷静的理性分析的话,我们就很容易陷入逢西必反、自怜自艾的困境。刘绍宽对于西方人要求禁止国际禽羽贸易这一举动的思想实质存在很大的误解,就是一显例。分析这一误解产生的原因,将有助于我们了解国人的动物保护意识的历史与现状,有助于我们建设一个"亲亲而仁民,仁民而爱物"的慈善社会。

二、"西人托辞请禁,亦可见天良之未泯"

在今天看来,刘绍宽对于晚清国际禽羽贸易的记述是不错的,但是对于西方人保护禽鸟、禁止野生动物及其制品之国际贸易的良善意愿的理解上则出现了明显的偏差。

第一,清末时期,由于西方人(尤其是女性)爱好将珍稀禽鸟的羽毛用作发饰或衣饰,导致了国际禽羽贸易的兴盛和许多珍稀禽鸟濒临灭绝,这确实是一个事实。清末著名学者黄遵宪在其《日本国志》(卷四十工艺志)一书中,在论及日本人爱好折扇之后提到:

近日(日本人)又喜聚羽为扇,鹊翅、鹭羽、雀翠、雕翎,长或二尺,是以彩绳系以明珠,光彩射人。西国妇女喜购之,又遍传于泰西矣。①

这一段话表明，以鹊、鹭、雕等珍禽羽翼为材质的羽扇曾经在明治维新和甲午战胜之后的日本风行一时，并且"遍传于泰西"之后，西方妇女亦以拥有一把羽扇和用禽羽装饰为荣耀。结合刘绍宽在 1899 年的日记，可见晚清中国正是禽羽及羽扇的出口大国。当时的海关记录也证明了这一点。1902 年《中英通商条约附属关税税则》记载，当时中国口岸课税的进出口贸易物品中，曾专列有"缨皮牙角羽毛类"。在这一种类中明确标明，孔雀毛每值百两抽税 5 两，全翠毛每百副课税 2 钱 5 分，毛税率大约 5％。在同一时期的其他关税税则中，羽扇也是一个较为大宗的出口产品，以每百柄 7 钱 5 分征收关税。② 在清末的野生动物及其制品的贸易中，某些禽鸟的羽毛由于经常被用来做羽扇或者用来作为家居、头发或者服饰的装饰品，已经成为国内外贸易的一种常规货物。

其实，不独西方人爱好以禽羽作装饰，中国人亦复如此。中国不仅是禽羽的大宗出口国，而且很可能也是这一消费时尚的始作俑者，国内此项贸易的规模可能远非出口数量可比。早在宋代，用一种蓝翠鸟羽毛作为头饰和衣饰就已经风靡一时，有宋一代因此限制或禁止捕杀野生动物的法令不绝于书。③ 这种风气后来不仅没有禁绝，而且还极有可能随着国际贸易的兴盛远传到日本和欧洲。刘绍宽说，清末五色珍禽羽毛的出口"海关册籍每季出口多至数十万或数百万金"，确是一个不争的事实。

其二，西方人（主要是传教士）组织保护禽鸟协会，敦促禁止禽羽贸易的真实动机，并非如刘绍宽所说的那样，以动物保护之名行贸易保护之实。事实上恰恰相反。虽然时至今日，以动物及环境保护为名义设置贸易壁垒的行为愈加多见，不能完全排除禁止禽羽贸易的经济动机，但是起码可以肯定地说这不是主要动机。西方人提请禁绝禽羽贸易的

---

① 黄遵宪：《黄遵宪全集》（下册），中华书局 2005 年版，第 1563 页。
② 滨下武志：《中国近代经济史研究——清末海关财政与通商口岸市场圈》，江苏人民出版社 2006 年版，第 520、495 页。
③ 魏华仙：《试论宋代对野生动物的捕杀》，《中国历史地理论丛》2007 年第 2 期。

两大理由——"恐伤造物之和,且恐禽类灭绝",亦并非饰辞虚谈。这从两个方面可以得到证明。一方面,西方启蒙运动之后,予生命以平等尊重和关爱为核心价值的人道主义开始广为世人所接受和实践,并且出现了从仅仅关注人的生命扩展至关注其他动物生命的发展趋势。动物保护现已成为全球化的浪潮。当今全球历史最悠久、最知名的动物福利组织——"防止虐待动物协会(RSPCA)",早在1824年就由英国人在伦敦创立,至今已有近180年的历史。与此同时,英美及欧洲各国相继制定了保护动物权益的动物福利法案,开始关注动物的福利状况,并对野生动物贸易进行管制。后来西方人把动物保护思想又带到了中国。晚清时期在中国宣传西方野生动物保护思想最有力的西方人,当数德国传教士、知名汉学家花之安(Ernest Faber,1839—1899)。他最著名的著作《自西徂东》,原先连载于1879年10月至1883年的《万国公报》,并于1884年正式结集出版,读者甚众,影响甚广。他在该书第十三章中专门讨论了中西"仁及禽兽"的动物保护与福利思想,尤其是英国的动物保护经验,批判了当时流行于中国把野生动物"借作求财之具"的社会现象。为何要善待禽兽?文章从道德情感上推论,"禽兽虽与我异形,而亦有知觉,亦识痛痒,皆宜爱惜,不可过于伤残,此孟子所以有仁民爱物之遗训也"①。但是花氏并没有主张一律禁止捕杀利用动物,而是采取了"用之有节,取之有时,乃无伤于残酷"的弱人类中心主义的务实立场,既反对"人物不分"的"失之过愚"的行为,也反对肆意虐待禽兽的"失之过虐"的行为。相较之下,花之安认为西方人尤其是英国人的动物保护思想和措施,是非常值得中国人学习和借鉴的:

　　查英国往年,会(禁戕害牲畜之会)中长老集诸学者,课以文章,俾明诸畜之用,示以不宜弄害之故,拔取四百二十八名,招入会中。时英二太子及其妃亦在,见而大悦,每名奖赐畜类图讲书一帙,可以仁及禽兽,无微不及也。②

---

① 花之安:《自西徂东》,第36页。
② 花之安:《自西徂东》,第38—39页。

文中所谓英国设立"禁戕害牲畜之会",就是指"防止虐待动物协会(RSPCA)"以及 1840 年英国女王维多利亚给协会冠以"皇家"头衔之事(故 RSPCA 又称"皇家动物保护协会")。显然,当时西人设立协会要求禁止禽羽贸易并非仅仅是针对中国的贸易保护措施,而是带有一种"己欲达而达人"式的向中国传播西方先进动物福利思想的良善意愿。

另一方面,刘绍宽本人后来对原先的解释也做了补充和修正。他在庚午年(1930)就上述 1899 年日记写了以下按语:

> 好生恶杀,人有同心,西人托辞请禁,亦可见天良之未泯。[①]

虽然刘氏对于洋人还是没有多少好感,仍然固执地认为西人禁止禽羽贸易乃是"托辞请禁",但是"天良之未泯"的理解显然已趋积极正面。刘氏在近代中国民生穷蹙、民命倒悬的时候,犹能够予西洋人的动物保护思想以称赞,实属难能可贵。

三、"发勇猛愿力以助无量广同类早一日离苦海"

儒家历来讲究"亲亲而仁民,仁民而爱物"的仁爱思想,博施济众一直是君子仁人们的崇高理想。长期浸淫于儒家这一传统中的温州近代学者也不例外。早在南宋时期,温州就有东南小邹鲁之称,人文鼎盛,民风淳厚,民众乐善好施蔚然成风。晚清以来,秉承永嘉学派经世传统的温州知识群体,不务虚文,力求实际,通常身兼数职,集官、学、商于一身,诸如组织社团维新变法,办理报馆树之风声,建立学校教育人才,创办企业发展经济,热心慈善关怀民瘼等等不一而足,将"勇于办事、敢于任怨"(宋恕《致章枚叔书》1897 年 7 月)的力行精神与"以天下之利公之

---

① 苍南县政协文史委编:《刘绍宽集》(苍南文史资料第十六辑)2001 年版,第 132 页。

天下而已无所私"(刘绍宽)、"一民饥吾不忍独食,一民寒吾不忍独衣"(陈黻宸)的仁爱精神发挥到极致,使得当时的温州地方社会的慈善风气在全国显得卓尔不群。

温州近代学者宋恕"专代世界苦人立言"的主张,成为温州人悲天悯人、积极投身慈善事业的最强音。他在《六字课斋津谈》中说:

> 著书专代世界苦人立言,穷至民情,无幽不显,数千年来偏私相承之论誓不附和,伤风败俗、导淫助虐之词誓不偶作,此为文之恕也。①

此段乃宋恕夫子自道,诚非虚言。他在《六字课斋卑议》开篇论民瘼之苦,首言"患贫章"——"礼义生于富足,冻馁忘其廉耻,可为寒心者也!",直指人类免于饥寒是最大的人道主义,而民生凋敝正是晚清中国最大的人道灾难。相比之下"欧洲诸国,深明斯理,故极力求富,而藏之于民"②,通过求富来解决民生问题的人道主义思想呼之欲出。在当时国人的基本生存条件尚得不到保障的情况下,让人们去保护动物、注重动物福利无疑是一种奢谈。但是,在以金晦(1849—1913)③和宋恕两人为代表的近代温州籍学者却并没有囿于狭义的人道主义之局限,发挥出了一套"兼爱异类"的保护动物、放生节杀的博爱理想。金晦在其《无始以来天人性命之本原》中说,"盖仁者,博爱之谓也。博爱之量,……爱全球人类与爱全球生类孰优?故欲扩充其博爱之量,则必无身界,无家界,无群界,无国界,无种族界,无人类界,无生类界,而后为高尚平等,圆满具足"④。这段话的博爱精神,堪与晚清谭嗣同的"仁通"思想和

---

① 宋恕:《宋恕集》,第51—52页。

② 宋恕:《宋恕集》,第2页。宋恕众生平等、戒杀放生的佛学思想,对章太炎有直接影响。章太炎在《自述学术次第》中有言:"三十岁顷,与宋平子交,平子劝读佛书,始观《涅槃》《维摩诘起信论》《华严》《法华》诸书,渐及玄门,而未有所专精也。"

③ 金晦,原名鸣昌,字志曾,号稚莲,瑞安林垟人。著有《无始以来天人性命之本原》一书。1870年,与黄绍箕、孙诒燕同时考中秀才。光绪十二年,因平阳文童闹场被革去生员资格,自此绝意科名。平生最服膺颜、李之学,著有《治平述略》若干篇。曾掌教金乡狮山书院,刘绍宽、黄庆澄等尝从其游学,为瑞安求志社成员之一。晚年改名为晦,号通斋,隐居平阳,开设叙和酱园终老。

④ 金晦:《无始以来天人性命之本原》,永嘉叶怀古堂刻板,1907年,第3页。

康有为的大同书相媲美。遗憾的是,由于金晦后来绝意于治学,这一理论未能得到系统展开。好在金晦的好友宋恕将儒佛糅合在一起,系统阐释了他的广义人道主义思想。

陈黻宸《宋平子哀辞》记载,在陈介石二十多岁的时候,"余自远道归,家人为余杀鸡,余闻其声哀,置之,既而自念曰:'我辈当为生民戮力任天下事,生杀人惟所处,不能效妇人女子,煦煦不忍于一物之死。'适君来,以告君,君曰:'始念,圣也;转念,兽也。'余闻之怃然。一日,与君观鱼于湖侧,有大鱼衔钩而上,势若坠,旁立者数十人皆拊手庆得鱼,或切切祝其勿失,鱼忽大跃逐水去,则皆大诧作叹息声,有色然怒者,余亦为渔者惜之。君曰:'鱼方死而得生,君丧心欤?何狂也!非仁人君子所乐闻也'"①。从常人的角度来看,宋恕的爱心未免泛滥,然而宋恕看常人杀生取乐却又未免麻木不仁,有悖于儒家"君子远庖厨"和人人皆有"不忍人之心"的古训。② 当然,陈黻宸能够在多年以后记述这两件小事,可见当时宋恕与众不同的反应给他留下了极为深刻的印象,且相较之下不免感到自惭形秽。要知道极富同情心,当是宋恕后来立志"代世界苦人立言"的情感基础。宋恕自己也深知自己天性敏感,恻隐之心时时流行,根本无法扼止:"今恕日食动物比于佛徒,恻隐微矣。然此弗忍同类之忧,自幼至今固结莫解,安能绝也?"大约在 1897 年前后,宋恕撰有《佛教起信篇稿》专著,系统阐发了他的"节杀""戒杀"等仁及禽兽的护生理论。

宋恕在其《佛教起信篇稿》中说:"广义者,兼爱异类也;狭义者,专爱同类也。"③仁爱作为儒家的一种人道主义的道德关怀,显然可以从对象上将其分为狭义的"专爱同类"与广义的"兼爱异类"两个不同层次。其中,"兼爱异类"即"无界之戒杀也",要求我们不分人类与其他有情之生命的界限,应一视同仁地予以平等关照;而"专爱同类"即"有界之戒

---

① 宋恕:《宋恕集》,第 1066—1068 页。
② 儒家讲"君子远庖厨",其实非常类似于佛教《五分律》所说的"三净肉":"有三种肉不得食,若见、若闻、若疑。见者,自见为己杀;闻者,从可信人闻为己杀;疑者,疑为己杀。若不见、不闻、不疑,是为净肉。"佛家只吃"三净肉",是慈悲心的表现,不能简单视之为流于形式的假慈悲。
③ 宋恕:《宋恕集》,第 263—264 页。

杀也",人类应该"亲亲而仁民"而绝不能同类相残,但是为了维系人类生命可以利用异类生命。前者类似于现代的动物或生态中心主义思想,后者接近于弱人类中心主义的标准。依据这样两个不同的标准,宋恕认为猎杀动物之行为是否具有道德上的正当性,不能一概而论。正如他所说:

> 然则业猎非定不仁:无界之猎,广义属不仁,狭义尚属仁;有界之猎,则广亦属仁矣。①

无限制地猎杀动物在广义上虽不符合"兼爱异类"的博爱精神,但尚具有"兼爱同类"的道德正当性。有限制地猎杀动物,既实现了爱人之目的,亦在一定程度上尊重了动物的生命权利,因而在道德上是无可厚非的。对宋恕来说,"断一切杀者"——禁止一切生命之杀戮是人道主义的终极目标,然而"无界之戒诚非人道之世所能行也"。即在现实条件下,完全禁止猎杀动物是一个当今世界尚难以实现的终极理想,人类只能做到"节杀"而无法做到"禁杀"。固然人类还无法做到"兼爱异类",但是这并不是我们施行"无界之猎"的理由。正所谓"虽不能至,然心向往之",即使做不到"禁杀",也要力所能及地尊重动物之生命,禁绝不必要的动物杀戮。宋氏为此又给出了三个具体的节杀方法——"断太惨之杀也,减多杀为少杀也,杀生且放生也"②。换言之,就是禁止虐待动物,尽量避免不必要的动物捕杀行为以减少杀生的数量,再加之食素放生。这已经基本上囊括了现代动物保护运动中的反虐待的动物福利论和素食主义思想,由此可见宋氏的先见之明。

既然现阶段尚且无法完全避免猎杀动物之生命,那么人类正当地捕杀、利用动物的标准又在哪里呢? 宋恕的回答是:

---

① 宋恕:《宋恕集》,第 263—264 页。
② 宋恕:《宋恕集》,第 262—263 页。

> 人道之世戒杀则必立界。何谓立界？害人类者杀，不害
> 人类者不杀。害近善之非人类者杀，不害近善之非人类者不
> 杀是也。①

杀与不杀的标准，一是在于动物害不害人类，二是在于动物害不害"近善之非人类"。第一个标准基于首先要尊重人类生命的考虑，人类在与动物公平的生存竞争中捕杀动物是不可避免的，也是必要的。即使是今天最极端的动物保护主义者和素食主义者，也不得不同意人类出于生存必需而捕杀野生动物的必要性与正当性。第二个标准由于宋恕不自觉地持有了人类中心主义的价值观，而表现出强烈的替天行道、除暴安良的道德代理人意味。其实，站在动物本身的立场看，无所谓"近善之非人类"与"非近善之非人类"的分别。此一区别既然完全是人为强加在动物身上的，现在的非人类中心主义者们皆批评人为地干预动物界的生态平衡会起到适得其反的结果，基本无此区分之必要。

宋恕虽然对于人类对待动物等有情生命抱有悲观态度，但终究是相信随着人类的进步"人道必进于天道"，人与动物等有情生命必定能够和谐相处、共生共荣。不过，要想实现这一目标须有一个前提，即人类首先要摆脱自我中心主义的立场（即"自观"），转而站在他人立场之上看待生命价值（即"他观"）。如果有朝一日人类能够发挥"勇猛愿力"——道德的内在自律精神，超越人类中心主义立场（即"同类他观"或"狭他观"），进而站在非人族类和被猎食者（动物）的立场上来看待生命价值（即"异类他观"或"广他观"）的话，那么"亲亲而仁民，仁民而爱物"的博爱精神与大同理想就能够真正实现。如其云：

> 夫人，吾狭同类也；群动，吾广同类也。张横渠氏曰："物，
> 吾与也。"然则吾属何忍不发勇猛愿力以助无量广同类早一日离
> 苦海乎？何忍不发勇猛愿力以助无量广同类早一日离苦海乎？②

---

① 宋恕：《宋恕集》，第263页。
② 宋恕：《宋恕集》，第269页。

我们可以看到,宋恕的人道主义思想最终是希望从关爱"吾狭同类"——人类自身的爱人层次,进而提升至关爱"吾广同类"——一切有情生命的博爱境界,已经从人类中心主义转换成弱人类中心主义和某种程度的生态中心主义。"吾属何忍不发勇猛愿力助无量广同类早一日离苦海乎?"百年前的宋恕之呼吁言犹在耳,我辈怎能无动于衷乎!

四、儒家"民胞物与"的仁爱思想与现代动物福利

其实,中国古代的生态伦理与动物保护思想源远流长,说中国是世界上最早对动植物有保护意识、进行保护立法的国度当非过论。受到周易"生生之德"和孔孟仁学思想显著影响的宋代学者张载,说过一句名言——"民吾同胞,物吾与也",堪为中国传统动植物保护思想的最洗练的表述。在一个人与自然相互依存、共生共荣的生命共同体中,四海之内的人们皆是兄弟姐妹,而包括野生动物在内的万物则是人类弥足珍贵的伙伴,皆不可或缺。正是基于此种认识,孟子才提出了"亲亲而仁民,仁民而爱物"的仁爱主张。后来《中庸》进而提出了"赞天地之化育"的说法,要求人应该像对待人、己之生命一样,去赞美、帮助而非漠视、戕害天地万事万物的生长化育,最终实现人与自然的和谐相处、共同发展。但是,与"亲亲"和"仁民"的狭义人道主义相比,包括爱护野生动物在内的广义人道主义总是显得无足轻重,在多数时候有意无意地为人类所忽略了。

时至今日,国人的慈善意识以及社会慈善事业虽说有了很大的进步,但是却很难说现代中国人的动物福利意识要比百年前的刘绍宽和宋恕等人高明多少。现今绝大多数人已经承认,无论国别、种族、性别、年龄、语言、区域和宗教信仰,所有的人都是平等的,都天然拥有某些基本的权利。然而即使我们达到了这一步,也还是不够的。因为我们除了人类之外,仍然把世界上大多数有感知能力的物种排除在外,拒绝给

予在我们自身界限之外的非人动物哪怕是有限的道德关怀。① 在思想层面上,人们还是简单地以为在人类利益还没有得到满足的情况下去保护动物福利是一件荒谬的想法和荒唐的行为。殊不知人类欲壑难填,从来就不满足于基本生活条件的实现。如若任其掠夺性地捕杀野生动物,其结果无论是对于动物还是人类自身都将是灾难性的。在现实层面上,任意残害、遗弃和虐待动物的事件屡屡发生,野生动物贸易和消费尚十分猖獗,动物福利事业任重而道远。但凡是注意到屠宰业等残酷甚至恐怖的生产过程,就应该知道虐待动物的行为不仅仅是一个经济问题、一个法律问题,更是一个道德问题。从某种意义上可以说,利乐众生、饶益有情的博爱之道德情操是当下慈善中国建设最稀缺的资源!

人类出于食用、药用、器用、表演、宠玩和装饰等种种目的,一直捕猎野生动物。随着粮食和畜牧业生产水平的提高,野生动物消费在人类消费总量中所占的比例虽然愈来愈小,但很显然对野生动物的需求不仅从来没有停止过,而且有愈演愈烈之势。现代野生动物贸易从捕杀、运输、屠宰、加工、交易到终端消费等环节业已形成一条完整的产业链条,环环相扣,牢不可破。《美国国家地理》报道,仅 2000—2007 年间,共有 13356588 只活体动物和 30309815 个动物身体部位自东南亚合法输出。② 这种合法输出的数量,与非法走私的野生动物及其制品的数量相比,简直是小巫见大巫。据统计,全世界每年野生动植物贸易额至少达到 100 亿—200 亿美元,其中仅动物走私交易额就高达 100 亿美元以上,成为仅次于毒品、高于军火的第二大走私行为,③ 由此可见野生动物贸易的规模之大。仅就温州地区来说,随着民众生活水平的日益提高,野生动物及其制品的消费数量与日俱增,逐渐成为中国野生动物贸易链条中的一个重要终端市场。这种现状及发展趋势,对于人类的道德境况、生物多样性与物种安全性、动物本身的福利状况构成了极大

---

① 彼得·辛格:《动物解放》序言,孟祥森译,青岛出版社 2004 年版。

② 布莱恩·克里斯帝:《亚洲野生动物交易》,《美国国家地理》(中文版)2010 年第 1 期。

③ 高智晟、马建章:《野生动物贸易与野生动物保护》,《国土与自然资源研究》2004 年第 1 期。

的威胁,应该引起全社会的重视和警惕。

如果人类仁爱之心和慈善义举不能够爱人及物,不能够如宋恕所说的那样从"专爱同类"扩展至"兼爱异类",对于生活于悲惨境遇之有情生命无动于衷,任凭动物种类不断地减少与灭绝,那么,我们人类的道德何以安顿?我们人类的未来何以维系?我们的慈善义举又何其有限?因此,我们在建设慈善中国、大爱中国的同时,不能够忘记我们还背负着动物福利方面的社会责任。在此谨录100多年前的花之安的一段话,以兹共勉:

> 推仁慈之心,以广施其惠,将见万物皆得其所,此盖有厚望于当世也。……仁量之大,推而至于及禽兽,始无欠缺者欤![1]

---

① 花之安:《自西徂东》,上海书店出版社 2002 年版,第 39 页。

周梦江先生《叶适与永嘉学派》述评

浙江建设职业技术学院　邓伟峰

周梦江先生所著《叶适与永嘉学派》，是目前学术界第一部全面系统研究叶适及永嘉学派的专著。该书曾在 1992 年 7 月由浙江古籍出版社出版发行，2005 年再版。全书共二十章，主要涉及永嘉学派崛起的社会背景和永嘉学派的溯源与初期情况，永嘉学人王开祖、周行己、薛季宣、陈傅良、叶适的生平经历、学术思想、贡献与影响，永嘉学派与金华学派、四明学派、朱熹道学的关系，陈亮永嘉之行及其与永嘉学派的关系，以及永嘉学派的特点与学术体系的概括等。

一、永嘉学派的形成

周梦江先生在该书再版序言中指出，永嘉之学自北宋中期萌发后，中经周行己、许景衡等九先生引入洛学与关学，开始为世所知。南宋初期，郑伯熊、薛季宣、陈傅良接踵而起，提倡事功学说，最后由叶适集其大成，创立永嘉学派。清儒黄宗羲、全祖望的《宋元学案》介绍了他们的学说，如《水心学案》按语中给予很高评价，认为是南宋时期与朱熹道学派、陆九渊心学派鼎足而立的三大学派之一，由此可见叶适与永嘉学派在当时学术界的地位与影响。然而朱熹道学派备受元、明、清三朝崇奉，至今研究者不衰，陆九渊心学派虽在南宋后期稍现衰落，明代王阳明学说又见复兴,而永嘉学派却后继乏人。[1]

该书第一章考察了永嘉学派崛起的社会背景。永嘉学派出现于南宋初期的温州,是当时温州与东南地区社会经济与科学文化发展的结果,也是对于当时处于内忧外患的这个地区人民的反映。南宋时期的温州,下辖永嘉、乐清、瑞安、平阳四县。温州在东晋时为永嘉郡,故温州亦称永嘉,因而当时以叶适为代表的一些主张事功学说的温州学者,被称为永嘉学派。作者从南宋时期温州农业的发展,南宋时期温州手工业的兴起,南宋时期温州城乡的繁荣和处于民族、阶级矛盾阴影下的温州等四个方面,讨论了永嘉学派崛起的社会背景。作者特别强调,南宋时期,东南地区包括温州在内的社会经济虽然得到发展,但整个国家的民族矛盾和阶级矛盾非常尖锐,主要体现在宋、金南北对峙的局面以及南宋贫富悬殊的问题,温州还常受"海盗"滋扰,人民处于民族、阶级矛盾的阴影之下,人民生活并非安康,因此出现了以叶适为代表的"欲外御胡虏,内除粃政"(《谭嗣同全集·致唐才常书》)的永嘉学派。

第二章探讨了永嘉学派的溯源与初期情况。南宋时期包括温州在内的东南地区社会经济的发展,使温州的文化学术大放异彩,成为温州文化史上的黄金时代。永嘉学派虽昌盛于南宋前期,而实际上可溯源于北宋中期。北宋中期,温州有王开祖、丁昌期两人在永嘉从事学术活动。同时,瑞安还有林石在讲学授徒。因他们学术活动大约都在宋仁宗皇祐年间(1049—1054),所以总称为"温州皇祐三先生"。北宋中期党争激烈,新旧两党不但在政治上互相排斥,在学术上也彼此对立。王开祖是永嘉学术的开山祖,是新旧党人士都要争取的人物。而林石则传胡瑗湖学和陈襄之学,在政治上属于旧党。因此,元丰期间新党执政时,周行己等人在太学学习王安石的新学,以后元祐旧党人士登台,他们又全部接受程颐的洛学。这说明王开祖、林石对他们都有影响。北宋后期,有周行己、许景衡等学者在温州传播洛学与关学。周行己在接受洛学之前,先在太学学习王安石的新经。当时和周行己先后在太学读书的温州学子共有九人,后人笼统称为"元丰太学九先生",九先生

---

[1] 周梦江:《叶适与永嘉学派》,浙江古籍出版社 2005 年版,第 6 页。

全都接受洛学。

到了南宋,温州人才济济,文化学术大放异彩,真是"温州多士为东南最"(南宋真德秀语)。《宋史》中温州籍人士有传的有三十多人,孙诒让《温州经籍志》涉及两宋时期温州学者共有二百四十一人,著作六百一十六部,其中十之八九是在南宋时期。以上学者按其学术思想来说,大多出于王开祖、林石和以后兼传洛学关学的周行己、许景衡等人,但又各具特色。初期似可分为三派,以后则又同归于永嘉事功学派。一派是以郑伯熊为首的,传其家学的为其胞弟郑伯英及从弟郑伯谦。周、郑的永嘉之学,"必兢省以御物欲",还未跳出唯心主义的洛学圈子,而薛、陈的永嘉之学,"必弥纶以通世变",则是唯物主义的事功之学了。郑伯熊死后,其弟郑伯英、郑伯谦的学术思想已与薛季宣、陈傅良的事功学派合流了。另一派是薛季宣的事功学派。如陈傅良、徐元德、薛叔似、王楠、戴溪、陈谦、陈武、王自中、蔡幼学、朱黼、叶适、曹叔远等人。薛季宣的学术思想和郑伯熊有所不同。永嘉事功学派与洛学发生原则性的分歧,成为道学的异端,可说自薛季宣开始。薛季宣的事功之学,主要由他的大弟子陈傅良继承与发扬光大。永嘉学派还有一支是以徐谊为首的。徐谊的学术来自陈经邦、陈经正兄弟,陈经邦兄弟没有受过关学的熏陶,他们的学术思想和周行己、许景衡的传洛学兼传关学有些区别。徐谊是南宋有名的学者,他的学生颇多,著名的有丁黼、赵希錧、彭仲刚、黄中等人。彭仲刚、黄中的学术思想和徐谊稍异,更为重视实用之学。由于徐谊、陈傅良、叶适等人同处温州,交情好,来往密切,学术上交流切磋,互相影响,他们的学生又互为师友,因此徐谊这派以后也和永嘉事功学派合流了。此外,永嘉学派学者中值得一提的,还有王自中、钱文子、曹豳等人。

二、永嘉学派代表人物的学术思想及其影响

周梦江先生《叶适与永嘉学派》专章介绍了王开祖、周行己、薛季宣、陈傅良、叶适的生平经历、学术思想、贡献与影响。作者认为,王开

祖是永嘉学派的先驱者,在温州传播洛学和关学的周行己对永嘉学派的形成有积极作用,薛季宣是南宋时期永嘉事功学派的创始人。薛季宣对道学提出异议,主要有三点:怀疑"道统说"、以唯物主义观点解释经制、主张义和利的一致性。他从义与利一致的思想出发,要求"见之事功"。他针对南宋政府的弊政,一生写了不少的"书""札子""策",积极地向政府提出自己的意见,从中可以看出他的事功思想。这主要体现在反对隆兴和议、依靠民兵防边、裁减冗官冗兵、革除吏胥舞弊、合理使用人才等方面。陈傅良在永嘉事功学派中占有承先启后的重要地位,他是一个上承郑伯熊、薛季宣,下启叶适、蔡幼学、曹叔远等人的永嘉学派中的一位重要学者。陈傅良一生忧国忧民,艰苦奋斗,著书立说,培养人才,为地方官,多有善政。特别可贵的是,他为了南宋政权长治久安,为了恢复中原失地,主张朝廷施政须以宽民力结人心为本,以省冗兵,择官长、轻赋敛为急,虽壮志莫酬,收功甚薄,但不愧是中国封建社会里颇有远见卓识的学者和政治家。永嘉学者中在乡里讲学时间长的,培育人才多的,除叶适外,就是陈傅良。叶适和他游从四十年,受他的影响很深,从而使叶适能继往开来,成为永嘉学派的代表人物。

周梦江先生在该书第十一章至第十九章详细介绍了叶适的生平与学术活动、经济思想、政治思想、哲学思想、伦理思想、史学思想、教育思想、门人考略、师友考略等。叶适的思想主要是继承了陈傅良所传薛季宣的事功之学,其次是郑伯熊、郑伯英兄弟所传周行己之学,亦即洛学和关学。而南宋永嘉学派正是由这两部分构成的。叶适早年曾对道学颇有好感,在政治上追随朱熹道学集团,就是受郑伯熊、吕祖谦等人影响的结果。但是又由于他接受陈傅良等永嘉师友的事功之学以及陈亮的影响,所以对道学思想始终有些隔阂。叶适到了晚年,在长期社会政治实践和悉心研究经史之后,对永嘉学术中的周、郑之学和薛、陈之学,就有正确的了解和区别的对待。他晚年(嘉定八年)所录写的温州知州留元刚告州学学生的《温州新修学记》说:周、郑的永嘉之学"必兢省以御物欲",是属于心性之学;而薛、陈的永嘉之学"必弥纶以通世变",则是"可措于今人之治"的事功之学。叶适将此文录于自己文集中,表明他完全同意此文的观点。这篇文章末后说:"子贡平日之愧,终以性与天道为不可得而闻,是则疑而未达者犹在也。"这是对周、郑之学有所扬弃,而同意薛季宣、陈傅良、郑伯英等人"问学事功"合二为一的思想;提出"务实"的看法,主张以事功来剖析义理,事功应与义理统一的思想。事功思想是唯物主义的一种表现形式,可以通向唯物主义。叶适继承薛季宣、陈傅良"道在物内"的唯物主义观点,反对朱熹道学家"道在物外"的思想,逐渐形成自己的唯物主义思想。叶适到了晚年,一面继承与扬弃他的师友的哲学、政治、经济思想,一面通过自己的社会政治实践,钻研经史,潜心著述,丰富与发展了永嘉事功学说,成为南宋时期的一代大儒,从而奠定永嘉事功学派在全国的学术地位。[①]

三、永嘉学派与金华学派、四明学派、朱熹道学的关系

南宋时期,两浙东路的永嘉学派与婺州(金华)学派形成重视事功研究史学的浙东学派,简称浙学。《叶适与永嘉学派》一书分别专章探讨了永嘉学派与金华学派、四明学派、朱熹道学的关系。

永嘉学派与金华学派的关系。南宋时期的浙东学派,对以后明清时期的黄宗羲、万斯同、全祖望、章学诚等人的浙东学派以及颜元、李塨等人产生过巨大影响。作者重点探讨了永嘉学派学者与金华学派吕祖谦兄弟的交往、思想交流、影响等。金华学派中,吕祖谦、陈亮和永嘉学者交往密切,彼此思想影响极深,而唐仲友与永嘉学者则无往来。吕祖谦和薛季宣、陈傅良、叶适等人交往密切,是有其思想基础的。他们的密切交往使他们的政治、学术思想得到交流与影响,主要体现在哲学思想的相互影响、彼此注意"学以致用"、注意史学的研究、教育目的与方法相似。吕祖谦和永嘉学者薛季宣、陈傅良、叶适等人的浙东学派,重视事功,注重史学,因此很为朱熹等道学家所忧惧。陈亮一生

---

① 周梦江:《叶适与永嘉学派》,浙江古籍出版社 2005 年版,第 293、294 页。

曾多次到过永嘉,访问永嘉学派学者陈傅良、叶适等人。陈亮的永嘉之行,据现存材料,至少有三次。从陈亮多次访问永嘉,陈傅良、叶适等人几度到永康探望陈亮,以及从《陈亮集》中写给永嘉学者的大量信、词、祭文和替他们撰写的大量墓志等来相互参看,可以看出陈亮和永嘉学者交往十分频繁,也可以看出陈亮的思想与永嘉学派是有密切关系的。陈亮与叶适一生友好,陈年长于叶,成名也较早,但他对叶氏非常器重,推许为当时"第一辈人"。叶适以后为陈亮、王自中合撰墓志,也称赞陈亮是"春秋战国之材无是也"。永嘉学派对陈亮的思想确有直接的影响,而陈亮的思想也给永嘉学派以较大的启发。陈亮和永嘉学派学术思想同中有异,陈亮和永嘉学派在哲学上都坚持唯物主义本体论,都主张抵抗外侮,改革内政,都注重史学的研究,主张古为今用,企图在历史上找出国家兴亡、事业成败的原因。陈亮虽然公开反对朱熹空谈义理,但是很不彻底;而叶适的言论却彻底打击了理学派,叶适是真正反理学的干将。总的来说,叶适并不全部赞同陈亮的言论和观点。

永嘉学派与四明学派的关系。南宋的理学主要是朱熹之道学和陆九渊之心学。陆学弟子大体分布于江西与浙东,而以浙东为盛。甬上四先生是杨简、袁燮、舒璘、沈焕。他们四人是同乡同学,同传陆九渊兄弟的心学。杨简未接受陆学之前,曾问学于薛季宣。袁燮虽受业于陆九渊,但受陈傅良影响颇深。袁燮与薛季宣另一弟子徐元德是儿女亲家。舒璘和陈傅良、徐谊、薛叔似都是同年进士,交情颇佳。沈焕曾向薛季宣问学,亦与陈傅良有交情。南宋四明学派甬上四先生之学,各有特色。袁、舒、沈与永嘉、金华学者关系较为密切。他们的学术思想亦较为注重事功,重视现实问题。

永嘉学派与朱熹道学的关系。南宋前期,正当朱熹继承洛学创立程朱道学派在福建武夷讲学之时,永嘉学派的薛季宣、陈傅良等人也在温州著书立说,发表事功学派的论说。薛季宣与朱熹两人不相识,也从未谋面。但因他们两人都与吕祖谦结交,而且彼此当时也都有名气,所以他们曾通过几次信。朱熹写《伊洛渊源录》,曾托薛氏搜求温州洛学弟子的事迹。薛死后,朱托陈傅良继续搜求。因为永嘉之学与洛学有渊源,所以陈傅良与朱熹的关系一般讲来是好的。开始,他们彼此闻名而不相识,陈傅良在评论朱熹、陈亮的"王霸义利之辩"后,曾致书朱熹问候。这时陈傅良的高弟曹叔远也赴武夷访问朱氏,因为朱熹知道陈傅良是薛季宣大弟子,继承事功之学,所以对陈氏颇有意见。"伪学"党禁开始时,朱熹被免职,陈傅良曾上书论救,被御史参劾而罢官。叶适早年在政治上和道学集团有联系,思想上受影响,所以他非但在朱熹与林栗之争时支持朱熹,而且还直接卷入朱熹与韩侂胄的政治斗争之中,因此而名列"伪学"党籍,被免去官职。叶适早年与朱熹学术思想的一些分歧,只不过小异而已,更何况这时的叶适亦未摆脱道学的影响,所以南宋一些学者认为当时的叶适与朱熹"犹是同中之异"。只是叶适经过长期的社会政治实践和对经史的悉心研究,晚年才对朱熹道学的态度大大改变,加以严厉的批判。

四、永嘉学派的特点和学说体系

周梦江先生在《叶适与永嘉学派》的结束语部分,总结概括了永嘉学派的特点和学说体系。作者认为,温州社会城乡商品经济在南宋时期大大发展后,出现了富工、富商以及经营工商业的地主,在士大夫中也相应地出现一些代表这些富人利益的思想家,这就是以叶适为代表的永嘉学派。他们著书立说,要求抵御外侮,维持社会安定;主张减轻捐税,恢复工农业生产;强调买卖自由,尊重富人,提倡事功。南宋前朝,"温州多士为东南最",是温州文化史的黄金时代,出现了许多有名望有成就的学者。叶氏吸收永嘉众多学者之长,经十六寒暑的辛勤潜心研究,终于集永嘉学术之大成,发挥事功学说的优势,形成一个论说明确体系完整的永嘉学派。

永嘉学派的特点,概括起来有三个方面:一是明"夷夏之别",有强烈的爱国主义思想;二是重视史学研究;三是重视实际问题,研究实用之学。永嘉学派的学说体系由叶适在薛季宣、陈傅良对道学有所异议的基础上,进一步在各方面有所发挥而形成。这主要体现在:继续以唯物主义观点来解释经制;以功利观点来统一仁义;宋代的理学家基本上都按照周敦颐的《太极图说》,在"二气五行"的物质世界之上安上"无极而太极"的精神本体,叶适是用五行八卦来解释物质和精神现象的产生。叶适晚年在研究经史后,觉察到永嘉之学与道学之分歧是对儒学的经典、宇宙观、道统等一系列问题认识的不同,认为专谈"心性"的理学,是偏离了儒家的本旨,因而形成永嘉学派的学说体系,并进一步指出:第一,所谓"易有太极"之《易》,不是孔子一人的作品,而是当时习《易》者会集诸家学说而成。第二,《中庸》不是子思一人所作,也不是孔子遗言。第三,认为子思、孟子倡言心性,是儒学旁门,有失孔子本旨。最后,关于道统问题。叶适断然否定曾子能传孔子之道,一方面认为曾子的"忠恕"与孔子的"一贯"之指不合,另一方面认为曾子只能自传其道,不能以为得孔子之道而传之。曾子不能传孔子之道,这就使子思、孟子接不上孔子,道统也就不能成为正统了。叶适和永嘉学派薛季宣、陈傅良等著作,遭到后世道学家的诬蔑和抵制。叶适去世后,叶味道、陈埴在温州传播朱熹道学后,温州的一些学者不谈事功之学,而是大谈义理之学,永嘉学派也就衰落了。但从历史脉络来看,永嘉学派的影响是深远的。永嘉学派注重事功,重视史学研究,对明清之际的浙东学派人物黄宗羲、万斯同、全祖望、章学诚等产生很大影响。黄宗羲著《宋元学案》,称誉永嘉学术,以后全祖望修补原本,将薛季宣、陈傅良、叶适等人分立学案,补充资料,大力表彰,开中国学术思想史研究的先河,也为后人研究永嘉学派打下扎实基础。

周梦江先生的《叶适与永嘉学派》取材广博,内容丰富,考订翔实,论断平允,对原始记载和近人论述的失误多有纠正,且多发前人所未发之覆,把对永嘉学术的研究推进到一个较高的水平。王凤贤先生在序言中亦指出:"本书在系统地探索永嘉学术的内容方面,不乏独到之见;在考证叶适及其师友、门人的生平事迹和著作版本等方面,不拘泥于前说,纠正了历史文献和权威著作中的不少差错和遗漏之处;在研究方法方面,能适应学派研究的需要,把纵向研究与横向研究结合起来,不仅理出了永嘉学术的演进过程,而且对永嘉学派与金华学派、四明学派的关系也做了初步的考察和评述。"①总的来说,周梦江先生的《叶适与永嘉学派》是继侯外庐先生主编《中国思想通史》专题探讨永嘉学派之后,系统地探讨永嘉学术的第一部专著,条绪洞见,义理贯通,某种程度上改变了永嘉学派"功利之学"不受重视的状况,为后来者的永嘉学派研究奠定了重要的基础。

---

① 周梦江:《叶适与永嘉学派》,浙江古籍出版社 2005 年版,第 1—2 页。

附 录

Appendix

CANGNAN

这一篇状元文章要怎么作

苍南县文化和广电旅游体育局　　林　用

天刚蒙蒙亮，南宋学子徐俨夫就赶往桃湖渡口，登上小渡船，穿塘河顺流而下，不一时而至渎浦老街。此时，老街刚刚从昨晚熙攘的市集中苏醒，还带点睡眼惺忪。塘河边的武人章梦飞正抻筋拔骨，在祠堂内热火朝天地锻炼。一路上，徐俨夫仔细考虑这科举文章要怎么去下笔。

几百年后，苍南同样面临着一个大问题：在168黄金海岸火热出圈后，如何利用状元文化资源，做出漂亮的文旅开发的大文章，让游客能够停下来、留下来？

一

苍南自来是殷阜之地，尤其江南垟一带，港渠交错、塘河衔接，水网纵横勾连，民居或据塘而栖，或依河而建，或临水而筑。良好的水运交通促进岸边经济交流的发达，各乡镇每年都会自发性地举办一天或是多天的会市，即乡村定期集市。会市多由庙会演变而来，云集四方客商，山货、农具、家具乃至零食小吃，无不备至，叫卖声、讨价还价声此起彼伏，有时还会同步开展抬高阁、迎花灯、踩高跷、滚花龙等乡俗活动，甚至会邀请剧团、杂技团、武术表演队前来助阵，热闹非凡。

可以说,是塘河文化滋养了一方人物。南宋时期,苍南曾经出过 8 位状元,其中 1 位文状元、7 位武状元。相较于当时平阳县区区 5 万余人,苍南状元所占比例数高得惊人。本地居民历来对"才子中状元佳人圆满归"之类题材的戏曲有透入骨髓的热爱,若市集更有唱大戏,那肯定能激发出他们无穷的兴趣来。而对文旅资源开发来说,这绝对是一大笔的富矿。

近年来,苍南在状元文化资源开发方面也做出了一定的努力,如县城新区状元文化公园,以"苍南状元文化"为主题,融合武状元章梦飞的历史文化资源,设置文化生活体验馆,展示苍南最具特色的非遗项目——点色剪纸与蓝夹缬,让游客深度体验民间技艺,感受非遗独特魅力。

如果说,这些还只是静态的文化呈现,那么最近持续举办的市集活动就是围绕状元文化而进行的动态表述,让千年宋韵能够流动起来、传承下去,让历史记忆焕发出强大的生机活力。

2022 年疫情严峻期间,"趣 07"星光文旅市集在县城文博广场热闹开市,充分挖掘消费群体的新型潜力,以拉动需求为着力点推动旅游业的复苏,为期 3 天的活动为群众打造了集观赏、体验、消费于一体的夜游空间,充分释放"月光经济"的魅力。最具苍南特色的创意文旅产品,钩绣、宋韵苍平窑、剪纸、夹缬、矾塑等文创产品将苍南传统文化与现代创意相结合,碰撞出新的消费点,大大吸引了游客驻足。

本次举办状元文化公园的市集,由"桃渚集""云翔集""香塘集""景熙集"4 场集构成,正对应 4 位历史名人。超百家新型摊贩齐齐亮相,咖啡美食、插画艺术、国潮文创以及非遗手作、地方特产及精品图书,沿着塘河边顺次排开。是夜,男女老幼、拖家带口,人流潮涌,鱼贯来往,彩灯微点,汉服飘曳,状元桥上走一走,才子佳人状元好戏听一出。集的是各地美物,集的是八方人气,集的是散落于民间的文化点滴。借此盛会,展示苍南状元文化成为一种新的可能。

二

2022 年 10 月,苍南举行"宋韵文化在苍南"状元群体现象主题研讨会,10 多位温州历史文化研究专家就"状元群体"现象如何挖掘和延续历史文脉解码文化基因展开热烈讨论。2023 年 5 月,结塘河市集开市之际,2023 浙江(苍南)宋韵文化论坛在状元文化公园隆重开幕。

研讨会与论坛集中讨论 3 方面:

首先,如何挖掘故事文本,丰富文化内涵。深入挖掘苍南方言、诗歌等本地文化特色,着重挖掘状元故事,弘扬状元精神,鼓舞和激励更多当代人,并以扎实的文化研究为"宋韵文化"提供有力支撑。

其次,如何展示群体塑像,打造文化标识。通过群体塑像载体让"状元窝"形成"可观可考",同时精准定位、借力做大、上下梳理、加强宣传、协作联手,展示苍南地域最辉煌的一页。

最后,如何进行资源创新转化,提升文化吸引力。充分调动县内外优质文化资源,切实提高专业性和审美意识,让文化展现形式更时尚、更年轻化,真正提升文化吸引力,促进文化产业发展。

状元文化的挖掘与发展,应通过现代转化手段,将更多文化遗产、文化资源、文化要素转化为创意性的产品和服务。塘河周边,在状元文化的加持下,市集活动更具文化味、更接地气,也更贴近当地的文化气质。浓浓的市井烟火味,凸显平民特性,引领年轻人的新时尚,成为文化展示的新地标。

三

塘河登科市集,正高调走入人们的视野。出圈出彩之后,如何更好地维系、运营?笔者认为,可以考虑如下几点。

(一)动静结合、纵贯沟通

以县城新区状元文化公园为中心点,连接藻溪镇元店林管林时中故里、金乡鳌头村鳌鹗兄弟状元博物馆,勾连观美桃湖徐俨夫墓地与桥墩武状元黄褎然故地,贯通统合,开发利用状元文化资源;同时,以状元文化节点为核心,整合设计老宅民居、遗址旧院等静态资源,并通过启动集市、民俗、乡谣等活态传承,动静相生,让文旅资源真正活络起来。

(二)深入挖掘、故事推广

深入挖掘状元故事、民间传说及其周边的合理叙事等,揉进民间的山歌、道情、花鼓、渔鼓、布袋戏等传统形式,搭载新媒体大力传播,让市集更生动更鲜活,有故事有传说,更有文化特质内涵,才能"争夺人心,抓人眼球"。

(三)灵动表达、创意出圈

深入琢磨,反复提炼,让状元文化叙事生动而丰润起来,构筑独具韵味的地域文化标识;对苍南的蓝夹缬、瓷板画、矾塑等传统工艺进行适当转化,融入民宿装饰、旅游纪念、市集活动中去,使其成为游客竞相拍照打卡的网红元素,让状元文化IP真正"出圈""吸粉",涨流量。

有效转化文旅资源、擦亮状元文化品牌,用有形之"器"传无形之"道",文化不仅是一种生活方式,更是一种记忆的传承。